酒店（宾馆）技能培训与管理实务系列

酒店（宾馆）财务技能培训与管理实务

李笑　主编

JIUDIAN BINGUAN CAIWU

JINENGPEIXUN YU GUANLI SHIWU

经济管理出版社

ECONOMY & MANAGEMENT PUBLISHING HOUSE

图书在版编目（CIP）数据

酒店（宾馆）财务技能培训与管理实务/李笑主编 . —北京：经济管理出版社，2016.5
ISBN 978 - 7 - 5096 - 4290 - 0

Ⅰ. ①酒…　Ⅱ. ①李…　Ⅲ. ①饭店—财务管理　Ⅳ. ①F719.2

中国版本图书馆 CIP 数据核字（2016）第 051891 号

组稿编辑：谭　伟
责任编辑：张巧梅
责任印制：司东翔
责任校对：雨　千

出版发行：经济管理出版社
　　　　　（北京市海淀区北蜂窝 8 号中雅大厦 A 座 11 层 100038）
网　　址：www. E - mp. com. cn
电　　话：（010）51915602
印　　刷：北京银祥印刷厂
经　　销：新华书店
开　　本：720mm × 1000mm/16
印　　张：19
字　　数：372 千字
版　　次：2016 年 5 月第 1 版　　2016 年 5 月第 1 次印刷
书　　号：ISBN 978 - 7 - 5096 - 4290 - 0
定　　价：48.00 元

本书编委会

主　编：李　笑
编　委：朱玉侠　林　侠
　　　　谭　伟　张元栋
　　　　李全超　安玉超

前　言

据中国旅游研究院的数据显示，2015 年全年中国旅游接待总人数将突破 41 亿人次，实现旅游总收入 3.84 万亿元。随着我国经济的迅速发展和旅游热的升温，以及作为第三产业的现代酒店业的不断壮大，其盈利也是相当可观的。然而由于我国近年来酒店数量的激增，酒店业面临的竞争自然也就越发激烈。如何实现酒店更好、更快地发展已经成为现代酒店竞争中亟须解决的问题。现代酒店不仅需要抓住机遇，更关键的是要以人为本，加强酒店技能培训与酒店管理，才能形成持续、稳定的发展局面。

在新的形势下，现代酒店如何与时俱进，如何在硬件设施上得到加强，在酒店软件服务即员工的技能培训与管理上加以完善，是新时期酒店业面临的重大课题。一个酒店中最核心的活动莫过于员工的技能培训与管理，技能培训与管理往往决定着整个酒店的发展走向，关系到酒店的经济效益和社会效益，进而影响到酒店的兴衰存亡，是酒店工作的重中之重。

在这种背景下，为了酒店的健康发展和壮大，我们通过大量的市场调查，研究了国内外酒店技能培训与管理的成功经验，并结合国内酒店经营者的实际情况与自身需要，编写了这本《酒店（宾馆）财务技能培训与管理实务》，同时也规避了市场上类似图书所存在的一些问题，在编写体系和内容上都进行了优化，从而使本书更贴近酒店实际情况，体现出其实用性和可操作性强的特点，进一步符合酒店财务技能培训与管理的需要。

本书理论与实践相结合，深入浅出，内容翔实，具有超前性和时代感。全书共分为十二章，即酒店投资决策管理、酒店资金筹集管理、酒店资产营运管理、酒店财务预算编制、酒店财务分析管理等，全面而具体地呈现了现代酒店财务技能培训与管理的要点，方便读者熟悉酒店财务运作。相信每一位酒店管理者通过阅读本书，都能结合自己的实际工作环境、自身状况等，真正领悟本书，从而有所裨益。

本书突出三大特点：一是实用性，突出可读性、可操作性；二是全面性，内容丰富而全面，涉及酒店财务技能培训与管理的方方面面，并结合案例，便于读者轻松掌握和运用；三是新颖性，本书无论是篇章布局，还是形式结构都新颖、独到，并糅合酒店财务所需的最新技能与管理，具有前瞻性与国际性。

总之，这是一本酒店财务技能培训与管理的最新力作，是酒店财务标准化、规范化管理的最新参考用书，是提高酒店业绩与财务员工素质的最佳读本，也是酒店管理者的良师益友。

本书在编写的过程中参考了大量的图书、杂志、报纸、网站，给本书提供了资料帮助，作为编者，我们在此深表谢意。

目 录

第一章　酒店财务管理概述

第二章　酒店投资决策管理

第三章　酒店资金筹集管理

第四章　酒店采购库存管理

第五章　酒店资产核算管理

第六章　酒店成本费用管理

第七章　酒店资产营运管理

第八章　酒店销售业务核算

第九章　酒店财务预算编制

第十章　酒店财务报表编制

第十一章　酒店纳税筹算管理

第十二章　酒店财务分析管理

第一章　酒店财务管理概述

一、酒店财务管理内容和方法

（一）酒店财务管理的概念及酒店资金的循环运动

1. 酒店财务管理

酒店财务管理是指根据客观经济规律和国家政策，通过对酒店资金形成、分配、使用、回收过程的管理，利用货币价值形式对酒店经营业务进行的综合性管理。财务管理就是从资金运动的角度来计划和控制酒店的生产经营活动，并评估和分析其合理性，以尽可能少的资金取得最大的经济效益，提高酒店的经营管理水平。

2. 酒店资金的循环

酒店资金的循环过程其实质是资金从被占用到以货币形态被重新回收的循环过程。首先通过资金筹集，取得货币形态的资金（如现金、银行存款等）；通过资金投放和使用，货币形态的资金转化为实物形态的资金（如固定资产、流动资产等）；通过日常的业务运营、对客服务，一方面消耗实物，另一方面取得货币资金和应收账款。应收账款的资金形态为结算资金；通过账款结算，收回应收账款，结算资金又转换为货币资金。收回的货币资金又进行重新分配，一部分用于补偿业务运营消耗，保证酒店业务运营资金；另一部分用于缴纳税金，支付投资者报酬、分配股利等，以维持酒店正常的经营。如此循环往复，使酒店资金在经营中不断得到增加。资金运动过程如图 1-1 所示。

【例 1-1】开立酒店在筹建时，业主方投入 2000 万元，同时向银行长期借款 3000 万元，这样，酒店目前实际拥有货币资金 5000 万元。酒店为了做开业准备购置了固定资产和原材料，分别形成了固定资金和储备资金，此时资金合计 5000 万元。酒店正式开业后，为了保证营运活动的开展支付了员工工资、银行利息，同时计提了折旧，发生了原材料消耗，这些资金耗费形成了成品资金，此时资金合计为 4430 万元，接着酒店通过销售商品和提供服务，取得现金销售收入 1100 万元，增加了货币资金，此时资金合计 5530 万元，最后酒店根据当期盈

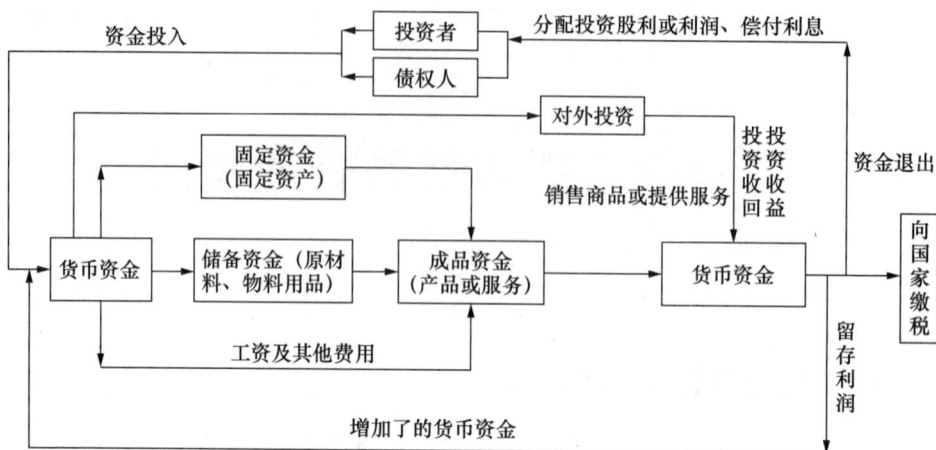

图 1-1 酒店资金运动过程

利向投资者支付股利 30 万元，最终酒店剩余资金为 5500 万元，比原先的 5000 万元多了 500 万元。

这增加的 500 万元是酒店通过自身良好的经营活动创造的利润 530 万元，扣除向投资者支付股利 30 万元后的留存利润。这 500 万元将参与到下一个营业周期，如此循环往复。具体内容如表 1-1 所示。

表 1-1 开立酒店的资金运动过程解析　　　　　　　单位：万元

资金运动各环节	资金投入		资金投放		资金耗费		资金的增加		资金分配	
经营业务的发生	业主投入	2000	购买固定资产（现金支出）	1800	支付人员工资	200	提供产品和服务（现金收入）	1100	支付业主利润（现金支出）	30
	银行借款	3000	购买原材料和物料用品（现金支出）	500	原材料消耗（非现金支付）	160				
					固定资产折旧（非现金支付）	180				
					支付利息	30				
	资金投入合计	5000	资金投放合计	2300	资金耗费合计	570	资金收入合计	1100	资金分配合计	30

续表

资金运动各环节	资金投入		资金投放		资金耗费		资金的增加		资金分配	
资金运动中的状态	货币资金	5000	货币资金	2700	货币资金	2470	货币资金	3570	货币资金	3540
	固定资金	0	固定资金	1800	固定资金	1620	固定资金	1620	固定资金	1620
	储备资金	0	储备资金	500	储备资金	340	储备资金	340	储备资金	340
资金期末余额	资金合计	5000	资金合计	5000	资金合计	4430	资金合计	5530	资金合计	5500

注：酒店不同于制造业，制造业中通过原材料—在产品—产成品有一个明晰的资金停留状态；但是酒店的经营特点是：产品生产、加工、销售几乎是同时完成的，所以很少存在成品资金。

由此可见，酒店的资金运动贯穿于业务经营活动的各个方面，渗透在酒店的各项工作中，因此，我们要从酒店资金运动中总结经验、发现问题，并不断发掘提高酒店经营效益的方法。

（二）酒店财务活动体现的财务关系

酒店在实现上述资金的循环运动中，体现了酒店与有关利益各方的经济关系。

1. 酒店与投资者和受资者的经济关系

无论酒店从何处募集资金，在资金额使用上要向投资者分派一定的利益，这种关系在性质上属于所有权关系，出资者和受资者各方应承担相应的权利和义务。

2. 酒店与债权人、债务人的经济关系

酒店在物品、食品和能源材料等采购过程中会与有关单位发生款项结算关系，也可能因业务资金需要与其他单位发生资金借贷关系。这种关系属于债权—债务关系，需要债务人以债务重组或者其他资产进行偿还。

3. 酒店与税务机关的关系

税务机关依法对酒店的各项所得和收益征税，酒店应按税法相关规定足额、及时地清缴各项税款。

4. 酒店与顾客的结算关系

酒店提供给客人的是一种信用消费，无论是散客还是公司客，在享有酒店提供的各项产品和服务后即与酒店形成结算关系，相应地形成现金收入和赊销收入，而对于赊销信用额度、收账时间的长短、客户资信评级等是酒店管理者应重点考虑的因素，防止坏账的发生。

5. 酒店内部的核算和分配关系

酒店在取得收入后，要向员工支付工资、津贴和奖金、保险等，这种关系体现了个人和集体在劳动成果上的分配关系，要按有关分配政策协调好这种关系。

（三）酒店财务管理的内容

酒店财务管理的内容包括筹资、投资、运营和利润分配等，具体内容如表1-2所示。

表1-2 酒店财务管理的内容

名称	具体内容
筹资	企业筹集的资金分为权益资金和债务资金，前者包括实收资本、资本公积、盈余公积和未分配利润，后者包括流动负债和长期负债
投资	企业投资包括对内投资和对外投资。对内投资是指购置流动资产、固定资产、无形资产等活动，对外投资是指投资购买其他企业的股票、债券或与其他企业联营等活动
运营	企业生产、销售过程中发生的成本费用以及取得的收入，通过生产加工，产品得以销售，销售资金被回收用于新购材料，只有足额的资金回收才能保证企业持续经营
利润分配	企业取得利润按国家规定予以分配。一是留在企业内部形成盈余公积和未分配利润，成为企业的后备资金；二是分配给投资者而流出企业

（四）酒店财务管理的方法

酒店财务管理的方法是用来组织、指挥、监督和控制财务活动，正确处理财务关系，以完成财务管理任务的手段。酒店财务管理的方法主要有财务预测、财务决策、财务预算、财务控制、财务分析。

1. 财务预测

财务预测是根据财务管理的历史资料，考虑现实的要求和条件，对酒店未来的财务活动和财务成果进行科学的预计和测算的过程。财务预测的步骤包括：确定预测的目的和对象；收集和整理资料；确定计算的方法；确定最佳方案。

2. 财务决策

财务决策是现代经营管理决策的核心内容，是指企业业务人员按照财务目标的要求，利用专门方法对多个备选方案进行比较和分析，选出最佳方案的过程。财务决策制定的成功与否，直接关系到酒店财务活动乃至经济效益的好坏，因此必须给予足够的重视。酒店财务决策的中心内容是资金筹集与配置决策，这些决策的制定主要是依据财务预测时提出的各个方案。

3. 财务预算

财务预算是企业根据各种预测信息和各项财务决策，确立预算期内各种预算指标的过程；也是财务控制的依据。财务预算一般包括销售预算、成本费用预算、利润预算、现金预算、预计资产负债表等。编制财务预算一般包括四个步骤：一是进行财务预测；二是编制部门预算草案；三是在各部门的预算指标基础上编制酒店财务预算；四是年底由总经理召开预算会议，由总会计师（财务总监）宣布财务预算草案的各项指标，经过充分讨论修订后，正式下达给各部门。

4. 财务控制

财务控制是以财务预算指标和各项定额为依据，对资金的收入、支出、占用、耗费等进行计算和审核，找出差异，采取措施，以保证预算指标的实现。财务控制的主要步骤：首先，制定控制标准，制定出成本费用定额和资金定额，实行定额管理，结合各项定额将财务预算指标分解落实到各部门、班组乃至个人，作为控制的依据。其次，制定日常执行标准，对资金的收支、设备的占用等运用各种手段（如采用限额领料单、内部结算货币等）进行记录、计算，将标准与实际发生额进行对比，找出差异，对不符合标准的支出予以限制。最后，要将差异形成的原因找出来，对不利的因素采取措施予以消除，以实现财务控制作用，保证预算指标的完成。

5. 财务分析

财务分析是以会计核算资料为主要依据，对酒店财务活动的过程和结果进行对比分析，对预算完成情况及财务状况做出评价，并提出改进措施。财务分析包括以下步骤：收集资料，掌握信息；指标对比，做出评析；分析原因，明确责任；提出措施，改进工作。

（五）酒店财务管理的环境

酒店财务管理环境又称理财环境，是指对酒店财务管理活动产生影响的宏观因素和微观因素，其中主要影响因素有酒店经营所处的外部经济环境、金融环境、法律环境、酒店内部环境。

1. 经济环境

经济环境是指影响企业财务管理的各种宏观经济因素，主要包括经济周期、通货膨胀、政府经济政策。

（1）经济周期。经济周期对酒店理财有重大影响。在经济繁荣时期，市场需求旺盛，酒店会增加投资，扩大规模，酒店通常需要大规模地筹集资金。在经济衰退时期，酒店最重要的目标是维持生存，财务管理工作的重点是节约成本，克服资金周转困难，保障酒店正常经营。

（2）通货膨胀。通货膨胀对酒店财务管理工作也有较大的影响。大规模的通货膨胀会引起酒店资金占用的迅速增高，引起借贷资金利率的上升，增加酒店的筹资成本。为了降低通货膨胀对酒店理财造成的不利影响，财务人员应采取措施防范——为降低货币贬值的风险，酒店可以进行投资，实现资本保值；为减少物价上涨造成的损失，酒店可以与供应商签订长期购销供货合同。

（3）政府经济政策。经济政策是国家进行宏观经济调控的重要手段。国家的产业政策、金融政策、财税政策对酒店的筹资、投资和分配活动都会产生重要影响。例如，金融政策中的货币发行量、信贷规模会影响酒店的资本结构和投资项目的选择；价格政策会影响资本的投向、投资回收期及预期收益。酒店在进行财务决策时，要认真研究政府经济政策，同时根据当前经济政策合理安排财务管理。

2. 金融环境

金融环境是酒店理财最为主要的环境因素。影响酒店财务管理的主要金融环境因素有金融机构、金融市场和利率。

（1）金融机构。金融机构主要包括银行和非银行金融机构。银行的主要职能是充当信用中介，充当企业之间的支付中介，提供信用工具，也充当投资手段和国民经济的宏观调控手段，我国的银行主要包括中央银行、国有商业银行、国家政策性银行和其他股份制银行。非银行金融机构主要包括信托投资公司、租赁公司等。

（2）金融市场。金融市场是指资金供应者和资金需求者双方通过信用工具进行交易而融通资金的市场，实现货币借贷和资金融通、办理各种票据和进行有价证券交易活动的市场。金融市场主要有外汇市场、货币市场、资本市场和黄金市场。

（3）利率。利率又称利息率，是资金的增值额同投入资金价值的比率，是衡量资金增值程度的量化指标。从资金的借贷关系看，利率是一定时期运用资金的交易价格，在资金分配及财务决策中起着重要作用。资金利率通常由三部分组成：纯利率、通货膨胀补偿和风险报酬。纯利率是指没有风险和通货膨胀情况下的资金供求均衡点利率。通货膨胀补偿是指由于持续的通货膨胀会不断降低货币的实际购买力，为补偿其购买力损失而要求提高的利率。风险报酬分为违约风险报酬、流动性风险报酬和期限风险报酬三种：违约风险报酬是指借款人无法按时支付利息或偿还本金会给投资人带来风险，债权人为了弥补风险而要求提高的利率；流动性风险报酬是指债务人资产的流动性不好会给债权人带来风险，为补偿这种风险而提高的利率；期限风险报酬是指对于一项负债，到期日越长，债权人承受的不确定性因素就越多，承受的风险也就越大，为弥补这种风险而要求提高的利率。

3. 法律环境

酒店财务管理法律环境是指酒店和外部发生经济关系时应该遵守的各种法律、法规。酒店在理财活动中应当遵守的法律、法规包括以下几个方面：

（1）企业组织法。企业组织法主要有《中华人民共和国公司法》、《中华人民共和国合伙企业法》、《中华人民共和国个人独资企业法》、《中华人民共和国中外合资经营企业法》等。

（2）税法。纳税是酒店的一种费用，增加酒店的现金流出，对酒店理财有重要影响。我国的税法分为三类：所得税法、流转税法和其他税法。所得税法包括《中华人民共和国企业所得税法》和《中华人民共和国个人所得税法》；流转税法主要有《中华人民共和国增值税暂行条例》、《中华人民共和国消费税暂行条例》和《中华人民共和国营业税暂行条例》等。

（3）财务法规。财务法规是规范企业财务行为的法律规范，包括《中华人民共和国会计法》、《企业会计准则》、《企业财务通则》和《企业会计制度》等。

4. 酒店内部环境

酒店内部环境主要指酒店内部自身的环境，包括酒店组织形式、酒店管理体制。

（1）酒店组织形式。酒店组织形式指酒店资金的形成方式，通常有独资、合伙和股份制三种。独资酒店开办方便、管理自由、利润独享、限制不多，承担无限责任，风险较大。股份制酒店开办复杂，程序较多，监控严格，股东承担有限责任，并可通过发行股票或债券筹集大量资金，对酒店发展比较有利，财务管理规范、财务关系复杂。

（2）酒店管理体制。酒店管理体制指酒店管理组织体系及责权划分制度。酒店的经营规模、经营范围、人员素质及管理要求等决定着酒店的管理体制。酒店管理体制对酒店财务管理组织和财务运行方式有重要的影响，旅游集团总公司管理的酒店、酒店管理公司下属酒店和独立经营的酒店，其财务管理有明显的不同。

二、酒店财务管理职能和目标

（一）酒店财务管理职能

管理的基本职能是决策、计划和控制，财务管理在酒店企业中处于理财的重要地位。财务管理职能包括财务决策、财务计划和财务控制三个方面。财务决策解决"做什么"，财务计划解决"怎么做"，财务控制解决"如何做好它"。

1. 财务决策

财务决策是有关资金筹集、使用和分配的决策，它是财务管理首要的也是最重要的职能，财务管理决策职能是指财务管理具有能够对企业财务活动进行分析决策的功能，而这种功能的发挥标志着决策的完成。财务决策主要包括投资决策、筹资决策和收益分配决策三个部分，决策不是决定，决策是一个分析的过程，它是收集情报、设计方案、抉择方案的一个完整的、系列的过程。

2. 财务计划

计划是指预先决定做什么、何时做、怎样做和谁去做。财务计划是指通过价值形式对酒店未来一定时期的财务活动的具体内容所做出的筹划，它是酒店财务活动的依据。财务计划实际上是以价值形式反映酒店未来一定时内期财务活动应达到的目标。

财务计划既是一种综合性的价值管理活动，又是一种系统性计划。在市场经济体制下，财务计划是以利润为中心来规划酒店财务活动的，通过利润规划使财务计划构成一个完整的系统工程，这使财务计划成为酒店财务活动和经营活动的行动指南，为协调各部门的行为提供了依据和方向，同时，编制财务计划本身也是协调经营行为的一种手段，最终成为控制和考核经营绩效的依据。

3. 财务控制

控制是执行计划的手段。财务控制就是以财务计划为依据，对酒店日常财务活动乃至生产经营活动进行指导、督促和约束，进而确保计划全面完成的一种管理手段。广义地说财务控制有制定控制标准、实施日常控制和定期考核评价三个环节。制定计划为控制提供依据，又是控制的方式之一。财务控制的内容相当广泛，其核心是成本控制，主要环节包括确定标准、计算偏差、分析偏差和矫正行为等。

酒店财务管理的上述三项职能是相互影响、相互依存的。财务决策是前提，没有财务决策，财务计划就成为无本之木；财务计划又是财务控制的依据和目标，财务控制是实现财务计划的手段，控制效果的好坏直接关系到酒店财务决策的成功与否，影响酒店财务活动的经济效果。

（二）酒店财务管理目标

酒店财务管理目标是指酒店财务管理所要达到的最终目的。从根本上说，酒店财务管理的目标取决于企业的目标，所以财务管理的目标和企业的目标是一致的。创立企业的目的是盈利。已经创立起来的企业，虽然有改善职工待遇、改善劳动条件、扩大市场份额、提高产品质量、减少环境污染等多种目标，但是盈利是其最基本、最重要的目标。盈利不但体现了企业的出发点和归宿，而且可以概括其他目标的实现程度，并有助于其他目标的实现。关于企业财务管理目标的表达，主要有以下两种观点：

1. 利润最大化

这种观点认为：利润代表了企业新创造的财富，利润越多则说明企业的财富增加得越多，越接近企业的目标。

这种观点的缺点是：①没有考虑利润的取得时间。例如，今年获利100万元和明年获利 100 万元,哪一个更符合企业的目标?②没有考虑所获利润和投入资本数额的关系。例如,同样获得 100 万元利润,一个企业投入资本 500 万元,另一个企业投入 600 万元,哪一个更符合企业的目标?③没有考虑获取利润和所承担风险的关系。例如,同样投入 500 万元,本年获利 100 万元,一个企业获利已全部转化为现金,另一个企业获利则全部是应收账款,并可能发生坏账损失,哪一个更符合企业的目标?如果假设投入资本相同、利润取得的时间相同、相关的风险也相同,利润最大化是一个可以接受的观念。事实上,许多酒店管理人员都把提高利润作为公司的短期目标。

2. 股东财富最大化

这种观点认为:增加股东财富是财务管理的目标。股东创办企业的目的是增加财富。如果企业不能为股东创造价值,股东就不会为企业提供资金。没有了权益资金,企业也就不存在了。因此,企业要为股东创造价值。股东财富可以用股东权益的市场价值来衡量。股东财富的增加可以用股东权益的市场价值与股东投资资本的差额来衡量,它被称为"权益的市场增加值"。权益的市场增加值是企业为股东创造的价值。

财务目标被表述为股价最大化。在股东投资资本不变的情况下,股价上升可以反映股东财富的增加,股价下跌可以反映股东财富的减损。股价的升降代表了投资大众对公司股权价值的客观评价。它以每股价格表示,反映了资本和获利之间的关系;它受预期每股收益的影响,反映了每股收益大小和取得的时间;它受企业风险大小的影响,可以反映每股收益的风险。值得注意的是,企业与股东之间的交易也会影响股价,但不影响股东财富。例如分派股利时股价下跌,回购股票时股价上升等。因此,假设股东投资资本不变,股价最大化与增加股东财富具有同等意义。

财务目标还被表述为企业价值最大化。企业价值的增加是由权益价值增加和债务价值增加引起的。假设债务价值不变,则增加企业价值与增加权益价值具有相同意义。假设股东投资资本和债务价值不变,企业价值最大化与增加股东财富具有相同的意义。

(三) 财务目标与经营者

股东为企业提供了财务资源,但是他们处在企业之外,而经营者即管理当局在企业里直接从事管理工作。企业是所有者即股东的企业,财务管理的目标也就是股东的目标。股东委托经营者代表他们管理企业,为实现他们的目标而努力,但经营者与股东的目标并不完全一致。

1. 经营者的目标

股东的目标是使自己的财富最大化,千方百计地要求经营者以最大的努力去完成这个目标。经营者也是最大合理效用的追求者，其具体行为目标与委托人不一致。其目标包括增加报酬、增加闲暇时间、避免风险。增加报酬，包括物质和非物质的报酬，如工资、奖金，提高荣誉和社会地位等。增加闲暇时间，包括较少的工作时间、工作时间里较多的空闲和有效工作时间中较小的劳动强度等。上述两个目标之间有矛盾，增加闲暇时间可能减少当前或将来的报酬，努力增加报酬会牺牲闲暇时间。经营者还面临努力工作可能得不到应有报酬的风险，他们的行为和结果之间有不确定性，经营者总是力图避免这种风险，希望付出一分劳动便得到一分报酬。

2. 经营者对股东目标的背离

经营者的目标和股东不完全一致，经营者有可能为了自身的目标而背离股东的利益。这种背离表现在两个方面：

（1）道德风险。经营者为了自己的目标，不一定会尽最大努力去实现企业的目标。他们没有必要为提高股价而冒险，股价上涨的好处将归于股东，如若失败他们的"身价"将下跌。他们不做什么错事，只是不十分卖力，以增加自己的闲暇时间。这样做不构成法律和行政责任问题，而只是道德问题，股东很难追究他们的责任。

（2）逆向选择。经营者为了自己的目标而背离股东的目标。例如，装修豪华的办公室，购置高档汽车等；借口工作需要花股东的钱；蓄意压低股票价格；私自截留公司资金导致股东财富受损。

3. 防止目标背离的方式

防止经营者背离股东目标的方式一般有两种：

（1）监督。经营者背离股东目标的条件是双方信息不对称，经营者了解的企业信息比股东多。避免"道德风险"和"逆向选择"的出路之一是股东获取更多的信息，对经营者进行监督，在经营者背离股东目标时，减少其各种形式的报酬，甚至解雇他们。但是，全面监督在实际上是行不通的。股东是分散的或者远离经营者，得不到充分的信息；经营者比股东有更大的信息优势，比股东更清楚什么是对企业更有利的行动方案；全面监督管理行为的代价是高昂的，很可能超过它所带来的收益。因此，股东支付审计费来聘请注册会计师，往往限于审计财务报表，而不是全面审查所有管理行为。股东对情况的了解和对经营者的监督是必要的，但受到监督成本的限制，不可能事事都监督。监督可以减少经营者违背股东意愿的行为，但不能解决全部问题。

（2）激励。防止经营者背离股东利益的另一种途径是采用激励计划，使经营者分享企业增加的财富，鼓励他们采取符合股东利益最大化的行动。例如，企业盈利率或股票价格提高后，给经营者以现金、股票期权奖励。支付报酬的方式和数量大小有多种选择。报酬过低,不足以激励经营者,股东不能获得最大利益;报酬过高,股东付出的激励成本过大,也不能实现自己的最大利益,因此激励可以减少经营者违背股东意愿的行为,但也不能解决全部问题。

通常,股东同时采取监督和激励两种方式来协调自己和经营者的目标。尽管如此,仍不可能使经营者完全按股东的意愿行动,经营者仍然可能采取一些对自己有利而不符合股东利益最大化的决策,并由此给股东带来一定的损失。监督成本、激励成本和偏离股东目标的损失之间,此消彼长、相互制约。股东要权衡轻重,力求找出能使三项之和最小的解决办法,即最佳的解决办法。

三、酒店财务管理的组织结构

酒店作为一个运营实体,需要建立完善的财务管理组织体系,确立各财务人员的岗位职责和工作规范、任职要求,以发挥在酒店经营管理中的计划、控制、监督及决策的职能作用。

(一) 酒店组织结构

酒店作为公司制组织,为维护酒店经营的正常周转、实现企业价值的最大化,需要在其内部进行合理的分工与合作,明确不同层次的岗位以及人员的权利与职责,形成酒店内部目标、人员、岗位、职责、信息之间的相互协作、相互监督的关系,这就是酒店的组织结构。

我国酒店组织结构大多是按照客人在酒店内的活动类型设立的,按照为客人提供服务的形式不同,分为直接为客人提供服务的部门,如前厅部、客房部、餐饮部、商场部、娱乐部;间接为客人提供服务的职能保障部门,如工程部、保安部、财务部、人事部等。其组织结构形式如图 1-2 所示。

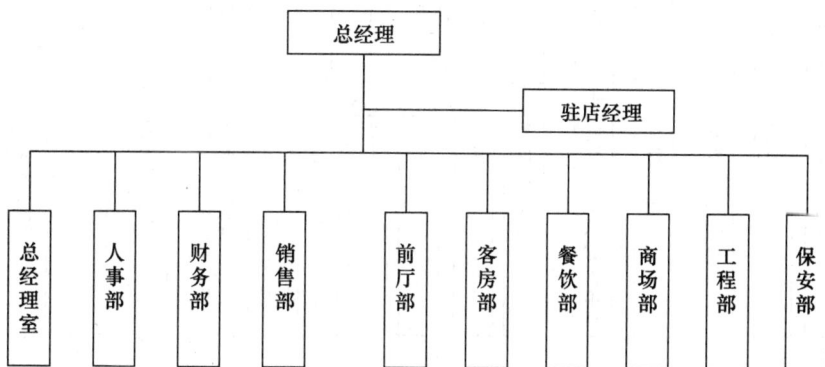

图 1-2 酒店组织结构图

（二）酒店财务部组织结构、岗位设置

酒店财务部一般由会计部和成本控制部组成，负责酒店日常收支管理和成本控制工作。酒店财务部依据我国《会计法》、《企业会计准则》、《企业会计制度》以及国家相关的法律法规和酒店实际经营情况，设置会计科目、组织会计核算、实行会计监督并进行财务筹划、组织财务运转和进行财务分析。

酒店财务部在前厅和餐饮部以及其他业务部门设置收银点，收集并统计每天的营业收入。为确保营业收入的准确性，财务部设置专人进行日审和夜审；同时根据收付款业务需要设置总出纳，对酒店每天的现金收支进行管理，并定期检查各部门的备用金；设置应付账款处，对酒店物资采购的账簿进行登记，对账款支付进行管理；设置总账处对酒店费用的发生进行记录与分析，对固定资产的购置、使用及报废全过程进行管理；设置工资处对酒店所有员工的工资、福利、津贴、奖金以及扣款、个人所得税等进行核算与管理；设置信贷收款处对酒店的债权进行管理，对债务人的信用进行分析，及时催收酒店账款；设置成本控制处，对酒店餐饮成本及商品成本消耗进行监督控制，及时编制成本报告，进行成本分析；设置收货处；对酒店购入存货进行验收，对发出存货进行登记，并保障存货储存条件的适宜。其组织结构如图 1-3 所示。

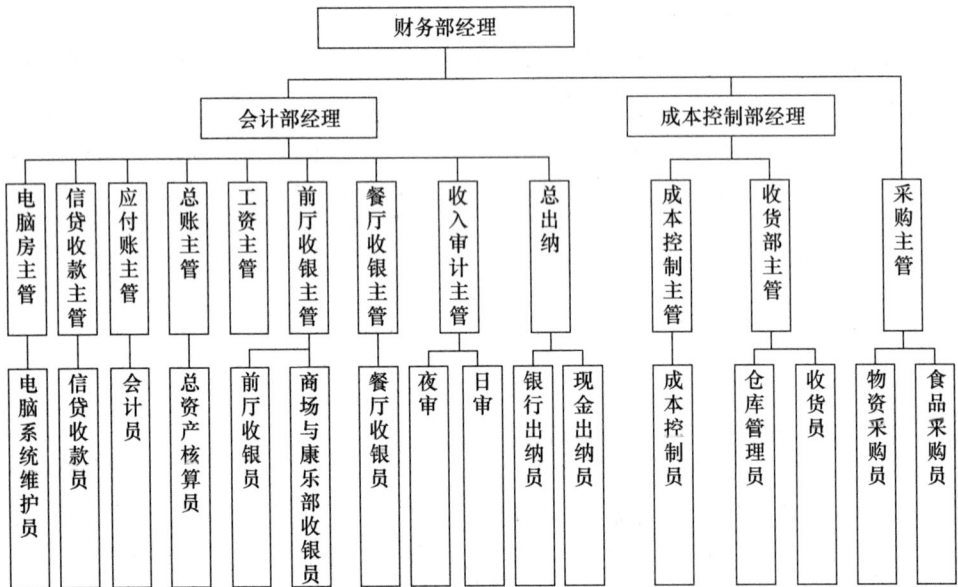

图 1-3　酒店财务部组织结构图

四、酒店财务人员的素质修养

财务人员素质是指财务管理工作中财务人员必备的文化、职业素养。

（一）文化素质

（1）专业知识及相关知识。酒店财务人员要有财会基础理论知识和其他相关专业理论知识，包括会计核算及监督知识，财务管理知识，审计、金融及法律知识，计算机及外语能力等；并能随着社会经济的发展，及时接受和掌握新知识，研究新问题，不断学习和运用新知识指导酒店财务工作，具备终身学习能力。

（2）职业判断能力。酒店财务人员能依据现行法律、法规及其他有关政策和信息，对酒店所发生的经济业务、面临的风险等做出正确的估计，以判断其对财务决策的影响。

（3）财务信息加工能力。酒店财务人员能用现代化技术手段，采用科学的分析方法，对酒店财务信息进行加工、整理，提供可供决策的财务信息。

（4）预测决策能力。酒店财务人员能对酒店未来财务发展进行合理预算，对财务风险进行有效预测与控制，对酒店资金运转过程及筹资方案进行科学的分析，并对酒店经营过程进行决策。

（5）表达能力。酒店财务人员必须具备良好的口头表达能力和文字表达能力，能清晰、准确、简洁、流利地解释会计政策、法规和其他有关问题，思路清楚、逻辑性强；能熟练而准确地起草规范化的工作文件，并有一定的理论水平和写作能力。

（6）人际交往能力。酒店财务人员必须能把原则的坚定性和方法的灵活性结合起来，努力协调相关部门及人员的利益关系，减少工作阻力。

（7）开拓创新能力。酒店财务人员必须有创新意识，使财会工作既能适应社会的发展、国家法律法规的变化，以及酒店经营策略的改进，又能有利于酒店改善管理，提高经济效益。

（二）职业素质

酒店财务人员应具备以下职业素质：

（1）遵纪守法。遵守国家《宪法》、法律和各项法规，遵守《会计法》和国家统一的会计制度及其他有关财经制度。

（2）客观公正，诚实可信。实事求是，如实反映情况，敢讲真话，不弄虚作假，办事公道，诚实不欺；坚持原则，恪守信用，不徇私情。

（3）廉洁自律。在工作和生活中重情操，讲廉洁，不损公肥私、损人利己。

（4）敬业爱岗。对工作认真负责，热爱和精通本职工作，努力钻研业务，勇于承担责任。

（5）团结协作。谦逊、礼貌、宽容，善于与人相处，能与人有效合作，促使财务部内部形成高度的凝聚力。

（6）保守商业秘密。未经授权或根据法律、法规规定，不得泄露工作中的秘密。

五、财务部主要岗位的岗位职责

（一）财务部经理岗位职责

（1）全面负责酒店财务部的日常管理工作，实施会计基础工作的规范化管理，做好财务监管工作。

（2）参与酒店的各项经营、基本建设投资、更新改造等重大问题的决策，监督并控制各项资金的使用，确保各投资项目的资金合理使用。参与重大投资、重大经济合同或协议的研究工作，为总经理决策提供依据。

（3）组织贯彻执行《会计法》等法规和旅游财务制度及财经纪律，建立健全财务管理的各项制度。

（4）组织和负责酒店经营预算和财务收支预算的编制，同时检查和督导各项预算的执行。

（5）负责与财政、税务、金融等部门的联系，协助总经理处理好与这些部门的关系，及时掌握财政、税务及外汇发展趋势。

（6）经常检查分析酒店财务状况和经济活动，提出改善经营、加强管理的措施和意见，供酒店领导决策时参考。

（7）负责做好资金管理，合理调度资金，加速回笼应收账款，控制资金支出，提高资金使用效率。

（8）加强成本核算、费用控制和财产物资的管理，组织定期的固定资产、物资用品、低值易耗品和商品的检查盘点，确保酒店财产、物资的合理使用和安全管理。

（9）负责审批酒店的采购计划、费用开支等各项付款计划，对重大开支项目报总经理审批。

（10）参与酒店信用政策和价格政策的制定。负责信用权限的审批，定期组织价格检查。

（11）负责制定财务部各岗位的职责，负责考核、监督员工的工作质量，并定期组织财务部员工进行业务技能培训。

（二）会计部经理岗位职责

（1）执行财务部经理的工作指令，向其负责并报告工作，负责会计的日常管理工作。

（2）遵守各项财经纪律，协助财务部经理制定酒店各项财务会计制度。

（3）协助财务部经理做好财务管理、预算管理、会计核算等工作，参与酒店重大经济活动的预测和经营决策，提供可靠的会计数据供酒店领导决策参考。

（4）负责编制酒店财务收支预算和酒店总预算，并将各项计划指标分解落实，负责各计划完成情况的控制和检查。

（5）组织编制会计报表，负责向酒店总经理、财务部经理报告财务状况和经营成果，审查对外提供的会计资料。

（6）负责督促合同和会计档案管理工作。

（7）负责完成各项税金等上缴工作。

（8）加强对资金使用的管理，组织编写资金计划。

（9）负责对本部门员工进行管理教育、业务培训、工作评估。

（三）成本控制部经理岗位职责

（1）执行财务部经理的工作指令，向其负责并报告工作。

（2）负责成本控制部的日常管理工作，做好成本核算、成本预测、成本控制、成本计划及成本分析工作，并负责指导各责任人做好相关工作。

（3）负责酒店在用、在库固定资产及各项财产物资的管理及固定资产增加、转移、报废、调拨、外借的审核。

（4）组织原材料和各项成本的核算，做好费用的审核、核算和控制工作。

（5）负责组织编制年度、月度的成本计划和费用预算工作，并分解指标到各负责部门。

（6）组织本部门做好成本管理的基础工作，建立各项原始记录，严格计量验收，负责各项消耗定额的修订、检查和分析。

（7）定期组织召开成本费用分析会，考核成本费用的计划执行情况，及时发现问题，并提出改进措施。

（8）及时掌握库存物资状态，控制物资库存储备量，组织编制年度、季度、月度的物资申购计划，在保证供应、合理储备的基础上，加速库存资金的周转，负责呆滞物资的处理。

（9）负责组织采购物资的验收、入库工作，加强与采购部门的工作联系，监督、控制采购成本。

（10）负责对本部门员工进行管理教育、业务培训、工作评估。

（四）采购主管岗位职责

（1）执行财务部经理的工作指令，向其负责并报告工作。全面负责酒店物资食品采购和采购部日常运转工作。

（2）根据市场行情和物资使用、消耗情况，制定物资采购程序、采购计划和采购方案，并负责实施，建立各项物资采购管理制度。

（3）组织酒店各部门根据实际经营情况，合理确定库存最高数、最低数，控制采购费用和库存数量。

（4）及时与成本控制部联系，做好物资食品管理工作，及时处理呆滞物资，加速资金周转。

（5）加强采购合同的管理，严把合同关，遵守《合同法》的规定，确保各合同项目的顺利进行。

（6）负责审核采购申请单、订货单，并将审核意见报财务部经理和总经理审批。

（7）负责对本部门员工进行管理教育、业务培训、工作评估。

（五）电脑房主管岗位职责

（1）负责酒店计算机系统及收银设备的日常维修和保养工作，保证计算机主机、各终端机以及收银机的正常工作。

（2）负责编制、修改会计计算机程序以及数据输入处理工作。

（3）协助会计部门各处室编制和打印各种报表和报告。

（4）培训和辅导计算机使用人员。

（5）起草、制定有关计算机操作规程，及时清除计算机中的病毒。

（六）总出纳岗位职责

（1）负责酒店所有收银点的现金收入和转账票据的收集、整理、点核以及送存银行或到银行办理托收等事宜。

（2）支付酒店各部门报销账款的现金以及签发各种付款支票。

（3）负责与银行和外汇管理部门联系，办理有关结算事项，处理有关结算问题，并负责账户的收支管理。

（4）负责准备各项备用金并监督、管理备用金的使用情况。

（七）收入审计主管岗位职责

（1）负责审核各收银点及各有关部门交来的营业收入原始单据、报表等资料，如发现错误应及时纠正处理，以确保酒店每一笔收入都正确无误。

（2）负责整理、分类、汇总酒店全部营业收入账单，编制营业日报、营业月报。

（3）负责分析和统计各种营业收入并及时向高级管理人员和有关部门提供准确的经营信息。

（4）负责保管各部门、各班次的营业报告及其附件、原始单据。

六、酒店财务管理制度制定要求

酒店财务管理制度是规范酒店财务行为、协调酒店同各方面财务关系的法定文件。酒店在经营管理中首先要严格遵守国家规定的各种财经法规。这些法规因制定者、制定内容的不同分为三个层次。

（一）酒店财务管理制度

《企业财务通则》。《企业财务通则》是我国整个企业财务制度中基本的法规，是企业从事财务活动必须遵守的基本原则和规范。它在财务制度体系中起着主导作用，是制定行业财务制度和企业内部财务管理制度的根据。我国1992年11月颁布了第一部《企业财务通则》，随着我国加入世界贸易组织以及国内经济形势变化的需要，财政部对《企业财务通则》进行了修订并于2007年1月1日正式实施，修订后的《企业财务通则》有利于企业明晰产权，建立和完善治理结构，通过强化企业财务管理中财务战略、资金筹集、资产运营、成本控制、收益分配、重组清算和信息管理的作用来适应现代企业财务制度发展的需要。

《旅游饮食服务企业财务制度》。行业财务制度是在《企业财务通则》的基础上，根据各个行业的不同特点而制定的适合行业内各企业的一般财务制度。在中国境内的各类旅游酒店，均应遵守《旅游饮食服务企业财务制度》。2000年国家财政部颁发了新的《企业会计制度》，取消了原有的行业企业财务制度。

酒店内部财务管理制度。酒店可按照《企业财务通则》和《企业会计制度》的规定，结合酒店自身经营管理的实际情况与具体特点来制定内部财务管理办法，以规范酒店内部财务行为，处理酒店内部财务关系。

（二）酒店内部财务管理制度

酒店内部财务管理制度主要是规定酒店内部各项财务活动的运行方式、运行程序、运行要求，确定酒店内部各部门、各岗位之间的财务关系。

酒店在制定内部财务管理制度时要注意把握以下几点要求：

（1）明确财务主体的具体范围，明确酒店内部财务管理的级次。即明确酒店内部各经营部门之间及其与酒店财务部门的关系，明确酒店与联营单位、投资与被投资单位、内部承包单位的财务管理关系。

（2）明确酒店内部财务管理各岗位的职责。具体包括财务管理体制的确立、财务机构的设置、财务管理岗位的设立、内部分工、各岗位责权利及其相互衔接关系。

（3）明确财务管理的内容与方法。具体包括货币资金、存货、物料用品、固定资产、收入、成本费用、资金使用等管理制度和内部控制程序，以及固定资产折旧方法、存货计价方法、费用提取标准等的选择。

（4）明确财务管理与内部责任单位的相互衔接关系。包括责任单位的划分、责任核算、责任控制、责任考核、责任奖惩等。

（5）明确财务预算与财务分析的方法与程序。包括酒店进行财务预算和财务分析的程序、方法、时间，各经营部门在规划和评价中的职责。

一般酒店的财务管理制度所包括的内容如表1-3所示。

表1-3 酒店内部财务管理制度的内容

制度类别	具体制度名称
资金管理制度	收银工作管理制度、外币兑换管理制度、夜审管理制度、货币资金管理制度、零星费用报销管理制度、资金使用管理制度、资金支付审批管理制度
资产管理制度	固定资产管理制度、存货管理制度、应收账款管理制度、物料消耗定额管理制度、低值易耗品管理制度
物资采购管理制度	采购申请制度、收货验收管理制度、计量管理制度、仓库安全管理制度
预算管理制度	预算编制制度、预算控制制度、预算调整制度
会计核算制度	会计核算制度、物价管理制度、收入核算制度、成本核算制度
信息化管理制度	会计电算化系统管理制度、电脑操作管理制度、电脑房安全管理制度
票证合同档案管理制度	发票、支票管理制度，有价证券管理制度，经济合同管理制度，会计档案保管制度
经济分析、报告制度	信息披露制度、财务报告分析制度
日常管理制度	纳税申报制度、对外担保管理制度、经营风险防范控制制度、会计人员业务培训及晋升制度、财务部例会工作制度

第二章 酒店投资决策管理

一、现代酒店投资概述

（一）酒店投资的概念

酒店投资是指酒店企业以未来收回现金并取得收益为目的而发生的现金流出活动，包括直接投资和间接投资。直接投资是指把资金投放于生产经营性资产，以便创造价值的投资。间接投资是指把资金投放于证券等金融资产，以便取得股利或利息收入的投资。

（二）酒店投资的类型

1. 按酒店投资的对象分类

按酒店投资的对象分类，可分为固定资产投资、无形资产投资和其他资产投资。固定资产投资是指将资金投放于房屋和建筑物、机器设备、工具器具等固定资产，无形资产投资是指将资金投放于专利权、非专利技术、商标权、著作权、土地使用权、商誉等无形资产，其他资产投资是指除以上资产投资之外的投资，如开办费等应在以后年度内分期摊销的各项费用。

2. 按酒店投资的顺序与性质分类

按酒店投资的顺序与性质分类，可分为先决性投资和后续性投资。先决性投资是指必须对某酒店进行投资，在项目建成同时或其后实现收益。后续性投资是指在原有基础上进行的酒店建设，建成后将发挥原酒店同样的作用或更有效地发挥同一作用和性能，能够完善或取代现有酒店的投资。

（三）酒店投资计算期和资本投入方式

1. 酒店投资计算期

酒店投资计算期是指从投资建设开始到最终清理结束整个过程的全部时间，即该酒店的有效持续期间，可分为建设期和生产经营期。建设期的第一年初（记作第 0 年）称为建设起点，建设期的最后一年末（记为第 m 年）称为投产日，从投产日到终结点之间的时间间隔称为生产经营期。

2. 资本投入方式

从时间特征上看，投资主体将资金投入具体酒店的方式有一次投入和分次投入两种。一次投入方式是指投资行为集中一次发生在酒店计算期第一个年度的某一时间点；如果投资行为涉及两个或两个以上年度，或者虽然只涉及一个年度，但同时在该年的不同时间点发生，则属于分次投入方式。

（四）酒店投资额的构成

在整个酒店投资过程中，酒店投资主要包括固定资产投资、无形资产投资、递延资产投资、流动资产投资和营业成本费用投资。

1. 固定资产

固定资产是指使用期限较长（1年以上），单位价值在规定的标准以上，在生产过程中为多个生产周期服务，在使用过程中保持原来的物质形态的资产。固定资产投资主要包括建筑工程费、设备购置费、安装工程费、工具及生产家具购置费、其他费用（土地补偿费、管理费等）。固定资产投资相关指标有：

（1）固定资产原值：建设项目建成或投产时核定的价值。

（2）折旧：固定资产转移价值的补偿，是一种会计手段；在投资项目寿命期（或计算期）内，折旧和摊销不是项目的现金流出，但是成本的一部分。

（3）固定资产净值：固定资产净值＝固定资产原值－累计折旧额。

（4）期末残（余）值：寿命期末的固定资产残余价值，现金流入。

2. 无形资产

无形资产是指能为企业长期提供某种权利或利益但不具有实物形态的资产，主要包括专利、著作权、版权、商标、专有技术等，其价值在服务期内逐年摊销，摊销费计入成本。

3. 递延资产

递延资产是指项目筹建期内，集中发生的除固定资产投资和无形资产投资以外的各项费用所形成的资产。递延资产投资包括开办费，租赁固定资产改良费，固定资产装潢、装修费等，在规定年限内平均摊销，摊销费计入成本。

4. 流动资产

流动资产是指可以在一个生产经营周期（对象不同、长短不同）内变现或耗用的资产。主要包括储备资金（原材料、燃料等）、生产资金（在制品、半成品、待摊费用等）、成品资金（产成品、外购品等）、结算资金（应收、预付账款等）、货币资金（备用金、现金、银行存款等）。

5. 营业成本费用

成本费用按经济性质分为九类：①外购材料；②外购燃料；③外购动力；④工资及福利费；⑤折旧费；⑥摊销费；⑦利息支出；⑧修理费；⑨其他费用。总成本费用是上述成本费用之和。

（五）酒店投资额的估算（以某酒店投资项目为例）

投资估算范围包括实现项目投入与运营所需的建设投资和建设期利息。其中，建设投资包括建筑工程费、设备购置费和安装工程费，以及按规定必须考虑的建设工程其他费用和预备费等。估算依据住建部的《市政工程可行性研究投资估算编制办法》、住建部的《全国市政工程投资估算指标》、浙江省的《工程建设概预算文件汇编》、浙江省的《建筑安装工程费用定额》及相应费率、浙江省的《杭州工程造价管理》，并结合杭州市当前工程造价的实际情况，以及建设单位提供的当地市政建设的有关规定及说明。

1. 固定资产投资估算

该项目固定资产投资总额为 49253.7 万元，由工程费用、工程建设其他费用、预备费和建设期借款利息四部分组成。

（1）工程费用。工程费用由单项建筑的工程费用以及配套、安装工程费用组成。

1）单项建筑工程费。

a. 精品酒店：建筑工程费按 8000 元/平方米计算，共计建筑工程费 7600 万元；设备购置费按建筑工程费的 20% 计算，则设备购置费为 1520 万元。故精品酒店的工程费用共计 9120 万元，占固定资产投资总额的 18.52%。

b. 配套商务酒店：建筑工程费按 3700 元/平方米计算，共计建筑工程费 3367 万元；设备购置费按建筑工程费的 20% 计算，则设备购置费为 673.4 万元。故配套商务酒店的工程费用共计 4040.4 万元，占固定资产投资总额的 8.2%。

c. 露天温泉场：建筑工程费按 5000 元/平方米计算，共计建筑工程费 600 万元；设备购置费按建筑工程费的 20% 计算，则设备购置费为 120 万元。故露天温泉场的工程费用共计 720 万元，占固定资产投资总额的 1.46%。

综上所述，该项目单项建筑的工程费用为 13880.4 万元，占固定资产投资总额的 28.18%。

2）配套、安装工程费用。

本项目应计建筑面积为 18600 平方米。

a. 给排水：按 50 元/平方米计算，安装工程费共计 93 万元，占固定资产投资总额的 0.19%。

b. 消防：按 60 元/平方米计算，安装工程费共计 111.6 万元，占固定资产投资总额的 0.23%。

c. 强弱电：按 230 元/平方米计算，安装工程费共计 427.8 万元，占固定资产投资总额的 0.87%。

d. 监控及广播系统：按 30 元/平方米计算，安装工程费共计 55.8 万元，占固定资产投资总额的 0.11%。

e. 室外给排水：按 60 元/平方米计算，安装工程费共计 111.6 万元，占固定资产投资总额的 0.23%。

f. 室外电气：按 150 元/平方米计算，安装工程费共计 279 万元，占固定资产投资总额的 0.57%。

g. 室外道路：共 96048 平方米，按 130 元/平方米计算，安装工程费共计 1248.62 万元，占固定资产投资总额的 2.54%。

h. 绿化：共 380000 平方米，按 110 元/平方米计算，建筑工程费共计 4180 万元，占固定资产投资总额的 8.49%。

i. 配套停车场：共 5000 平方米，按 280 元/平方米计算，建筑工程费共计 140 万元，占固定资产投资总额的 0.28%。

综上所述，该项目配套及安装工程费用合计为 6647.42 万元，占固定资产投资总额的 13.5%。

（2）工程建设其他费用。

1）土地费用：该项目占用土地是通过挂牌出让的方式取得的，征地费用为 24000 万元，占固定资产投资总额的 48.73%。该项目不考虑土地契税。

2）建设单位管理费：包括建设单位开办费、建设单位经费和建设单位临时设施费等，取建安工程费用的 1.5%，建设单位管理费计 307.92 万元，占固定资产投资总额的 0.63%。

3）地质勘探及工程设计费：该项目是指建设单位为进行项目建设发生的勘察和设计费用，地质勘探按照 10 元/平方米来计算，总建筑面积为 18600 平方米，共计地质勘探费 18.6 万元，占固定资产投资总额的 0.04%；工程设计费按照 150 元/平方米来计算，共计工程设计费 279 万元，占固定资产投资总额的 0.57%。

4）建设项目前期费、招投标手续费、招标代理服务费：建设项目前期费 20 万元，占固定资产投资总额的 0.04%；招投标手续费 3 万元，约占固定资产投资总额的 0.01%；招标代理服务费 12 万元，占固定资产投资总额的 0.2%。

5）白蚁防治费：按照 2.3 元/平方米计算，总建筑面积为 18600 平方米，共计 4.28 万元，占固定资产投资总额的 0.01%。

6）以下费用均以建筑面积 18600 平方米为基数进行计算：

人防基金：按照 50 元/平方米计算，共计 93 万元，占固定资产投资总额的 0.19%。

基础设施配套费：按照 105 元/平方米计算，共计 195.3 万元，占固定资产投资总额的 0.4%。

散装水泥基金：按照 2 元/平方米计算，共计 3.72 万元，占固定资产投资总额的 0.01%。

新型墙体材料发展基金：按照 8 元/平方米计算，共计 14.88 万元，占固定资产投资总额的 0.03%。

防雷监督费：按照 0.9 元/平方米计算，共计 1.67 万元，占固定资产投资总额的 0.003%。

施工图纸审查费：按照 1.72 元/平方米计算，共计 3.2 万元，占固定资产投资总额的 0.01%。

7）建设监理费：取建安工程费用的 2.0%，建设单位监理费计 410.56 万元，占固定资产投资总额的 0.83%。

综上所述，该项目工程建设其他费合计 25367.13 万元，占固定资产投资总额的 51.5%。

（3）预备费。项目预备费含基本预备费和涨价预备费。

基本预备费取建设投资中建筑工程费、设备购置费、安装工程费和工程建设其他费用之和的 5.0%，共计 2294.75 万元。

（4）建设期借款利息。

本项目建设期为 1 年，建设投资拟申请银行长期借款 16000 万元，按年利率 6.65% 计算，应计建设期借款利息 1064 万元，占固定资产投资总额的 2.16%。

表 2 - 1 固定资产投资总额构成表

序号	项目名称	投资额（万元）	占固定资产投资总额比例（%）
1	工程费用	20527.82	41.68
2	工程建设其他费用	25367.13	51.5
3	预备费	2294.75	4.66
4	建设期借款利息	1064.00	2.16
合计		49253.70	100

2. 流动资金估算

该项目流动资金包括流动资产和流动负债。该项目从运营期即第 2 年开始考虑流动资金。

（1）流动资产。流动资产包括应收账款、存货、现金及预付账款。

1）应收账款：周转天数为 45 天，周转次数为 8 次/年，项目开始正常运营的第 6 年后应收账款为 196.33 万元。

2）存货：该项目存货包括原材料、燃料及动力、在产品。项目开始正常运营的第 6 年后应收账款为 127.12 万元。

3）现金：周转天数为 30 天，周转次数为 12 次/年，项目开始正常运营的第

6 年后应收账款为 20.3 万元。

4）预付账款：本项目不涉及预付账款。

（2）流动负债。流动负债包括应付账款及预收账款。

1）应付账款：周转天数为 60 天，周转次数为 6 次/年，项目开始正常运营的第 6 年后应收账款为 142.09 万元。

2）预收账款：本项目不涉及预收账款。

表 2 - 2　流动资金汇总表 单位：万元

序号	项目	第 2 年	第 3 年	第 4 年	第 5 年	第 6～15 年
1	流动资产	223.37	249.02	291.35	319.79	363.22
2	流动负债	60.13	75.17	99.97	116.64	142.09
3	流动资金	163.24	173.86	191.38	203.15	221.13
4	流动资金当期增加额	163.24	10.62	17.52	11.77	17.98

二、现代酒店投资分析

（一）酒店投资的现金流量分析

1. 现金流量的含义

现金流量是指在投资决策中，某个投资项目引起的企业现金支出和现金收入增加的数量。"现金"是指广义的现金，它不仅包括各种货币资金，也包括项目需要投入的企业现有非货币资源的变现价值。现金流量是项目投资决策的依据。

2. 现金流量的种类

（1）按现金流动的方向分。

1）现金流出量。现金流出量是指与投资方案相关的企业现金支出的增加额。主要包括：

a. 建设投资是指建设期内按投资设计方案进行的固定资产投资。

b. 无形资产和开办费用等投资的总和。包括土地购买或租赁费用、土建工程费用、生产设备支出、设备安装支出、人员培训费用等。

c. 营运资金是指因项目投资引起的营运资金的变化。项目投资会引起现金、应收账款及原材料、在产品、半成品等流动资产和应收账款、应付费用等流动负债的变化。垫支的营运资金与建设资金构成原始投资额，再加上资本化利息，构成项目投资总额。

d. 付现成本是指在项目经营期间需用现金支付的成本。它是项目投产后最主要的现金流出项目。

付现成本 = 生产经营费用 − 折旧费用

e. 所得税，企业缴纳的所得税是现金流出量的一部分。

2）现金流入量。现金流入量是指与投资方案相关的现金收入的增加额。主要包括以下内容：

a. 营业现金收入。项目投产后，营业收入是现金流入量的主要内容。

b. 收回的固定资产残值是指投资项目报废或中途转让时，固定资产报废清理或转让的变价收入扣除清理费用后的净额。

c. 收回的营运资金主要是指投资项目终结时收回的原垫付的营运资金。为了简化计算，一般在发生营运资金垫付时，我们把它视为现金流出。而在投资项目使用过程中循环发生的营运资金收回和再垫支，既不作为现金流入，也不作为现金流出。将项目终结时收回的营运资金作为现金流入对待。

（2）按现金流动的时间分。

1）初始现金流量。初始现金流量是指与投资方案相关的并于投资开始时发生的现金流量，有时也称为初始投资。主要包括：

a. 固定资产投资额，包括固定资产的构建成本、安装费用、运杂费等现金流出。

b. 流动资产投资是指由于项目投入生产而发生的购置原材料、在产品等流动资产的现金流出。

c. 机会成本是指某些原有资产用于该项投资而不能作为其他用途而失去的收入。

d. 其他投资费用是指与投资项目有关的筹建费、职工培训费用、谈判费、注册费用等现金流出。

e. 原有固定资产的变价收入主要是指固定资产更新时变卖原有固定资产所得的现金收入。

2）营业现金流量。营业现金流量是指投资项目完成投入生产后，在寿命期内，从正常的生产活动中取得的现金流量，一般以年为单位进行计算。

营业现金流量 = 营业收入 − 付现成本 − 所得税

付现成本 = 生产经营费用 − 折旧费用

营业现金流量 = 税后净利润 + 折旧费

3）终结现金流量。终结现金流量是指项目终结（报废或转让）时发生的各种现金流量，主要包括固定资产变价净收入或残值收入、收回的垫支营运资金。

3. 现金净流量

现金净流量是指一定期间现金流入量和现金流出量的差额。

现金净流量 = 现金流入量 − 现金流出量

为方便起见，如不作特殊说明，假设各年的投资都在年初一次发生，各年的营业现金流量都在各年末一次实现，终结现金流量在最后一年末发生。

4. 项目现金流入量的估算

（1）营业收入是经营期最主要的现金流入量，应按项目在经营期内有关产品各年预计单价和预计销售量进行估算。

（2）补贴收入是与经营期收益相关的政府补贴，可根据按政府退还的增值税，按销量或工作量分期计算的定额补贴和财政补贴予以估算。

（3）在终结点上一次回收的流动资金等于各年垫支的营运资金投资额的合计数。回收营运资金和回收固定资产残值统称为回收额，假定新建项目的回收额发生在终结点上。

5. 项目现金流出量的估算

（1）建设投资的估算。固定资产投资应按项目规模和投资计划所确定的各项建筑工程费用、设备购置费用、安装费用和其他费用来估算。无形资产和其他资产投资根据需要逐项按有关资产的评估方法和计价标准进行估算，在估算构成固定资产原值的资本化利息时，可根据长期借款本金，建设期年数和借款利息率按复利计算，且假定建设期资本化利息只计入固定资产原值。

（2）营运资金投资的估算。在某项目投资决策中，营运资金是指在营运期内长期占用并周转使用的资金。

本年营运资金投资额（垫支数）＝本年营运资金需用数－截至上年的营运资金投资额

或：

本年营运资金投资额＝本年营运资金需用数－上年营运资金需用数

本年营运资金需用数＝本年流动资产需用数－本年流动负债可用数

6. 所得税对现金流量的影响

税收减免是指企业发生的费用支出会使所得税支出减少。因此，发生的费用支出实际上会产生减少所得税税负的作用，即税收地面效应。所得税影响投资现金流量，投资现金流量包括投资在固定资产和流动资产上的资金两部分。由于投资在流动资产上的资金一般在项目结束时全部收回，不涉及企业的损益，因此不受所得税的影响。如果企业以原有旧设备进行固定资产投资，在计算投资现金流量时，一般是以该设备的变现价值作为其现金流出量。此外，还必须注意企业由此而可能支付或减免的所得税。

投资现金流量＝投资在流动资产上的资金＋设备变现价值－（设备变现价值－账面净值）×所得税税率

（二）酒店投资决策评价指标分析

投资决策评价指标是指用于衡量和比较投资可行性，据以进行方案决策的定量标准尺度。

1. 投资决策评价指标及类型

（1）按是否考虑时间价值，投资决策评价指标可分为折现指标和非折现指标。折现指标，即考虑了时间价值因素的指标；非折现指标，即没有考虑时间价值因素的指标。

（2）按数量特征分类，投资决策评价指标可分为绝对量指标和相对量指标。

（3）按指标性质分类，投资决策评价指标可以分为正指标和反指标。正指标意味着指标值的大小与投资项目的好坏呈正相关关系，即指标越大，该项目越好。反指标是指指标值越小，该项目越好。

2. 非折现指标评价方法与应用

（1）会计收益率法。会计收益率是指项目达到设计生产能力后正常年份内的年均净收益与项目总投资的比率。在进行项目投资决策时，根据企业的基本情况确定一个要求达到的必要报酬率或称平均报酬率。只要会计收益率高于必要报酬率则可以接受该项目。

$$会计收益率 = \frac{年平均净收益}{原始投资额} \times 100\%$$

（2）静态投资回收期法。静态投资回收期是在不考虑资金的时间价值的情况下，以项目的净收益抵资所需要的时间，它是反映项目财务上投资回收能力的指标，代表回收投资所需要的年限。静态投资回收期越短，资金回收越快，项目受未来不可预见风险的影响就越小。当项目静态投资回收期小于基准回收期限时，该项目在财务上是可行的。在原始投资一次支出，每年现金净流入量相等时：

$$静态投资回收期 = \frac{原始投资额}{每年现金流入量} \times 100\%$$

3. 折现评价方法及其使用

（1）净现值法。净现值是指特定方案未来现金流入的现值与未来现金流出的现值之间的差额。只有那些净现值为正的项目才是值得投资的项目。

1）计算公式。

$$净现值 = \sum_{k=0}^{n} \frac{I_k}{(1+i)^k} - \sum_{k=0}^{n} \frac{O_k}{(1+i)^k}$$

式中：i 是预定的折现率；n 是投资涉及的年限；I_k 是第 k 年的现金流入量；O_k 是第 k 年的现金流出量。

2）计算步骤。

第一步：计算每年的营业现金流量。按照前面介绍的估算现金流量的方法来计算营业现金流量。

第二步：计算未来现金流量的总现值。包括营业现金流量和终结现金流量的总现值。

第三步：计算净现值。只要项目的净现值为正，就意味着其能为公司带来财富，该项目在财务上是可行的。

（2）净现值率法。净现值率是项目的净现值与全部投资现值之比。用公式表示为：

$$净现值率 = \frac{项目净现值}{总投资的现值}$$

净现值率为正就意味着其能为公司带来财富，该项目在财务上是可行的。如果存在多个互斥项目，应选净现值率最大的项目。

（3）获利指数法。获利指数是指未来现金流入现值与现金流出现值的比率，也称现值比率、现值指数、折现后收益成本比率等。

$$获利指数 = \sum_{k=0}^{n} \frac{I_k}{(1+i)^k} \div \sum_{k=0}^{n} \frac{O_k}{(1+i)^k}$$

获利指数大于1，意味着其能为公司带来财富，该项目在财务上是可行的。否则，应拒绝该项目。如果存在多个互斥项目，应选择获利指数超过1最多的项目。

（4）内含报酬率法。内含报酬率又称内部报酬率，是指能够使未来现金流入量现值等于未来现金流出量现值的折现率，或者说是使投资方案净现值为零的折现率。

内含报酬率的计算步骤：

第一步：计算年金现值系数：

$$年金现值系数 = \frac{初始投资额}{每年净现金流量}$$

第二步：查年金现值系数表，在相同的期数内，找出与上述年金现值系数相邻的两个折现率。

第三步：根据上述两个邻近的折现率和已求的年金现值系数，采用内插法计算出该投资方案的内含报酬率。

（5）动态投资回收期法。

动态投资回收期是在考虑资金的时间价值的情况下，以项目的净收益抵偿全部投资所需的时间，它是反映项目财务上投资回收能力的指标。

【例2-1】假如A方案和B方案的动态投资回收期分别为1.84年和2.65年，C方案的动态投资回收期大于3年。其计算过程如表2-3～表2-5所示。

表 2 – 3　A 方案动态投资回收期计算过程　　　　单位：元

A 方案	现金流量	回收额	未回收额
原始投资	（40000）		
现金流入			
第一年	23600	21454	185460
第二年	26480	21884	0

注：回收期 = 1 + （18546 ÷ 21884）= 1.84（年）。

表 2 – 4　B 方案动态投资回收期计算过程　　　　单位：元

B 方案	现金流量	回收额	未回收额
原始投资	（18000）		
现金流入			
第一年	2400	2181	15819
第二年	12000	9917	5902
第三年	12000	9015	0

注：回收期 = 2 + （5902 ÷ 9015）= 2.65（年）。

表 2 – 5　C 方案动态投资回收期计算过程　　　　单位：元

C 方案	现金流量	回收额	未回收额
原始投资	（18000）		
现金流入			
第一年	6900	6272	11728
第二年	6900	5702	6026
第三年	6900	5184	842

注：回收期 > 3 年。

三、酒店投资决策方法

（一）酒店投资决策的基本方法

投资决策分析的方法有非贴现分析法和贴现分析法两类。非贴现分析法是指不考虑资金时间价值因素的指标分析方法，主要包括投资回收期法、平均报酬率法；贴现分析法是指考虑资金时间价值因素的指标分析方法，主要包括净现值法、现值指数法、内含报酬率法等方法。

1. 非贴现分析法

非贴现分析方法在分析投资方案时不考虑货币的时间价值，将不同时间的货币收支看成等价的。这类方法在投资决策时一般起辅助作用。

（1）投资回收期法（用 PP 表示）：投资回收期法是指收回初始投资所需要的时间。它是根据回收项目原始投资额所需要的时间长短来进行投资决策的一种方法。一般来说，回收期越短，其方案越有利。

在原始投资一次支出，每年现金流入量（NCF）相等时，投资回收期的计算公式为：

$$投资回收期 = \frac{原始投资额}{每年现金净流入量}$$

如果每年的现金流入量（NCF）不等，那么计算投资回收期要根据每年末尚未回收的投资额加以确定。

【例 2-2】某酒店有两个备选投资方案，A 方案投资额 30000 元，B 方案投资额 45000 元，两个方案的现金流量如表 2-6 所示。

表 2-6　投资方案现金流量比较表　　　　　　　　单位：元

年次	0	1	2	3	4	5
A 方案现金流量	-30000	9600	9600	9600	9600	9600
B 方案现金流量	-45000	11700	11340	10980	11670	11760

$$A 方案的投资回收期 = \frac{30000}{9600} = 3.125（年）$$

B 方案每年现金流量不等，所以应先计算其各年尚未回收的投资额，如表 2-7 所示。

表 2-7　B 方案现金流量表　　　　　　　　单位：元

年次	每年净现金流量	年末尚未回收的投资额
1	11700	33300
2	11340	21960
3	10980	10980
4	11670	—
5	11760	—

$$B 方案的投资回收期 = 3 + \frac{10980}{11670} = 3.94（年）$$

进行投资分析时，首先将投资方案回收期与投资者主观上既定的期望回收期（或要求的标准回收期）相比，如投资方案回收期≤期望回收期，则方案可行；如投资方案回收期＞期望回收期，则方案不可行。如同时有多个投资方案可供选择，应选择回收期较短的那个方案。回收期越短，其投资方案风险越小。

本例中 A 方案投资回收期为 3.125 年，B 方案投资回收期为 3.94 年，故酒店应选择 A 方案进行投资。

回收期法的优点是计算简便，容易为决策人正确理解；缺点是没有考虑货币的时间价值，也没有考虑回收期以后的收益。由于它考虑的只是整个回收期的情况，使投资早期收益低而中后期收益高的项目往往被忽视，从而导致放弃长期成功的投资方案。因此，目前该法仅作为投资决策的辅助方法。

（2）平均报酬率法（用 ARR 表示）：平均报酬率又称会计收益率，是指投资项目平均每年的净利润或现金净流入占投资总额的百分比。其计算公式为：

$$平均报酬率 = \frac{平均每年现金净流入（或净利润）}{投资总额} \times 100\%$$

一般，平均报酬率＞期望报酬率，则方案可行；平均报酬率＜期望报酬率，则方案不可行。

如在若干个方案中挑选一个方案则选择平均报酬率高的方案。

平均报酬率法的优点是简单易算，它能利用很容易得到的会计数据进行评价。一个投资方案的平均报酬率计算出来以后，就可以将它与期望报酬率进行比较，以确定采纳或放弃。这种方法虽然考虑了投资方案生命周期内所有的现金流量，但仍存在着未考虑货币时间价值的缺点，将最后一年投资效益的价值视同为第一年投资效益的价值。因此，它在投资分析中也仅能作为辅助的方法。

2. 贴现分析法

贴现分析法在分析投资方案时需要考虑货币的时间价值。这类方法在投资决策时一般起主要作用。

（1）净现值法（用 NPV 表示）：净现值法是指将投资项目各年的净现金流量，按照一定的贴现率或资金成本率换算成现值，以求得投资方案净现值的一种方法。所谓净现值是指某种方案未来现金流入的现值与未来现金流出的现值之间的差额。

采用净现值法，把所有未来现金的流入和流出都按照预定贴现率（资金成本率或期望报酬率）折算为现值，然后再计算两者间的差额。如净现值为正数，即折算后的现金流入大于折算后的现金流出，说明该投资项目的收益率大于预定的贴现率。如净现值为零，即折算后的现金流入等于折算后的现金流出，说明该投资项目的收益率等于预定的贴现率。如净现值为负数，即折算后的现金流入小于折算后的现金流出，说明该投资项目的收益率小于预定的贴现率。其计算公式为：

净现值 = 未来报酬总现值 - 初始投资额现值

未来报酬总现值 = $\sum$ [（各年现金流入 - 各年现金流出）× 现值系数]

$$= \sum（各年现金净流量 × 现值系数）$$

$$NPV = \left[\frac{C_1 - O_1}{(1 + i)^1} + \frac{C_2 - O_2}{(1 + i)^2} + \cdots + \frac{C_n - O_n}{(1 + i)^n}\right] - B$$

$$= \sum_{t=1}^{n} \frac{C_t - O_t}{(1 + i)^t} - B$$

式中：NPV 为净现值；C_t 为第 t 年的现金流入量；O_t 为第 t 年的现金流出量；i 为贴现率（资金成本率或期望报酬率）；B 为初始投资额现值。

一般，$NPV > 0$，则方案可行；$NPV < 0$，则方案不可行。

【例 2 - 3】以【例 2 - 1】资料来说明净现值的计算。假设资金成本率为 10%，A 方案的 NCF 相等，计算如下：

A 方案净现值 = 未来报酬的总现值 - 初始投资

$$= NCF × （P/A，10\%，n）- 30000$$

$$= 9600 × 3.791 - 30000$$

$$= 6393.6（元）$$

B 方案每年现金流量不等，计算过程如表 2 - 8 所示。

表 2 - 8 计算分析表   单位：元

年次	各年的 NCF（1）	现值系数（P/A，10%，t）（2）	现值（3）=（1）×（2）
1	11700	0.909	10695
2	11340	0.826	9367
3	10980	0.751	8246
4	11670	0.683	7971
5	11760	0.621	7303
未来报酬的总现值			43522
减：初始投资			45000
净现值			$NPV = -1478$

从上面的计算中可以看出，两个方案的净现值，A 方案大于零，B 方案小于零，故该酒店应选用 A 方案。

净现值法要求投资方案的净现值是正数时才是可行的。如有几个投资方案时，应选择净现值较大的方案。净现值法有着广泛的适用性，理论上也比其他方案更完善。其应用的关键在于如何确定贴现率，一种办法是根据资金成本来确定，但计算资金成本较为困难；另一种办法是根据企业要求的最低资金利润率确定，这比较容易解决。

净现值法的优点是：考虑了货币的时间价值，能够反映出各种投资方案的净收益，是一种较好的方法。净现值法的缺点是：不能揭示各个投资方案本身可能达到的实际报酬率是多少。

（2）现值指数法（用 PI 表示）：又称利润指数、现值比率，是指投资项目未来报酬的总现值与初始投资额现值之比。其计算公式为：

$$现值指数 = \frac{未来报酬的总现值}{初始投资的现值}$$

即：

$$PI = \sum_{t=1}^{t} \frac{C_t}{O_t} (1+i) / B$$

一般，$PI > 1$，则方案可行；$PI < 1$，则方案不可行。

【例 2 - 4】根据【例 2 - 1】资料，两个方案的现值指数如下：

A 方案现值指数 =（30000 + 6393.6）/30000 = 1.21

B 方案现值指数 =（45000 - 1478）/45000 = 0.97

A、B 两个方案的现值指数 A 方案大于 1，B 方案小于 1，故应采用 A 方案。

净现值是一个绝对数指标，反映投资回收额，即反映投资效益。现值指数是一个相对数指标，反映未来报酬总现值与初始投资额现值之比，即反映投资的效率。现值指数法可以进行独立投资机会获利能力的比较，即可以将现值指数看成是 1 元原始投资额可望获得的现值净收益。从上例指数中可以看出，A 方案比 B 方案获利能力强，因此，该方法是评价投资方案优劣的有效方法之一。

现值指数法的优点是：考虑了资金的时间价值，能够真实地反映投资项目的盈亏程度。由于现值指数用相对数来表示，所以，有利于在初始投资额不同的投资方案之间进行对比。现值指数法的缺点是：现值指数这一概念不便于理解。

（3）内含报酬率法（用 IRR 来表示）：又称内部收益率，实质上是投资方案的净现值等于零的贴现率，即按内含报酬率将投资方案各年的现金净流量折成现值，其和正好等于投资额的现值和。内含报酬率实际上是投资方案在其生命周期内按现值计算的实际投资报酬率，它反映了投资方案的真实报酬。内含报酬率法是根据投资方案的内含报酬率的大小来判断投资方案是否可行的一种方法。

一般情况下，内含报酬率 > 资金成本率，则方案可行；内含报酬率 < 资金成本率，则方案不可行。

在实际工作中，现金流量可归纳为六大模式，如表 2 - 9 所示。

表2-9　现金流量模式

现金流出方式 现金流入方式	现金投放方式		
	一次性投入	分次等量投入	分次非等量投入
分次等量流入	I	III	IV
分次非等量流入	II	IV	VI

现金流量模式不同，内含报酬率的计算方式也不同，本节仅介绍其中两种模式的计算。

1）一次投入资金，选择现金分次等量流入模式。这种模式各期现金流入量相等，符合年金形式，内含报酬率可直接利用年金现值表来确定。

首先，计算年金现值系数，以前例 A 方案为例说明。

原始投资 = 每年现金流入量 × 年金现值系数

$$年金现值系数 = \frac{原始投资额}{每年现金流入量} = \frac{30000}{9600} = 3.125$$

查年金现值系数表，第五期与 3.125 相邻的年金现值系数在 18% ~ 20%，用插值法计算如下：

贴现率

$$
\left.
\begin{array}{l}
18\% \\
?\% \\
20\%
\end{array}
\right\} x\% \left.\right\} 2\%
$$

年金现值系数

$$
\left.
\begin{array}{l}
3.127 \\
3.125 \\
2.991
\end{array}
\right\} 0.002 \left.\right\} 0.136
$$

$$\frac{x}{2} = \frac{0.002}{0.136}$$

$$x = 0.03$$

A 方案的内部报酬率 = 18% + 0.03% = 18.03%

2）一次投入资金，选择现金分次非等量流入模式。这种模式由于各期的现金流量不一，不能简单地采用年金方式计算。一般可采用逐次测算法，找出使净现值接近于零的折现率。如对测试的精度不满意，可进一步采用插入法计算，得到较精确的内含报酬率。

逐步测试法的步骤为：先估计一个折现率，并用它来计算方案的净现值，如净现值为正数，说明方案的报酬率大于估计的折现率，应提高折现率进一步测试；如净现值为负数，说明方案的报酬率小于估计的折现率，应降低折现率作进一步测试。经过几次测试即可找出该方案的内含报酬率。

【例2-5】以前例中 B 方案为例，已知其净现值为负数（-1478 元），说明它的投资报酬率小于 10%。因此，要降低折现率进一步测试，直到净现值接近于零为止。先选 6%，得净现值为 2250 元；再选 8%，得净现值为 571 元。编制测试表，如表2-10所示。

表2-10　测试表

单位：元

年次	NCF_t	测试10%		测试6%		测试8%	
		P/A,10%,t	现值	P/A,6%,t	现值	P/A,8%,t	现值
0	-45000	1.00	-45000	1.00	-45000	1.00	-45000
1	11700	0.909	10635	0.943	11033	0.926	10834
2	11340	0.826	9367	0.890	10093	0.857	9718
3	10980	0.751	8246	0.840	8223	0.794	8718
4	11670	0.683	7971	0.792	9243	0.735	8577
5	11760	0.621	7303	0.747	8785	0.681	8009
NPV	—	—	-1478	—	3377	—	856

通过逐步测试，得到接近于零的净现值，可以认为B方案的内含报酬率约为8%。如还需更精确的内含报酬率资料，可用插入法计算。

贴现率　　　　　　　　　　　　　　　　　净现值

$$\left.\begin{matrix}8\% \\ ?\% \\ 10\%\end{matrix}\right\}\begin{matrix}x\%\end{matrix}\Big\}2\% \qquad\qquad \left.\begin{matrix}856 \\ 0 \\ -1478\end{matrix}\right\}\begin{matrix}856\end{matrix}\Big\}2334$$

$$\frac{x}{2}=\frac{856}{2334}$$

$$x=0.73$$

B方案的内部报酬率 $=8\%+0.73\%=8.73\%$

从以上计算的两个方案的内部报酬率可以看出，A方案的内部报酬率较高于其资金成本率10%，B方案的内部报酬率较低于其资金成本率10%，故应选A方案。

内部报酬率法的优点是：考虑了资金的时间价值，反映了投资项目的真实报酬率，概念也易于理解。其缺点是：计算过程比较复杂，特别是现值不等的投资项目，一般要经过多次测算才能算出。

（二）酒店风险投资决策方法

1. 期望值决策法

期望值决策法又称概率决策法，是在不确定条件下进行投资决策的方法。它以用概率分析法确定的投资项目期望现金流量作为实际值的代表，进而计算出投资项目决策指标的期望值大小。

期望值决策法步骤：

首先，计算投资项目的期望现金流量，即现金流量的期望值。

其次，利用项目期望现金流量计算项目的期望净现值，以表明其收益水平。

最后，计算现金流量的标准离差和变化系数，以表明投资项目的风险程度。

每年现金流量标准离差计算公式为：

$$\delta_t = \sqrt{\sum_{i=1}^{n} p_i [NCF_i - E(NCF_i)]^2}$$

投资项目现金流量标准离差计算公式为：

$$\delta = \sqrt{\sum_{t=1}^{n} \left[\frac{\delta_t}{(1+r_f)}\right]^2}$$

变化系数是指项目现金流量的离散程度，是标准离差与期望值之比，计算公式为：

$$VD = \frac{\delta}{E}$$

在其他条件相同的情况下，一项投资的标准离差和变化系数越大，风险也就越大。

2. 决策树法

决策树法又称网络法，它是在事件发生概率的基础上，使用简单树枝图形，明确说明投资项目各方案的情况，完整反映决策过程的一种决策方法。这种方法适用于长期或分段的投资决策。

决策树法的步骤为：

（1）画出决策树图形：决策点、方案枝、机会点、概率枝。

（2）预计各种状态可能发生的概率，计算期望值，选择最佳方案：分别将各方案期望值总和与投资总额之差标在机会点上，并对各机会点的备选方案进行比较权衡，选择权益最大的方案为最佳方案。

3. 差额投资内含报酬率法

差额投资内含报酬率法适用于项目寿命期相同但原始投资额不同的情况。它在比较计算出不同方案的差量现金净流量的基础上，再计算出差额内含报酬率，并据以判断方案优劣。采用该方法时，当差额内含报酬率指标大于或等于基准报酬率或设定的折现率时，原始投资额大的方案较优；反之，则投资少的方案为优。差额投资内含报酬率就是使差额现金流量的净现值为零的折现率。

4. 年均净回收额法

年均净回收额法是指根据所有投资方案的年均净现值大小来选择最优方案的

决策方法。年均净回收额的计算公式为：

年均净回收额 $= NPV \div (P/A, i, n)$

采用该种方法时，所有方案中年均净回收额最大的方案即为最优方案。

（三）酒店投资风险防范的方法

1. 投资于金融资产的风险分析

（1）违约风险分析。违约风险即债券发行人无法按期支付利息或偿还本金的风险，一般而言，政府发行的债券违约风险小，金融机构发行的债券次之，工商酒店发行的债券风险较大。

（2）利息率风险分析。由于利息率的变动而引起证券价格波动，使投资人遭受损失的风险叫利息率风险。我们知道，证券的价格是随着利息率的变动而改变的。一般而言，银行的利率下降，则证券价格上升；银行的利率上升，则证券价格下降。不同期限的证券的利息率风险也不一样，证券的期限越长，利息率风险就越大。

（3）购买力风险分析。由于发生通货膨胀而使证券到期或出售时所持有的资金购买力降低的风险称为购买力风险。在通货膨胀时期，购买力风险对投资者有着极为重要的影响。在通货膨胀时期，变动收益证券比固定收益证券要好很多。因此，普通股被认为比酒店债券和其他固定收入的证券能更好地避免购买力风险。

（4）流动性风险分析。流动性风险即投资人想出售有价证券获取现金而证券却不能立即出售的风险。如果一种资产在较短的时期内按市价大量出售，说明这种资产的流动性较高；反之，则这种资产的流动性较小。流动性高的资产风险小，流动性低的资产风险较大。

（5）期限性风险分析。由于证券期限而给投资人带来的风险，叫期限性风险。若一项投资到期日越长，投资人遭受的不确定性因素就越多，承担的风险也就越大。

2. 酒店投资风险防范

这里所说的投资不仅是"开设新店"的问题，而且涉及酒店资本运作的问题。如果富余出来的资金投资于资本市场当然会面临上述的五种风险。应该如何防范这些风险呢？

（1）分析财务状况。分析一个酒店的经营风险有多大，可通过该酒店收益率增长的稳定性来判断。如果酒店收益率增长的稳定性越大，投资者预期的股息收益就会越准确，酒店股票经营风险相对也越小。对酒店财务状况进行分析，也是分析该酒店可持续发展的潜力。有些上市酒店虽然从短期看，股票价格上升很快，但长期运营下去，除非进行有效的资产重组，否则酒店的前景并不乐观。

此外，在分析财务状况时，还应注意其盈利结构的分析，比如酒店的盈利主要是由其他业务收入或投资收益获得的，并不能说明在今后几年中这种盈利状态还能保持。总之，对被投资酒店财务状况的分析可以列为一个专门研究的领域。

（2）把握价格变动趋势。金融资产的价格不光受酒店财务状况的影响，其中也包括炒作的因素。西方对于单纯股票价格变动规律研究得很多，如 K 线图、缺口理论等。通过研究这些理论，把握价格运动的变化规律对于酒店投资于金融资产有一定帮助。

（3）选择合理的投资期。酒店的经营状况从总体上来说呈现一定的周期性。同样，在经济蓬勃发展时，股市交易活跃；在经济趋于下滑时，股市较为冷清。而且股票市场和其他市场也呈一种反向变化。酒店要想进行金融资产的投资，首先要选择一个合适的投资时期。

（4）投资结构的合理化。俗话说"鸡蛋不要都放在一个篮子里"，股票投资亦是如此。在投资时注意对投资的结构进行合理搭配，可有效降低风险。

四、酒店投资决策实例

（一）固定资产更新决策

固定资产更新是技术上或经济上不宜继续使用的旧资产，用新的资产更换或用先进的技术对原有设备进行局部改造。

固定资产更新决策主要研究两个问题：一个是决定是否更新，另一个是决定选择什么样的资产来进行更新。实际上，这两个问题是要结合在一起考虑的，如果市场上没有比现在设备更适用的设备，那么就继续使用旧设备。由于旧设备总可以通过修理继续使用，所以，更新决策就是在继续使用旧设备与购置新设备之间进行选择。

如果新设备的经济寿命与旧设备的剩余寿命相等，可以用差额分析法计算使用新设备与继续使用旧设备的现金流量差额（Δ现金流量），并就此差额计算增减的净现值（Δ净现值或 ΔNPV），以判断更新设备是否有利。

【例 2 - 6】某酒店考虑用一台新设备来替换旧设备，以降低成本，增加收益。旧设备原购置成本为 291000 元，年折旧额为 30000 元，已提折旧 150000元，估计还可使用 5 年，5 年后的残值为 21000 元，第 5 年不提折旧，如果现在出售，可得价款 120000 元。新设备的购置成本为 330000 元，可用 5 年，年折旧额为 60000 元，第 5 年末的残值为 30000 元。用新设备时每年付现成本可下降84000 元。假设该酒店的资金成本为 33%，所得税税率为 40%，试做出该酒店是继续使用旧设备还是对其更新的决策。

在本例中，一个方案是继续使用旧设备，另一个方案是出售旧设备而购置新设备。这两个方案的销售收入和设备寿命相同，不必为每个方案分别计算现金流量，而可以采用差额分析法，只计算一个方案比另一个方案增减的现金流量，所有增减额均用希腊字母"Δ"表示。

下面，我们从新设备的角度计算两个方案的增减现金流量。

（1）先计算 Δ 初始投资和 Δ 年折旧额。

Δ 初始投资 = −330000 + 120000 = −210000（元）

Δ 折旧额 = 60000 − 30000 = 30000（元）

（2）用表 2−11 计算各年的 Δ 营业现金流量。

表 2−11　各年的 Δ 营业现金流量　　　　单位：元

年次	1 ~ 4	5
Δ 付现成本（1）	− 84000	− 84000
Δ 折旧额（2）	+ 30000	+ 60000
Δ 税前净利润(3)=0−(1)−(2)	+ 54000	+ 24000
Δ 所得税(4)=(3)×33%	+ 17820	+ 7920
Δ 税后净利润(5)=(3)−(4)	+ 36180	+ 16080
Δ 营业现金流量(6)=(5)+(2) =0−(1)−(4)	66180	76080

（3）计算 Δ 终结现金流量。

Δ 终结现金流量 = 30000 − 21000 = 9000（元）

（4）计算全部的 Δ 现金流量，如表 2−12 所示。

表 2−12　全部的 Δ 现金流量　　　　单位：元

年次	0	1 ~ 4	5
Δ 初始投资	− 210000		
Δ 营业现金流量		+ 66180	+ 76080
Δ 终结现金流量			+ 9000
Δ 现金流量	− 210000	+ 66180	+ 85080

（5）计算 Δ 净现值。

$$\Delta NPV = -210000 + 66180 \times (P/A, 10\%, 4) + 85080 \times (P/F, 10\%, 5)$$
$$= -210000 + 66180 \times 3.17 + 85080 \times 0.621$$
$$= -210000 + 209790.6 + 52834.68$$
$$= 52625.28 （元）$$

可见，Δ 净现值是正值，而且数额较大，说明更新设备是有利的。

如果新设备的经济寿命与旧设备的剩余寿命不等，最好是比较两种设备的年平均收益（或年平均成本），以判断各方案的优劣。

（二）资本限量决策

资本限量是指酒店资金有一定限度，不能投资于所有可接受的项目。也就是说，有很多获利项目可供投资，但酒店无法筹集到足够的资金。资本限量决策的任务是要从中选择若干个项目，既要充分利用可供投资的资本，又不超过预定用于投资的资本限额。

在这种要求下，可能会有很多不同的项目搭配方案可供选择。为了使酒店获得最大的利益，应选择一组项目净现值最大的方案。具体选择的方法主要有获利指数法和净现值法两种。

（1）使用获利指数法的程序。

1）计算所有项目的获利指数，并列出每一项目的初始投资额。

2）接受获利指数大于 1 的项目。如果所有可接受的项目都有足够的资金，则说明资本没有限量，这一过程即可完成；如果资金不能满足所有可接受的项目，那么就要对所有项目在资本限量内进行各种可能的组合，然后计算出各种组合的加权平均获利指数。

3）接受加权平均获利指数最大的一组项目。

（2）使用净现值法的程序。

1）计算所有项目的净现值，并列出项目的初始投资额。

2）接受净现值大于零的项目，如果所有可接受的项目都有足够的资金，则说明资本没有限量，这一过程即可完成；如果资金不能满足所有可接受的项目，那么就要对所有的项目在资本限量内进行各种可能的组合，然后计算出各种组合的净现值总额。

3）接受净现值总额最大的项目。

【例 2-7】假设某酒店有五个可供选择的项目 A、B、C、D、E，其中 A 和 B、D 和 E 是互相排斥的选择项目，该酒店资本的最大限量是 1000000 元。详细资料如表 2-13 所示。

表 2 - 13 某酒店可供选择的投资项目资料　　　　单位：元

投资项目	初始投资	获利指数	净现值
A	375000	1.53	198750
B	750000	1.37	277500
C	300000	1.16	167500
D	312500	1.17	52500
E	250000	1.18	45000

如果该酒店想选取获利指数最大的项目，那么它将选用 A、B 和 E 项目；如果按净现值的大小来选取，那么它将首选 B 项目，另外可选择的只有 A 项目。

然而，以上两种选择方法都不能使酒店净现值最大的项目结合。为了选出最优的项目组合，必须列出在资本限量内的所有可能的项目组合。下面，我们通过表 2 - 14 来计算所有可能的项目组合的加权平均获利指数和净现值合计数。

表 2 - 14 项目组合的加权平均获利指数和净现值合计数　　　　单位：元

项目组合	初始投资	加权平均获利指数	净现值合计
ACD	987500	1.420	418750
ACE	925000	1.412	411750
AC	675000	1.367	366250
CD	612500	1.221	220000
CE	550000	1.213	212500
AD	687000	1.252	250000
BE	1000000	1.322	322500

在表 2 - 14 中 ACD 的组合有 12500 元资金没有用完，假设这 12500 元可投资于有价证券，获利指数为 1（以下其他组合也如此），则 ACD 组合的获利指数可按以下方法计算：

（375000 ÷ 1000000）× 1.53 + （300000 ÷ 1000000）× 1.56 + （312500 ÷ 1000000）× 1.17 + （12500 ÷ 1000000）× 1.00 = 1.420

从表 2 - 14 中可以看出，该酒店应选用 A、C 和 D 三个项目组成的投资组合，其净现值为 418750 元。

（三）投资期决策

从开始投资至投资结束投入生产所需要的时间，称为投资期。很多项目的投资期有一定的弹性，如果采取冬季施工、集中施工力量、交叉作业、空运设备等

酒店（宾馆）财务技能培训与管理实务

措施，可以缩短投资期，使项目提前竣工，早投产，早得利；但是采取上述各项措施却往往需要以增加投资为代价。究竟是否应该缩短投资期，需要经过分析，以便判明缩短投资期的所得是否大于所失。

在投资期决策中，最常用的分析方法是差额分析法，根据缩短投资与正常投资期相比的现金流量差额计算净现值差额。如果净现值差额为正，说明缩短投资期比较有利；如果净现值差额为负，则说明缩短投资期得不偿失。当然，也可以不采用差额分析法，而分别计算正常投资期和缩短投资期的净现值，并加以比较，然后做出决策。采用差额分析法比较简单，但反映的情况不够详细。

【例2-8】某酒店进行一项投资，正常投资期为3年，每年投资500万元，3年共需投资1500万元。第4～13年每年现金净流量为525万元，如果把投资期缩短为2年，每年需投资800万元，2年共投资1600万元，竣工投产后的项目寿命和每年现金净流量不变。资本成本为20%，假设寿命终结时无残值，不用垫支流动资金，试分析判断应否缩短投资期。

（1）不用差量分析法。在不用差量分析法时，要分别计算正常投资期与缩短投资期的净现值。

正常投资期的净现值 = -500 - 500 × (P/A, 20%, 2) + 525 × (P/A,
　　　　　　　　　　20%, 10) × (P/F, 20%, 3)
　　　　　　　　　= -500 - 500 × 1.528 + 525 × 4.192 × 0.529
　　　　　　　　　≈ 10（万元）

缩短投资期的净现值 = -800 - 800 × (P/F, 20%, 1) + 525 × (P/A,
　　　　　　　　　　20%, 10) × (P/F, 20%, 2)
　　　　　　　　　= -800 - 800 × 0.833 + 525 × 4.192 × 0.693
　　　　　　　　　≈ 59.15（万元）

通过对比得出结论，缩短投资期能增加49万元的净现值，故应采用缩短投资期的方案。

（2）用差量分析法。先通过表2-15来计算缩短投资期与正常投资期相比的现金流量差额，再据以计算净现值差额。

表2-15　缩短投资期与正常投资期相比的现金流量差额

项目	第0年	第1年	第2年	第3年	第4年	第5年
缩短投资期的现金流量	-800	-800	0	525	525	
正常投资期的现金流量	-500	-500	-500	0	525	525
缩短投资期的现金流量差额	-300	-300	500	525	0	525

· 42 ·

缩短投资期的净现值 $= -300 - 300 \times (P/F, 20\%, 1) + 500 \times (P/F, 20\%, 2) + 525 \times (P/F, 20\%, 3) - 525 \times (P/F, 20\%, 13)$

$= -300 - 300 \times 0.833 + 500 \times 0.694 + 525 \times 0.579 - 525 \times 0.093$

$\approx 52.29(万元)$

可见，缩短投资期可增加净现值 52.29 万元，故应采纳缩短投资期的方案。

第三章　酒店资金筹集管理

一、酒店资金筹集原则和时机掌控

（一）酒店资金筹集的原则

酒店资金筹集是指根据企业建设及业务经营与发展需要制定财务管理的资金需求计划，向社会或企业内部筹措和汇集所需资金的一种财务管理活动。筹资的目的是为了使用，而筹资又是需要成本的。资金短缺固然不能满足酒店财务管理资金计划的需要，但也不是越多越好，因此，做好酒店资金筹集管理，需要遵循以下基本原则：

1. 以预测为基础，合理制定资金需求计划的原则

酒店资金筹集都是为了使用，酒店从筹建开始到业务经营，再到一定周期性的装修改造，往往要经历几十年甚至上百年的发展，在酒店发展的不同阶段，因投资和使用资金的目的不同，其资金需要量也是各不相同的。因此，酒店资金筹集就必须遵循以预测为基础，合理制定资金需求计划的原则。也就是说，每次资金筹集都必须首先明确资金使用的目的、项目、范围、规模，然后根据投资人或投资主体的意图、目的和资金使用的项目、范围和规模等，由财务管理人员在调查分析和科学预测的基础上，制定出资金需求计划，以便有的放矢地为资金筹集提供数量依据，防止不着边际地盲目筹资。

2. 合理选择渠道，降低筹资成本的原则

在市场经济条件下，企业筹资渠道是多种多样的。筹资渠道不同，取得资金的筹资成本便各不相同。发行股票筹资成本最低，只有发行费用，不用还本付息。但不是所有酒店都可以公开发行股票，只有酒店取得上市公司的资格，得到国家有关主管部门的批准才能公开发行股票。债券筹资和银行贷款成本较低，民间高利贷成本最高，即使同为银行贷款筹资，国内银行和海外银行、国内不同的银行，其筹资成本也不是完全相同的。遵循合理选择渠道、降低筹资成本的原则，就必须由财务部门事先做好调查研究，在可能和可行的渠道中，根据调查资料，比较筹资成本的高低，然后做出选择。

3. 注重筹资结构和时效，提高效益与降低风险的原则

筹资结构是指在一次批量筹资计划中，不同资金来源和不同时间点的资金数量的比例。筹资结构有两种：一种是不同渠道的资金结构。如在酒店筹建期间，股东筹资 5000 万元，银行贷款 8000 万元，社会融资 1200 万元，由此就形成了一种比例不同的融资结构。筹资渠道资金的结构不同，还本付息可能产生的风险程度不同。另一种是不同时限和时间的资金结构，即长期筹资和短期筹资的比例、时限和时间不同，资金使用的时间价值不同，酒店使用资金所产生的效果、成本也不同。因此，酒店筹资管理就应该遵循注重筹资结构和时效、提高效益和降低风险的原则。贯彻这一原则的要求是酒店财务管理人员在每次批量资金筹集中必须参照资金需要总量，在制定资金需求与筹集计划时根据调查资料、资金使用安排、未来效益预测分析等，同时制定筹资结构计划和取得资金的时间进度计划，既保证资金的及时到位，又提高资金使用效果，降低筹资风险。

4. 合法、可能与可行结合，保证需求的原则

金融市场是十分复杂的，有很多法律法规。酒店筹资管理必须遵循合法、可能、可行相结合，保证资金需求的原则。"合法"就是要遵守国家法律法规，特别是在社会筹资时，要严格按国家规定办事，在未取得上市公司资格或国家有关主管部门批准的条件下，不能随便发行股票或债券筹资，更不能随意以较高利息乱筹资金，以维护国家金融秩序。"可能"就是要结合本酒店实际和有关金融机构的国家政策规定，选好渠道，办理必要手续而筹集资金。"可行"就是所选择的酒店资金筹集的渠道、方式、时间、数量都行得通，符合酒店对资金使用的实际需要。

（二）酒店资金筹集的时机掌控

酒店资金筹集除日常经营中企业利润的逐期积累外，总是有一定时机的，而筹资的作用则与筹资时机和目的密切相关。总体来说，酒店资金筹集的时机掌控主要有以下四种：

1. 酒店建设筹资，确保企业接待能力和等级规格

酒店建设包括扩建或改建，都需要大笔资金。这时，是由投资主体（包括国家、企业、社团、海外投资机构）和投资人首先投入一定原始资本，形成注册资金，取得土地使用权，再根据酒店建设地点、规模、星级高低，由财务人员在调查分析的基础上，提出可行性报告，做好建筑设计，再预测其需要筹集的资金量，所以称为酒店建设筹资。这时，资金筹集的作用就是要保证酒店建设需要，形成酒店前厅、客房、餐厅、宴会、康乐等接待能力，并达到事先设计的星级标准。这是一笔很大的投资，规模越大、星级越高，其需要筹集的资金量越大。

2. 酒店经营筹资，满足业务开展中的资金周转需要

这种筹资是酒店建成或重新装修改造后投入市场初期，因缺少流动资金所需

要的资金筹集，其资金需要量的多少主要取决于酒店规模和星级高低。这时，资金筹集的作用就是为了保证酒店业务经营中的资金周转需要。一般资金需求量不是很大，大多采用流动资金短期贷款方式来筹集。因为随着酒店业务活动的开展，资金会较快回笼，用于偿还流动资金贷款。同时，经过一定时期，酒店就可用收回的资金来顶替银行流动资金贷款而减少利息成本。

3. 装修改造筹资，保证酒店可持续发展的需要

这种筹资每过 5～6 年就需要筹集一次。酒店属于高级消费方式，具有超前消费的性质。由于星级酒店的前厅、客房、康乐等设施设备，消费环境的享受程度较高，产品的生命周期较短。因而，每过 5～6 年就要进行一次装修改造，每过 10～12 年就要进行一次全面改造。酒店的可持续发展就是在这种周期性不断改造中向前推进的，从而紧跟市场消费和市场竞争潮流。酒店每次装修改造都需要一笔较大的资金。其资金筹集一般是靠日常经营过程中偿还以前债务、还本付息后的利润累积，但绝大多数酒店的资金积累都不足以满足一次装修改造的资金需求，必须采用其他方式筹集资金。所以，装修改造筹资的作用就是保证酒店装修改造的资金需求，改变酒店的设施设备、消费环境的陈旧落后面貌，以使其紧跟客源市场消费需求变化和市场竞争的步伐，也就是保证酒店可持续发展的需要。

4. 投资发展筹资，满足酒店业务与实力拓展的资金需求

这里的投资发展是指酒店为满足扩大服务项目，发展集团式连锁经营，看准市场投资盈利机会等需要而自身积累的资金又不足所进行的筹资。这些筹资都是为了通过对内或对外的投资来拓展酒店业务和实力，所以，这时酒店资金筹集的作用都是为了满足酒店业务与实力拓展的资金需求。

总之，酒店资金筹集的时机主要有以上四种，其具体作用虽然各不相同，目的却是相同的，即筹资就是为了投资，筹资的目的就是投资的目的。

二、酒店资金筹集需要量确定方法

酒店要想做好资金筹集，首先必须确定需要筹集的资金数量。从上面所述酒店资金筹集时机来看，都是分阶段按需来筹集的。根据上述资金筹集的类型、时机和作用，其资金筹集需要量的确定方法主要有六种。

（一）间房资金需要量法

这种方法主要适用于酒店建设筹资和装修改造筹资的资金需要量的确定。其方法是以新建或改造的酒店客房数量为基础，根据新建或改造的酒店星级高低，餐厅、厨房、康乐等配套设施的多少，以国内外同等酒店的历史投资数量分析平均一间客房需要多少资金。在具体确定其资金需要量时，要考虑酒店的地理位

置、地区物价总水平等因素。如北京地区新建一家五星级酒店，平均一间客房的总投资需要 23 万 ~25 万美元，重新装修改造一家四星级酒店，平均一间客房的总投资需要 15 万 ~18 万元等。因此，采用间房资金需要量确定酒店资金筹集需要量的计算方法是：

资金筹集需要量 = 估算间房资金需要量 × 客房数量 − 已有产权资金额

（二）日均资金流入量法

这种方法主要适用于酒店开业初期或装修改造后，因缺少流动资金而需要筹集的资金需要量确定。其方法是根据即将开业的酒店星级高低，客房、餐厅等服务设施的规模、接待能力、价格水平，分析市场供求关系，预测和估算酒店开业后，平均一天的资金流入量，即营业收入中的现金流入量，再以此为基础，确定酒店需要筹集的资金需要量。一般说来，这一时期酒店需要筹集的流动资金数量是日均资金流入量的 10 ~ 15 倍。因而，酒店采用日均资金流入量法的计算公式为：

流动资金筹资需要量 = 估算日均资金流入量 × （10 ~ 15）− 现有流动资金

（三）投资项目预测法

这种方法主要适用于酒店投资发展的筹资需要量确定。如酒店在正常营业的基础上，计划扩建一处有 6 个球道的保龄球馆，或者租赁一处有一定面积的房产开办高中档酒楼，或者与本地或外地投资人合作，参股建设或改造酒店，组建或发展酒店集团。总之，酒店筹集这种类型的资金，都有具体的投资项目、投资时间和时限。这时，不同项目的投资性质、投资目的、投资规模等都是不相同的，因而其资金需要量也各不相同，其资金需要量就没有统一的确定方法，只能根据具体的投资项目和投资主体、投资人、总经理的投资意图和决策方案，由财务人员采用有针对性的预测、估算方法来确定需要筹集的资金数量。每次或每个项目所采用的具体预测方法并不一定完全相同，它是灵活多变的。

（四）现金收支计算法

这种方法是由财务人员通过预测酒店现金流入量、现金流出量来预计酒店现金的多余或不足，从而确定酒店是否需要筹集资金以及所需筹集的资金数额。其基本做法如下：

1. 预测酒店现金流入量

即先预计测算酒店营业收入，再根据酒店赊销政策估计可能获得的现金流入，并估测可能的非营业现金收入，由此计算出酒店现金流入量。

2. 预测酒店现金流出量

即先预计酒店成本费用开支，再根据酒店赊购政策，分析对现金流出的影响，进而计算酒店现金流出量。

3. 确定计划期现金多余或不足

利用现金流入量和流出量之间的配比，计算出酒店预测期内现金的多余或不足，其不足部分即是资金筹集的需要量。确定需要筹集的资金预测表格式如表3-1所示。

表3-1 酒店现金需求预测表　　　　　　　　　　　单位：元

项目		预测期
收益总额		
加	折旧	
	提取坏账准备	
	预提费用	
	账款收回超过销售数	
减	销售额超过账款收回数	
现金收付基础税前净收益		
减	所得税支付额	
现金收付基础税后净收益		
加	存货减少额	
	出售有价证券	
	出售固定资产	
	应付账款增加额	
减	存货增加额	
	购进有价证券	
	购进固定资产	
	应付账款减少数	
	偿还长期债务	
现金余额增加数		
加	期初现金余额	
现金余额		
减	需要最低现金	
现金盈余或不足		

（五）调整净损益法

这种方法与现金收支计算法类似，但是以净损益为基础的，其预测的基本做法是：

（1）以权责发生制原则为基础，计算预测期内酒店经营的净收益。

（2）以现金收付制原则为基础，调整预测期与现金收支无关的现金收入与现金支出。

（3）利用与现金收支无关的现金收入与现金支出调整酒店经营净收益，确定酒店现金的多余或不足。

（六）销售比率预测法

这种方法以酒店销售预测为基础，根据预测和销售的关系、股东权益、酒店负债等来确定资金筹集的需要量。其基本方法是：

（1）根据酒店销售预测、流动资产和销售量的比例关系，固定资产和酒店经营能力的变化关系，预计为满足经营能力所需的流动资产和固定资产总额。

（2）根据应付账款和应计费用与销售量的比例关系，估算酒店负债总额。

（3）计算留存收益净增加额和预计股东权益，留存收益净增加额的计算公式为：

留存收益净增加额＝预计销售额×销售净利率×（1－股利支付率）

（4）计算酒店资金筹集需要量，公式为：

资金筹集需要量＝预计总资产－预计总负债－预计股东权益总额

三、酒店资金筹集的渠道与方式

资金筹集渠道是指获得资金的通道和途径，资金筹集方式是指获得资金的具体形式。两者是相辅相成的，筹资渠道的细分就是筹资方式，因此，我们主要介绍酒店资金筹集方式。实际上，筹资渠道和方式都是多种多样的，常用的主要有以下几种，各酒店可根据实际情况进行选择。

（一）收益留存筹资

这种方式适用于已经开业的所有酒店。收益留存筹资是指逐期将酒店的留存收益积累起来，存入银行而筹集资金。留存收益就是酒店利润形成的自有资金，通过逐月逐年的积累，即可筹集到一定数量的资金。但因为酒店投资大，投资回收期长，还本付息的资金压力大，各种开支项目多，因此新建酒店在还本付息期限内采用这种方式，其筹资能力往往是很有限的，超过这一时限便能成为酒店资金筹集的重要方式。

（二）吸收直接投资

这种方式主要适用于酒店筹建、装修改造、规模扩张等需要大量资金时采用，其方法是由酒店向投资人或投资主体筹集资金。直接投资后的投资人都是企业法人财产的所有者，其中，投资主体和主要投资人都会成为酒店的股东或董事会成员，最大股东则必然成为董事长。所以，采用这种方式筹集资金会分散酒店的股权，需要董事会权衡来确定吸收直接投资的人数和投资数额。酒店吸收直接投资来筹集资金的具体方式又有三种：一是国家投资。即代表国家的政府机构、企事业单位、社会团体等以国有资产投入酒店，成为酒店的独立投资人或投资主体。我国所有国有酒店和大量合资酒店都以国家投资为主。二是法人投资。即由企事业单位、社会团体等具有法人资格的机构依法将自己可支配的资产投入酒店。三是个人投资。即社会居民以个人合法财产直接投入酒店。上述方式除个人投资大多以现金入股或集资外，国家投资和法人投资大多是通过银行资金划拨或贷款来筹集资金的，只是其产权的所有人不同而已。

（三）股票发行筹资

这种方式主要适用于股份有限公司性质的酒店，它是酒店筹集大量资金的有效方式，是酒店得以迅速扩张的重要资金来源。股票发行筹资的具体方式有公开募集股份、企业配股、员工持股等多种，其中，公开募集股份，即通过公开发行股票筹集资金，只适用于已经取得上市资格的股份有限公司性质的酒店。现阶段，我国具有上市资格和条件的酒店很少，连1%都不到。由酒店向股东配股、让员工持股对有限责任公司和股份有限公司等采用现代企业制度的酒店都适用，配股则是其中的主要方式。

（四）发行债券筹资

这种方式主要适用于经过申请，取得国家主管部门批准的股份有限公司和有限责任公司性质的酒店，未经批准，缺乏《中华人民共和国公司法》规定条件的其他酒店都无权发行债券。发行债券筹集资金的好处是资金筹集面宽，成本较低，易于筹集到所需要的较大资金量，发行主体和投资人之间债权关系明确。但发行股票与发行债券比较，前者无须向投资人还本付息，后者则必须还本付息。

（五）银行信用筹资

这种方式是指酒店根据资金需要向银行申请贷款，获得同意后，取得一定资金，使用过程中按银行贷款合同还本付息。它适用于合法经营而又具备借款条件的各种类型的酒店。银行信用筹资可以分为1年以内的短期信用筹资和1年以上的长期信用筹资，又称短期贷款或借款和长期贷款或借款。短期借款主要有生产周转借款、临时借款、结算借款等几种，长期借款则以购建固定资产和满足1年以上的流动资金需要为主。两者所需条件不完全相同，需要根据酒店的实际情况与需求和有关银行协商，办理具体手续才能筹集到所需要的资金。

（六）商业信用筹资

这种方式是指企业之间凭借商业信用，以商品或服务为载体而筹集一定资金。具体方式有以下三种：一是商业票据筹资。商业票据是指由收款人或付款人（或承兑申请人）签发，承兑人承兑，并于到期日向收款人或被背书人支付款项的一种票据，具体又分为商业承兑汇票和银行承兑汇票两种。这种筹资方式时间都较短，利息也较高。二是预收账款筹资。这种方式是指企业按照事先与客人或客户签订的合同接收预付款筹集资金，然后在条件具备时根据合同向客人提供承诺的产品和服务。其基本做法是酒店筹建或装修改造期就收取客人或客户的预付款，待酒店开业后客人优先用房，用预付款抵付一定时期的住房费用，从而筹集部分资金。三是赊购商品筹资。这种方式是酒店筹建、改造期间，因资金不足，与供货商签订设备和物资用品赊购合同，取得设备物资，待酒店正式开业后有了资金，再按合同向供货商付款。但所购设备物资的价格可能比市价略高，从而解决资金不足的燃眉之急，筹集部分资金。

（七）租赁方式筹资

这种方式是由酒店与出租人签订租赁合同取得设备物资的使用权，出租方按合同收取一定租金，合同期满再将租赁的设备物资退还给出租人或按一定价格买下租赁的物品，从而筹集一部分资金。酒店采用这种方式筹资，一般用于租用车辆或部分设备。

四、酒店资金筹集的方法与技巧

（一）酒店股票发行的资金筹集方法与技巧

1. 股票筹资的相关知识

（1）股票种类。股票是股份有限公司为筹集资金而发行的有价证券，是股东持有公司股份的凭证。股票根据不同的标准可以分为不同的种类：

第一，根据股东权利分类，可分为普通股和优先股两种。普通股是股份有限责任公司发行的无特别权利的股票。其股东只有普通权利，即表决权、选举权、优先认股权、盈余分配请求权，对公司账目和股东大会决议的咨询权和剩余财产分享权等。优先股是股份有限公司在筹集资金时给予投资人一定优惠特权的股票。其股东的优惠特权包括定期支付固定股利、剩余财产优先清偿、规定条件下的股权赎回权等。优先股还可以进一步分为参与优先股和非参与优先股，累积优先股和非累积优先股，可转换优先股和可收回优先股等。

第二，根据股票是否记名可分为记名股票和不记名股票。记名股票是在股票票面上记载股东姓名或名称的股票。根据《中华人民共和国公司法》，记名股票以发起人、国家授权投资机构、法人所持有的股票为主，这种股票具有专有权。其股份转让有严格的法律程序和手续，必须办理过户。不记名股票的票面上不记载股东的姓名或名称，持有人即为股份的所有者，具有股东资格。其股票的转让比较自由，无须办理过户手续。

第三，根据投资主体不同可分为国家股、法人股和个人股三种。国家股是有权代表国家投资的部门或机构以国有资产向公司投资而取得的股份。法人股是企业法人、具有法人资格的事业单位法人或社会团体以其可支配的财产或以国家允许用于经营的资产向公司投资而取得的股份。个人股是社会居民或公司内部员工以个人合法财产向公司投资而取得的股份。

第四，根据股票发行对象和上市地区不同可分为A股、B股、H股和N股四种。A股是供我国内地个人或法人买卖，以人民币标明票面金额并以此认购和交易的股票。其他三种是专供外国和我国港澳台地区投资者买卖，并以人民币标明票面金额而以外币认购和交易的股票。其中，B股在上海和深圳上市交易，H股在香港上市，N股在纽约上市交易。

（2）股票的价值和价格。

1）股票价值。指股票所代表的股东持有的企业资产价值，主要有以下四种类型：

一是票面价值，指每股票面所记载的金额。《中华人民共和国公司法》规定，股票票面价值为每股1元。上市公司发行股票所筹集的资金中相当于票面价值的资金额，构成公司的实收资本。

二是账面价值，指在会计账面上每股普通股票所代表的公司净资产的价值。账面价值可作为公司发行股票、增发新股或配股分红时确定有关价格的依据，也是投资者购买股票时的决策依据。每股股票账面价值的计算公式为：

每股账面价值 = 会计账面净资产总额 − 流通在外优先股总额 ÷ 普通股票面总额

三是市场价值，指股票在金融市场上的实际价值。市场价值受公司净资产、证券市场上资本供求关系、投资者的投资偏好等因素的影响，是公司发行股票时确定发行价格和投资人购买股票的主要依据。它是波动的，随市场交易行情而变动。

四是清算价值，指公司清算时每股股票所代表的公司剩余资产净值。清算价值反映投资人在公司清算时能够得到的实际金额，是投资者购买股票时要考虑的因素之一，其计算公式为：

每股清算价值 = 公司剩余财产净值 ÷ 公司股票总额

2）股票价格。是股票价值的货币表现，主要有以下两种价格：

一是发行价格，指筹资公司发行股票时决定的出售价格或委托出售价格。发行价格是公司计算可获得筹资额的主要依据。按《中华人民共和国公司法》，股票发行价格可以等于票面价值，即平价发行，也可以高于票面价值，即溢价发行。但不能低于每股1元的票面价值。

二是交易价格，指金融市场上股票买卖双方成交的股票价格。交易价格是波动的。其价格高低受投资者对上市公司的经营状况与前景的认识、股票价格变动的预期、投资风险程度估计、证券市场整体发展水平、政治经济政策变动、市场供求等多种因素的影响。

2. 酒店股票发行筹资的基本条件

股票筹资以公开募集，即公开发行股票为主，集资入股、配股和员工持股也是资金筹集的方式。这里我们重点介绍股票发行筹资的管理方法。酒店若想通过股票发行来筹集资金，酒店的企业性质必须是股份有限公司，并符合《中华人民共和国公司法》规定的上市条件。其基本条件是：

（1）酒店公司的股票经国务院证券管理部门批准，办理正式批准发行的手续，取得公开向社会发行的资格。未经批准，任何酒店无权公开发行股票。

（2）公司股本总额不得少于5000万元，并在最近3年内无重大违法行为，财务会计报告无虚假记载行为。

（3）酒店公司开业3年以上，最近3年必须连续盈利。依法改制而设立的酒店股份有限公司或新组建成立、发起人为国有大中型酒店股份有限公司，都必须符合3年以上开业期限的规定。

（4）持有股票面值1000元以上的股东不得少于1000人。向社会公开发行的股份不得少于公司股份总额的25%，酒店股本总额超过4亿元，向社会公开发行的股份比例不得少于15%。

（5）符合国家法律法规、规章和股票交易所规定的其他条件。

3. 酒店公司股票发行筹资的基本方法

股票发行筹集资金是一个十分复杂的过程，它是在国家金融管理方针政策、法律法规的指导下，经过逐级严格申请、审核，取得股票发行资格，正式上市发行来筹集资金。它可以在取得申请审批同意后，迅速筹集大量资金。但是，这种筹资方式只适用于股份有限责任公司性质的大中型酒店公司，其资金筹集的基本方法必须经过以下七个申请审批与发行的工作步骤：

（1）发起人即酒店公司提出上市申请。酒店要想通过股票发行来筹集资金，在具备上述条件的基础上，首要步骤是按照中国证监会颁布的《创业企业公开发行股票申请文件标准格式》（以下简称《标准格式》）制作申请文件，其文件内容包括酒店公司的名称、地址、法人代表、注册资本、股份构成等基本情况，前3年的盈利状况和有关财务报表，申请上市的理由，计划发行股票的数量，筹集所得资金的用途等。总之，申报材料必须符合《标准格式》要求，申报内容必须准确、真实，特别是有关财务数据不得有虚假，以便有关部门审批。

（2）省级或国务院有关部门同意。酒店公司的申报材料一式多份，首先必须报所在省级或国务院有关部门同意，同时要选择确定股票上市发行的主承销商，一般是指银行或其他金融机构。因此，申请文件也要报送主承销商，以便其掌握申请酒店公司的基本情况和计划发行的股票数量、要求、条件，承担主承销商的工作责任。

（3）国家证监会做好上市初审。在得到省级人民政府或国务院有关主管部门签发的上市申请意见后，酒店公司要与主承销商联系，协商进一步申请的办法和措施。由主承销商推荐，并由酒店公司向中国证监会申报，同时报送省级或国务院有关部门同意的批复报告。证监会收到申请文件后会在 5 个工作日内做出是否受理的决定，如果受理，证监会将会通知酒店公司和主承销商按《标准格式》制作申请文件，并在 30 个工作日内做出是否同意上市的初审意见。

（4）主承销商做好申请上市的酒店公司高管培训。为提高股票发行工作水平，以银行为主的主承销商在报送推荐和申报材料前，要对发行人即申报公司进行为期 1 年的辅导培训工作，参加人员为发行酒店的董事会、监事会成员和高管人员。培训内容主要包括《中华人民共和国公司法》、《中华人民共和国证券法》等法律法规，经过培训辅导，让上市发行股票的企业高管人员掌握相关知识与法规，预防违法操作。

（5）股票发行审核委员会核准发行。中国证监会在初审过程中，将会就发行人即酒店公司的投资项目是否符合国家产业政策征求国家发改委、国家经贸委的意见，两部委在收到文件后 15 个工作日内将意见函告知中国证监会。证监会将参照两部委的意见进行审核，按初步意见补充完善申请文件，做出审核意见，并于受理申请后 60 日内将初审报告和申请文件报国家股票发行审核委员会进行最后审批。如果同意发行，将在收到申请文件后的 90 日内做出最后决定。如果没有批准发行股票，在接到证监会书面决定之日起，发行人即申报酒店可提出复议申请。证监会在收到复议申请后，也会在 60 日内对复议申请做出决定。

（6）股票印制与交易价格确定。酒店公司发行股票主要是通过主承销商来办理具体事宜的。经过中国证监会和股票发行审核委员会的核准，酒店申请发行的股票票面金额和发行时间与期限已经确定。股票印制可以按中国证监会的要求设计，然后印制。股票交易价格是票面价格加上各种申请发行的费用，并根据股票发行的性质、证券市场情况确定的，绝大多数都是溢价发行。具体上市交易价格由发行酒店和主承销商即有关银行人员协商，报证监会和证券公司审核、备案而发行。

（7）销售发行股票来完成资金筹集。在股票上市交易价格确定后，股票上市销售发行工作大多是委托主承销商来完成的。也可由发行公司自己直接将股票销售给认购者，但这种发行方式受到一定限制，效果普遍不如委托承销商来完成。酒店公司的股票发行大多采用前一种方式。承销发行商会按事先约定或合同，抽取一定比例费用作为发行费用和承销商应得的利润。其销售方法主要是在做好宣传广告的基础上，通过银行或证券公司大批量销售。其资金筹集的计算公式为：

一次股票发行筹集资金 = 上市售出股票份数 × 每股售价 − 发行总费用 + 内部销售收入

$$\text{每股筹集资金} = \frac{\text{一次股票发行筹集资金}}{\text{批准发行股票份数}}$$

（二）酒店债券发行的资金筹集方法

1. 债券常识及其发行条件

债券是以公司为发行主体，向社会募集资金而发行的一种标明票面金额、利率、偿还期等事项，明确发行主体与投资人之间债权债务关系的凭证。债券发行资格与股票不同，按《中华人民共和国公司法》规定，股份有限公司、国有独资公司和由国有投资主体投资设立的有限责任公司，都有资格发行债券。我国星级酒店、中外合资型酒店大多属于有限责任公司性质，享有债券发行资格的酒店比享有股票发行资格的酒店要多出几百倍。但并不是具有资格的酒店或其他企业都具备发行条件。《中华人民共和国公司法》规定，有资格发行债券的企业包括酒店还必须具备以下条件：

（1）股份有限公司的净资产额不得低于 3000 万元，有限责任公司的净资产额不得低于 6000 万元。公司累计的债券总额不超过公司净资产额的 40%。

（2）所筹集的资金投向符合国家产业政策，符合审批机关规定的用途，不得用于弥补亏损和非生产性支出，否则会损害债权人的利益。

（3）最近 3 年平均可分配利润足以支付公司债券 1 年的利息。债券利率不得超过国务院限定的水平，并符合国务院规定的其他条件。

（4）如果是继续发行债券的酒店，前一次发行的公司债券必须全部完成募集，已经发行的公司债券必须按期向持有债券的投资人支付足额利息。凡不符合上述 3 项条件的酒店公司或其他企业，不得继续申请发行债券。

2. 债券信用等级

债券信用是指发债公司偿还债券本息的能力和资信程度。债券信用等级通常由债券评信机构对公开发行债券的公司进行评定。国际上的债券等级流行的是三等九级。

（1）A 等三级。一是三 A 级，用 AAA 表示，也称最高级，表示债券发行公司资信度极高，偿债与获利能力极强，基本不存在投资风险，投资的安全性极好。二是两 A 级，用 AA 表示，也称高级，表示债券发行公司有较强的偿债能力，资信度与获利能力较强，投资安全性较好，且投资风险很低。三是一 A 级，用 A 表示，属于中上级，表示公司偿债能力和资信度基本与 AA 级相同，但存在怀疑因素，有一定投资风险。

（2）B 等三级。一是三 B 级，用 BBB 表示，也称中级，表示债券发行公司有足够的偿债能力和较高的资信，但存在一定程度的投资风险，安全性为中等。二是两 B 级，用 BB 表示，也称中下级，表示债券公司有偿债能力，但同时存在很多不确定因素，对投资人的本息保护有限，投资风险较大，安全性为中下等。三是一 B 级，用 B 表示，也称投机级，表示债券公司有一定的偿债能力，但收益能力低，无法判断债券发行的安全性，投资风险大于 BB 级。

（3）C 等三级。一是三 C 级，用 CCC 表示，又称完全投机级，表示债券发行公司债务过多，可能危及投资人本金安全，有不履行偿债义务的可能，投资风险很大。二是两 C 级，用 CC 表示，也称最大投机级，表示债券发行公司偿债能力明显不足，到期支付本息会有较大困难，投资风险比 CCC 级更大。三是一 C 级，用 C 表示，是最低最差级，表示债券发行公司基本没有偿债能力，不能还本付息的可能性极大，投资风险极大。

随着市场经济的深入发展，我国也有了大公评级等极少的企业资信评级机构，但尚未形成比较公认或流行的标准和等级。根据中国人民银行的有关规定，凡是申请向社会发行债券的公司，需要由中国人民银行及其授权的分行指定资信评级机构或公证机构进行评级，然后才能获得批准，发行债券。其评级的主要依据是公司素质、财务管理质量、项目状况与前景、公司偿债能力等，以此评定信用等级。

3. 酒店发行债券筹集资金的基本方法

发行债券筹集资金也是一个复杂的过程，其关键是得到国家有关主管部门的审查批准。其资金筹集的基本方法如下：

（1）酒店公司董事会做出决议，提出申请。发行债券筹集资金只有那些股份有限公司、国有独资公司和以国有资产投资为主体的有限责任公司性质的大中型高星级酒店才有可能。因此，符合条件的酒店公司首先必须召开董事会专题会，研究公司发行债券筹集资金的目的、资金用途、筹资数额，以及还本付息的期限、能力、方式等，并做出正式决议。在此基础上，必须写出申请报告，向酒店公司的上级主管部门和地方政府的有关主管部门提出申请，征得有关地方政府主管部门的同意。

（2）经国务院证券管理机构审查，得到批准。在取得酒店公司上级主管部门或地方政府有关主管部门同意后，要向国务院证券管理机构提出申请，并按证券管理机构要求的格式填写申报文件。在提供公司登记证明、公司章程、资产评估报告、验资报告等文件的基础上，申请报告的重点是要说明发行债券筹集资金数额、时间，专项用途是否符合国家产业政策，资金使用的项目前景如何、效益如何，偿债即还本付息的能力，准备采取的债券发行方式，所选择的承销商即哪家银行等。只有经过严格审查，得到国务院证券管理机构的批准，才能发行债券筹集资金。

（3）与承销商配合制定债券筹资方法，向社会公告。在取得国务院证券管理机构批准后，酒店公司一般要委托承销银行或有权承办的证券公司办理债券发行事宜，并签订承销协议，进而确定债券筹集资金的具体办法，进而确定债券发行价格。公司债券的发行价格可以平价销售，也可以溢价销售或折价销售，并在媒体上向社会公告。其发行价格的计算公式为：

$$债券发行价格 = \frac{票面金额}{(1+市场利率)^n} + \sum_{i=1}^{n} \frac{票面金额 \times 票面利率}{(1+市场利率)^i}$$

式中：n 为债券期限；i 为付息期数。

（4）在向社会公告所定的期限内公开发行债券，筹集资金。债券的具体发行主要是由委托承销银行或证券公司按承销合同或协议组织销售。发行公司自行销售往往资信程度不易获得社会认可，其债券总额往往难以全部售出，不易筹集到所批准发行的全部资金。委托承销发行当然需要支付必要成本，即发行费用，但这是必要的。发行后所取得的资金扣除承销商的发行费用，包括销售商的应得盈利即为公司筹集的资金总额，计算公式为：

债券筹资总额 = 债券销售总收入 - 债券发行总费用

债券发行和股票上市不同。前者发行公司到期必须向投资人还本付息，它形成公司的债务，因而其批准发行的债券总额应尽可能全部售出，以取得理想的筹资效果，而股票发行公司不用支付成本。股票上市后，其市场价值一般都会高于票面价值，公司内部平价销售或掌握一定的股票，都会大量盈利，因而一般都有较大比例的股票由发行公司内部处理，只有一定比例的股票公开上市。这是发行公司在债券销售和股票销售处理上的最大区别。

（三）酒店银行信用贷款的资金筹集方法

银行信用筹资是指酒店或企事业单位向银行申请贷款，然后按贷款合同或协议规定用自身取得的盈利，到期向贷款银行还本付息的一种筹资方式。简单地说就是"借鸡下蛋"，在用款性质上与债券筹资是基本相同的。银行信用贷款按时间划分有1年期内的短期贷款和1年期以上的长期贷款。其中，短期贷款和长期贷款还有不同的贷款方式。总体说来，银行信用筹资即贷款的审批难度比股票和债券筹资的复杂和严格程度要相对低一些，它适用于各种类型的酒店。

1. 银行信用筹资即贷款的一般条件

酒店企业要想向银行贷款筹集资金，不管是长期贷款或者是短期贷款，都必须具备以下几个条件：

（1）申请贷款的酒店必须独立核算、自负盈亏，具有法人资格，有健全的内部管理制度，并在银行开立账户，办理结算。

（2）必须合法经营。所借款项的用途必须符合经营方向，内部管理制度健全，财务管理和经济核算符合规范要求，资金使用效率和企业经济效益良好。如果是长期贷款，必须具有借款合同规定的保护性条款的偿债条件。

（3）必须具有中国人民银行规定的一定比例的自有资金，有相应的物资和财产保证，具有偿还贷款本息的能力。

2. 银行短期贷款的资金筹集方法

（1）根据贷款需求选择贷款银行。酒店短期贷款有信用额度贷款、周转信用协议贷款、补偿性余额贷款和抵押贷款等多种方式，不同的银行根据贷款单位的具体情况不同，可能的贷款方式也不同。酒店可以根据自身实际情况选择不同银行和贷款方式。上述贷款方式的主要区别是，信用额度贷款是酒店与银行之间通过正式或非正式协议给酒店贷款的最高额度，在额度范围内酒店可随时按需要向银行申请借款，银行可根据企业信誉状况决定是否全部满足最高额的贷款需求。周转信用贷款是酒店与银行签订具法律效率的协议或合同，银行按合同满足企业合同期内任何时候的借款要求，但企业需要支付一定数额的未使用部分贷款的承诺费用。补偿性余额贷款是银行要求酒店将借款总额按一定百分比（通常为10%～20%）的平均余额留存银行，以降低银行贷款风险，补偿银行可能发生的损失。抵押贷款则是银行要求酒店提供抵押担保，以减少银行的风险损失。这些方式都与酒店的贷款数额、资信程度、银行认为的偿还能力有关。所以，酒店应根据自身贷款的实际情况来选择银行贷款方式。

（2）提出贷款申请，接受银行审查。申请和审批是银行贷款的关键步骤。因此，酒店应根据企业资金短缺状况和用途向所选择的银行提出贷款申请，并按银行要求的格式提出申请报告，其申请内容除酒店注册登记文件和经营状况外，重点是写清贷款额度、方式、贷款用途、偿还能力、还款方式等，其目的是接受银行按放贷标准所进行的审查，得到银行的信任和偿还本息的保证条件。

（3）签订贷款合同，划拨筹集资金。经过银行审查或提供抵押担保，银行认为符合贷款条件后，将会与申请贷款的酒店签订贷款合同。合同内容主要包括贷款金额、利息比率、还款期限、结算方式、风险担保等借贷双方的合法权益，具体内容由双方协商确定。合同签订后，银行将会按合同条款向贷款酒店划拨资金，从而达成银行信用筹资的目的。酒店则按合同条款使用资金，按期偿还贷款本息。

3. 银行长期贷款的资金筹集方法

长期贷款是指偿还期限1年以上的银行信用贷款。酒店长期贷款主要用于购建固定资产或长期流动资金占用的需要，包括酒店新建、扩建、改建、装修改造等。酒店长期贷款按国家金融政策规定，一般必须专款专用。长期贷款的方式步骤与短期贷款基本相同，其主要区别是：

（1）根据酒店长期贷款的数额和使用资金后的偿债能力，确定偿债方式。酒店长期贷款不仅期限较长，不少甚至在 10 年以上，而且大多数额巨大，必须根据预估未来的偿还能力与银行协商偿债方式。其主要方式有：定期支付利息，到期一次偿还本金；定期等额偿还本金和利息；逐期偿还小额本金和利息，期末偿还剩余大部分本息。具体采用什么方式，酒店必须根据使用借贷资金产生效益的预测分析，与银行协商后确定，以保证按合同条款规定偿还，降低借贷偿债风险。

（2）注意银行要求的保护性条款在借款合同中的具体制定。酒店长期借款的数额、期限、风险程度不同，银行为保证借贷资金按期收回，要求在贷款合同中增加保护性条款的内容。酒店应与银行协商，确定具体合同条款。酒店长期贷款就其用途而言，主要有偿还期限相对短一些的流动资产长期贷款，偿还期居中的酒店更新改造贷款和必须专款专用的酒店新建、改建、扩建等中长期以上贷款。因而其保护性条款的内容也不一样，一般有以下三种：

1）银行一般性保护条款。

主要适用贷款期限一年以上而又相对较短的流动资金长期贷款。银行要求的保护性条款内容主要包括：

a. 规定一定数额的流动资金保有量，以保证酒店流动资金的流动性和偿债能力；

b. 限制资金的流动股利和股票再购，以限制企业资金外流；

c. 限制企业资本支出的规模，以减少和防止酒店日后变卖固定资产偿还贷款的可能性和保持企业资金的流动性；

d. 限制其他长期借款，以防止酒店借款过多没有优先偿债的能力。

2）银行例行性保护条款。

适用于酒店设备更新、装修改造、贷款期限较长的大多数贷款。其例行保护性条款内容主要包括：

a. 规定酒店定期向借款银行提供财务报表，以掌握企业财务状况；

b. 规定酒店不得出售不必要的生产接待能力，以保证酒店正常的经营盈利能力用于还款；

c. 规定酒店如期缴纳税金和清偿其他债务，以防止可能的罚款而影响偿还债务的能力；

d. 规定酒店不得以任何资产向其他企业提供担保或抵押，以防止企业负担过重；

e. 限制酒店租赁其他企业和固定资产的规模，以防止企业负担巨额资金而削弱偿还银行贷款的能力等。

3）银行特殊性保护条款。

主要适用于酒店新建、改建、扩建而贷款期限更长的贷款。这类贷款除上述保护性条款外，一般还会包括以下内容：

a. 所贷款项专款专用；

b. 规定酒店不得将资金投资于短期内不能收回的项目；

c. 限制酒店或企业高管人员的薪金和奖金总额；

d. 要求企业主要领导在合同有效期内的职务稳定，并购买人身保险等。

（3）按申请长期贷款程序和要求签订贷款合同，取得所需筹集的资金。酒店长期贷款的申请以及银行审批与签订贷款合同的程序和方法与短期贷款基本相同，只是要求和审批更严格，合同条款的内容更多更全面。这里不再重复其具体方法。

（四）其他筹资方式

酒店其他筹资方式主要包括商业票据筹资、预收账款筹资、赊购商品筹资、设备租赁筹资和利润留存筹资。除利润留存外，这些方式能够筹集的资金数额都比较少，大多适用于酒店资金周转不开，需要短期使用时采用。其筹资方法不完全相同，基本方法如下：

1. 商业票据筹资方法

这种方法主要适用于酒店资金周转发生困难，临时需要部分小额资金，向能够出具商业票据的企业或银行调剂部分资金，在短期内偿还，承兑期限最长不超过9个月，其筹资方法如下：

（1）酒店向能够出具商业票据的单位提出要求，协商使用商业票据资金条件、数额及偿还期限。商业票据有商业承兑汇票和银行承兑汇票两种。当酒店发生小额资金周转困难时，由酒店领导或财务人员以酒店资信为条件，向比较熟悉、相互信任的企业或银行提出要求，协商使用商业票据的资金数额和偿还条件，得到允许后即可筹到小额资金。

（2）由票据开出单位签发商业承兑汇票，酒店获得资金。商业承兑汇票一律记名，允许背书转让。同意而又具有出具商业承兑汇票或银行承兑汇票的单位向酒店开出协商金额的票据，酒店财务部门收到后，即可通过银行获得承兑的资金，从而达到短期小额筹资的目的。具体数额是由双方协商确定的。

（3）遵守商业票据信用，到期偿还本息。酒店收到资金后，按双方商定的条件，到期一次性偿还出具商业承兑汇票或银行承兑汇票资金的本息。

2. 预收账款筹资方法

这种方式主要适用于酒店筹建或装修改造期间，因部分资金不足，为满足部分客户的预期用房需求而向客户提前收取部分房租，从而达到资金筹集的目的。其筹资方法是：

（1）酒店与预期使用房屋的客户签订预收房费的合约或合同。即在酒店筹建、装修改造期间，由于资金短缺，通过各种关系或广告宣传，同预期需要使用酒店客房、公寓或办公室的长期客户签订预收费用的合同或协议，承诺将酒店客房、公寓、写字楼等租给客户长期使用。至于预收费用的多少没有固定标准，当然越多越好，酒店同时承诺向客户提供一定优惠价格，并用预收费用抵付即将开业的客户租金。

（2）客户划拨资金，酒店按合同规定用优惠价格与客户结算。合同签订后，客户按合同将资金划拨到酒店账户，以解酒店资金不足的燃眉之急。酒店开业后，按合同向客户提供住房或写字楼房间，并按合同规定的优惠比例用提前收取的费用抵付房租，直到抵付完毕。

3. 赊购商品筹资方法

这种方式主要适用于酒店流动资金周转发生困难，一时周转不开而向供应商赊购，推迟付款，主要发生在酒店即将开业时期和日常经营中的某些阶段。其筹资方法是利用酒店食品原材料、各种客房用品、餐茶用品、办公用品市场供应充分、供货商之间互相竞争的态势，向供货商提出先使用、后付款的要求，协商确定推迟付款的期限，达成口头或书面协议，然后接收赊购的物资用品，做好验货与记账，开具欠账手续，以此解决酒店部分资金不足的燃眉之急。等筹集了部分资金后，按协议还款期与供货商结账，支付所欠费用。

4. 设备租赁筹资方法

这种方式主要适用于酒店筹备开业和部分设备更新时采用。这时因酒店部分资金短缺，向设备供应商或租赁公司提出部分设备采用租赁使用方式。在设备种类、规格型号和质量要求适合酒店需要的前提下，与供货商协商、谈判租赁期和价格，签订租赁协议，然后使用设备，从而解决部分资金不足的燃眉之急，保证酒店开业或设备使用，获得经济效益。高星级酒店采用这种方法筹集资金的比较少，其原因是担心影响高星级酒店的设备规格。

5. 利润留存筹资方法

利润留存筹资是酒店资金积累的过程，也是逐步筹集资金的一种重要方法和途径。利润留存的过程就是酒店财务管理的过程，也是通过逐月、逐季、逐年的财务核算、利润分配管理来逐步筹集的。

五、货币时间价值和资金筹集风险分析

（一）货币（资金）的时间价值

货币的时间价值是指一定量的资金在不同时间点上的价值量的变化。引起变

化的原因主要来自两个方面：一是与通货膨胀相关的资金利息率；二是资金所有者让渡资金使用权希望在不同时间点上获得的回报率的高低。在市场经济条件下，货币的所有者，不管是银行或民间所有者，也不管是否存在通货膨胀，都不会白白地让渡资金的使用权，因而就产生了货币即资金的时间价值。货币即资金的时间价值在企业，包括酒店企业的资金筹集、资金投放和使用中的运用，主要涉及以下三种：

1. 单利终值和现值

单利是指计算利息时只按本金和规定的利息率计算利息，每期的利息不再加入本金内再次计算利息。单利终值是指按单利计算的将来值，即本利之和。其计算公式为：

$$S = P + P \cdot i \cdot t$$

式中：S 为单利终值，即本利之和；P 为本金，即期初金额或现值；i 为利息率；t 为计息期，一般以年为单位。

2. 复利终值和现值

复利是指计算利息时，每经过一个商定期限，将利息加入本金中去再计算下一期利息，即通常所说的"利滚利"。复利终值是指按复利计算的一定量资金的将来值，即本利之和。其计算公式为：

$$S_n = P \cdot (1 + i)^n$$

式中：S_n 为复利终值；P 为本金；i 为利息率；n 为计息期。

复利现值是指未来某一时点上一定量的资金按复利计算，折合到期初时的价值。即取得未来一定本利之和时，现在所需要的本金。计算公式为：

$$P = \frac{S_n}{(1 + i)^n}$$

式中：P 为复利现值；S_n 为复利终值；i 为利息率；n 为计息期。

3. 年金终值和现值

年金是指在一定时期内，每间隔相同的时间等额收取或支付的一系列款项。如定期支付的养老金、保险金，定期收取或提取的租金、折旧等，如果加进利息，即可成为普通年金。年金的收付形式如图 3 - 1 所示。

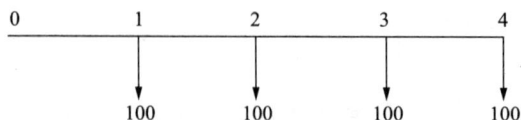

图 3 - 1　年金收付形式

年金终值是指每个相同时段收付的等额款项折合为最后一次收支时的本利之和。即每次收付的复利终值之和。按图 3－1 的数据，即利率＝10％，期数＝4，其年金终值计算如图 3－2 所示。

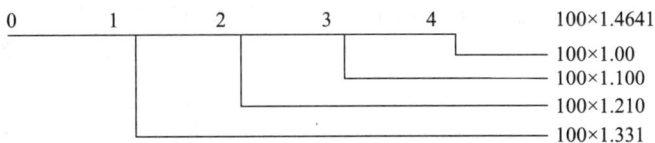

```
0        1        2        3        4        100×1.4641
                                             100×1.00
                                             100×1.100
                                             100×1.210
                                             100×1.331
```

图 3－2　年金终值计算形式

年金终值的计算就像银行存款中的"零存整取"，如每次收支款项为 A、利率为 i、期数为 n，则年金终值 S 的计算公式为：

$$S = A + A \cdot (1+i) + A \cdot (1+n)^2 + \cdots + A \cdot (1+i)^{n-1}$$

$$= A \cdot \frac{(1+i)^{n-1}}{i}$$

式中：$\frac{(1+i)^{n-1}}{i}$ 为年金为 1 元、利率为 i、期数为 n 的年金终值系数。

（二）酒店筹资风险的概率、方差和标准方差分析方法

风险是预期结果的不确定性，它是一个重要的财务概念。酒店资金筹集是有一定风险的，不同筹资方式的风险程度不同。酒店财务管理可以结合筹资方式进行定性和定量分析来判断和预防风险，其分析方法有多种。

1. 概率分析方法

概率是用来反映随机事件发生的可能性大小的数值。通常，必然发生的事件概率值为 1，不可能发生的事件概率值为 0，随机事件的概率值一般在 0～1，概率值越大表明发生的可能性越大。概率分析法就是根据预测事件的概率和相应的结果来计算不同方案的期望值，以判断筹资方案的风险程度。

企业包括酒店企业筹资，都有不同方案。其期望值可以根据不同方案的预测、预估的概率和相应结果，在计算平均期望值的基础上来分别确定各个方案的期望值。其计算公式为：

$$\bar{K} = \sum_{i=1}^{n} (P_i, K_i)$$

式中：K_i 为 1 种结果出现后的预期报酬率；n 为可能事件或结果的项数；P_i 为 i 种结果的概率；$\bar{K}$ 为平均期望值。

在酒店和企业筹资管理中，衡量筹资风险一般以自有资金利润率的期望值为主。其计算公式为：

$$Q = P \cdot \frac{D_n}{D} \cdot (P - t) \quad \cdots\cdots\cdots\cdots\cdots\cdots\cdots\cdots\cdots\cdots \quad (1)$$

$$P = \sum_{i=1}^{n} (P_i, f_i) \quad \cdots\cdots\cdots\cdots\cdots\cdots\cdots\cdots\cdots\cdots\cdots \quad (2)$$

式中：Q 为自有资金利润率期望值；t 为借款利息率；P 为全部资金利润率期望值；P_i 为可能情况的概率值；D_n 为负债资金；f_i 为可能情况的资金利润率；D 为自有资金。

2. 方差和标准差分析方法

方差表示随机变量和期望值之间的离散程度，它是离差平方的平均数，标准差是方差的平方根。不同方案的方差和标准差的值越大，反映方案的风险程度相对越大。其计算公式为：

$$方差\ Q^2 = \sum_{i=1}^{n} (P_i - \bar{K})^2 \cdot P_i$$

$$标准差\ Q = \sqrt{\sum_{i=1}^{n} (P_i - \bar{K})^2 \cdot P_i}$$

式中字母符号与期望值计算公式中的符号相同。

3. 变异系数分析

变异系数是不同方案的标准差和自有资金利润率期望值之间的比率，它反映单位期望值所承担的标准差的多少。变异系数越大，说明其方案风险越大。变异系数的计算公式为：

$$变异系数 = \frac{方案标准差}{方案期望值}$$

（三）酒店筹资风险的财务杠杆系数分析方法

财务杠杆系数是指普通股每股收益变动率和息税前利润变动率之间的比率，它反映息税前利润变动所引起的普通股每股收益变动的程度。所以，这种方法主要适用于酒店业中的股份制企业。在这类企业中，如果酒店资本总额和税前利润相同，企业负债比率越高，财务杠杆系数越大，企业的财务风险也越大，同时，预期每股收益或净资产收益也相对越高。所以，利用财务杠杆系数分析方法可以掌握酒店和企业借债即资金筹集的风险程度。财务杠杆系数分析方法的计算公式为：

$$财务杠杆系数 = \frac{普通股每股收益变动率}{息税前利率润变动率}$$

$$= \frac{息税前利润}{息税前利润 - 利息 - \dfrac{优先股股息}{1 - 所得税税率}}$$

第四章 酒店采购库存管理

一、采购控制程序与方式

（一）财务对采购进行控制的程序

酒店采购程序控制，主要是设计运转灵活、方便严谨的采购工作程序，避免因采购程序不规范而导致采购工作混乱、采购漏洞频出、采购原材料浪费，从而节约成本，增加效益。

采购环节工作程序设计是否成功，关键是看信息沟通是否畅通，物品流程是否合理。如果经常出现该购买的没买，库房或各个使用环节食品原料出现大量积压，这就说明采购环节工作程序有问题。采购环节工作程序设计着重解决管理费用高和物品流通环节出现浪费等问题。

采购是酒店经营计划实施的第一步，酒店内部物品的周转流动是从采购开始的。而购进原料的质量决定了产品的质量与售价。此外，原料的价格也决定着成本，这使得酒店必须制订和实施有效的采购工作程序，并以此为起点努力控制成本。

由于酒店的物品质量要求高，储存周期短，采购批次多，所用采购人员多，加上部分物品需从外地采购，这就决定了酒店采购的内部控制有别于其他行业的内部控制。另外，目前酒店采购的职位较有吸引力，有一些采购人员利用职权营私舞弊、中饱私囊，造成不良影响，从而更增加了酒店财务人员对采购工作控制的难度。可以说，酒店采购是监控的难点之一。

酒店财务人员对采购控制的一般程序分为请购控制、报批控制、订货控制、验收控制和核准付款五个步骤。

1. 请购控制

酒店由使用部门根据自己的需求提出物品采购申请，填写请购单。仓库部门在各种物品库存量到达采购线时填写请购单。采购线也称库存量最低界线，是酒店为保证供应、减少资金积压而确定的订货点的货存量，它主要根据各种物品的每日消耗数量、保存期限、进货难易以及从订货到进货入库的间隔天数等因素一一确定。许多酒店明确规定，在现有存货量接近或达到最低界线前不得采购进货，以免过多地占用资金。

2. 报批控制

填好的请购单经请购部门主管签字后，需交由仓库核签。仓库人员需核查仓库里是否有该物品或有无可代用的物品，把好采购关。如果可以直接在仓库领取的，就不需再申报采购。

属于仓库自己填写请购单申请采购的，仓库主管也应认真复核该物品的储存量并在请购单上签名确认。

经仓库核签后的采购单，还需按照酒店规定的审批程序报财务总监和总经理审批。在一般情况下，日常经营需要的、采购金额不超过某一范围的物品，由财务总监行使审批权；而非日常经营需要的、金额较大的采购项目，经财务总监审批后，还需由总经理最后审批。

3. 订货控制

将批准的请购单分别送交采购部和会计部的应付账款处。采购部门根据请购单的要求，选择合适的供应商，签订订货单或合同，安排采购事宜。这些订货单或订货合同也要报财务总监和总经理审批。这是对订货的认可，以便加强对订货价格的控制，酒店财务部门可以要求采购部门在将订货单或订货合同报批时，必须将上次购进该物品的时间、价格、数量抄录附上，便于审批时掌握。

在订购不到请购单某一要求的物品时，采购部门应及时通知请购部门；如果只有这种物品的代用品，采购部门也应事先征得请购部门同意。

批准的订货单或订货合同，应该一式四份，一份采购部门自己留存，一份送交请购部门，以便了解进货的时间，安排相应的工作；一份送交仓库，以便核对验收，安排仓位；一份送交会计部应付账款处，以便按时预付定金或准备资金付款。

4. 验收控制

酒店应建立一套比较完整的验收控制系统。因为，验收是物品采购的一个重要环节，许多采购中潜在的损失可以在验收时发现并挽回。

酒店的专门验收场地，包括验收办公室、检验测试装置和临时贮藏场地。为了堵塞漏洞、保护财产，酒店应该指定或临时指定一个验收区域，规定验收的时间。在指定或临时指定的验收区域里，应事先准备好足够的磅秤、直尺及其他计量工具。磅秤应定期校准，以保持其精确性。指定的验收区域应邻近贮藏室或仓库，应保持灯光明亮，安全卫生。验收之后，应尽快把货品送进贮藏室或仓库，防止货品变质或失窃。送货人在验收现场时，验收员应自始至终留在现场。另外，酒店应设置一种在验收时使用的印戳或标记，以防重复点算。在设有专门验收场地的酒店，验收场应装有金属门或其他可以上锁的门。因为专用验收场地可能暂时存放价值数万元甚至数十万元的财产，因此，必须要严加防范。

酒店的验收人员一般从仓库、厨房及成本核算人员中选用，选用的人员必须具有酒店物品的基本知识、鉴别购进物品与订货单上的质量要求是否一致的能力，以及兢兢业业和踏踏实实的工作态度。验收人员必须熟悉酒店所规定的验收制度和验收标准，有权拒收质量低劣、规格不符的货品，有权抵制任何未经批准的物品采购。

在对验收人员的管理控制上，应该注意的是：一方面，验收职务必须与采购职务分离。即使在没有条件设置专职验收人员的酒店，也不应由采购人员兼做验收工作，即使验收工作忙不过来，也不应让采购人员帮助验收。因为如果允许一个不诚实的采购人员参与验收工作，他就更容易产生舞弊的念头或更容易掩盖其舞弊行为。另一方面，财务管理人员应不定期地复查货品数量和质量，检查、监督验收工作，使验收人员知道财务管理人员非常关注他们的工作。

验收时，仓库根据订货单或订货合同提供的进货信息，安排仓位和验收人员。有时货品会提前或推后到来，这就需要采购部门与仓库之间进行有效的沟通。否则，忙乱中可能导致很多问题的发生。联系的方法通常采用进货备忘录，即在货到的前两天或前一天，由采购部门给仓库、成本核算等部门发出进货备忘录。

货品到后，验收人员根据订货单或订货合同的内容做好盘点数量和检查质量两项工作。

盘点数量时，如果是密封的容器，应逐个检查是否有启封的痕迹并逐个过秤，以防短缺；如果是袋装货品，应通过点数或称重，检查袋上印刷的重量是否与实际一致。质量检验是验收中难度较大的工作。验收人员的主要责任在于核实进货是否符合订货单上所规定的最低质量标准，因此，验收人员敏锐的观察力及丰富的货品知识是做好此项工作的保证。如果验收人员对某些物品的质量有所怀疑，应请厨师等专业人员协助检验，以免发生差错。在验收食品时，验收人员应特别注意食品是否变质、损坏等。全部货品的测试、检验、过磅、清点等工作应尽量在送货人在场时完成，以便一旦发现数量或质量的差错，有第三者在场认可。

验收单通常有两种形式：一种是验收人员根据点收的货品自制一份验收清单，这份验收清单一式三联，一联仓库自己留存，一联送交货人或供应单位，一联交财务部；另一种是验收人员直接在送货人或供应单位带来的一式三联的送货单据上盖章收讫。无论采取哪种形式的验收单据，都应做到收货单据清楚、明确、整洁，便于审核，防止字迹潦草、模糊不清、乱涂乱改。酒店可以采用自制验收清单的形式。验收工作完成后，将收货单和发票订在一起，送交会计部负责核准付款的人员。

5. 核准付款

这是采购业务的最后一环，也是采购内部控制的关键。负责核准付款的财务人员要严格把好最后审核、付款关，做到所有手续完备，所有问题查清解决，然后再付款。否则，草率付出货款，万一出现问题就显得被动了。

核准付款财务人员的工作则是核对请购单、订货单、验收单和发票等几种单据。单据核对一致无误后才能付款。任何一单、一项或一个数字不符，都需要查明原因，妥善解决，切实做到问题不解决不付款。

财务人员核准付款的具体工作要求是，检查请购部门交来的请购单与采购部门交来的订货单或订货合同有无批准签署，核对请购单和订货单的内容。如果订货单与请购单中名称、规格不符，就要到请购部门和采购部门查明是否属替代品。核对后，把这些单据订在一起，并按订货单的编号及供货单位名称或其他特征存放。

核准付款财务人员收到仓库交来的验收清单和发票后，应取出订货单与其核对。一方面，检查验收单上的名称、规格、数量、质量以及交货日期等是否与订货单的内容一致。另一方面，检查发票上的价格与订货单上的价格是否相符。验收控制的重点是在货品食物的规格、数量、质量上，而付款控制的重点是在单据上，尤其要监督检查采购价格。还有，就是检查发票上总金额的计算是否正确，短斤缺两、数量不足和质量不够等问题是否已做出减扣。检查货品是否已预付定金或预付货款。已经预付了定金或部分货款，应计算出本次应付货款的金额。核准工作完成后，签署核准意见，送交财务部门付款。

（二）食品原料采购控制方式

为了做好酒店食品原料控制工作，首先必须设计科学合理的采购工作程序，同时要严格规范采购行为，严肃执行采购程序，任何人、任何部门不得随意打乱程序。

采购工作不是孤立的，是与酒店各个使用部门和仓库以及财务部的工作紧密相连的。采购工作涉及的范围包括采购申请、采购审批、订货与采买、收货、采购经费的报销等。

酒店食品原料采购控制的方式主要有集体控制方式、集中采购方式、三方报价控制方式、一览表控制方式、双重验收控制方式和主动征求供应商投诉方式。

1. 集体控制方式

一些规模较大的酒店为了堵塞漏洞、防止舞弊，保障酒店的利益，往往采用成立采购审定小组，集体审定的办法来加强对采购工作的控制，以取代在采购工作中的垄断做法。

采购审定小组的成员一般由酒店总经理、餐饮总监、财务总监、行政总厨、采购部经理等人员组成。这些成员通常都比较熟悉酒店的食品原料情况，有丰富的采购管理经验。小额的或在一定额度之内的食品原料采购一般不须报给该小组审定；凡大项的超过规定的限额的食品原料采购，才报给采购审定小组。审定时，由小组成员共同研究讨论，制订食品原料质量标准，对各种报价进行评价，最后决定取舍。

集体控制方式虽然比较民主，能够有效地防止各种弊端，但往往会形成各持己见、议而不决、贻误时机的局面。为克服这个缺点，许多酒店的采购审定小组常采用表决的办法或指定一个负责人，在意见不一、相持不下的时候，有权拍板定案。

2. 集体采购方式

酒店的集中采购是指多家酒店联合成立一个采购中心，统一采购各家酒店所需的食品原料。现在，有许多世界著名的连锁酒店采用这种方法，同一地区的一些非连锁酒店对某些食品原料也有采用类似这种合作采购方法的。

集中采购的优点包括：其一，便于统一采购标准、采购规格、保证酒店的服务质量和服务水平；其二，采购的批量一般较大，可以用批量的价格来购买酒店所需的食品原料，而酒店之间可以统一行动，努力压低卖方的价格，以降低采购成本；其三，可以加强对采购人员的集中控制，减少各个酒店在采购上的费用和在内部控制上的花费。

但集中采购也有一些缺点：一方面，参加集中采购的酒店所需的食品原料或提供的服务必须标准化，如有改变，则受到采购供应的限制；另一方面，万一发现低于集中采购成本的货源，也因参加了集中采购而不便做出选择。

集中采购的做法是，各酒店将食品原料采购的需求报送采购中心；采购中心将各个酒店的需求数量汇总后向供应单位订货；由供应单位将食品原料分送到各酒店，由各酒店验收付款或由采购中心集中验收、集中付款。

3. 二方报价控制方式

对采购价格的控制，是整个酒店采购控制最困难的工作。这是因为，除了有关采购人员与供应商密谋串通、收取回扣，致使购买的食品原料价格偏高外，酒店所用的食品原料与其他行业相比，价格变化最大、最快，难以掌握和控制。特别是那些易于过期变质的货品，其售价几乎每天都在变化，有时上午和下午的价格就有差别。因此，采购价格必须设法控制。

采购价格控制的目标是，防止有关采购人员从中徇私舞弊，保证采购物品价格的合理性。为了达到这个目标，许多酒店采取"三方报价"的方式控制采购工作，也就是在订货前，都要征询 3 个或 3 个以上供应单位的交货价格，然后确定选用哪些供应单位的货品。

"三方报价"的具体做法是，酒店采购部门按照请购单的要求组织进货、签订订货单时，着手向有关供应单位询价并填制报价单，包括填写报价单中所需要的食品原料名称、规格、数量、包装、质量标准及交货时间，邮寄或送交至少 3 个供应单位，要求供应单位填写价格并签名退回；对于交通不便或外地的供应单位，如果采购期限较短，可用传真或电话询价。用电话询价时，应把询价结果填在报价单上，并记下报价人的姓名、职务等；随后写一份简单的报告，说明询价方式及其全部过程，并提出采购部门的选择意见和理由，连同报价单一起送交有权批准进货价格的负责人员。

采购审定小组根据采购部提供的有关报价资料，参考采购部的意见，对几个供应单位报来的货品价格以及质量、信誉等进行评估，圈定其中一家信誉好、质高价廉的供应单位。供应单位圈定后，由采购部门向其订货并签订订货单或订货合同。

米、面、海鲜、蔬菜、瓜果、调味品等日常耗用量较大、进货周期较短的食品原料，应根据具体情况实行半月一定价或 10 天一定价的制度。

用"三方报价"的方式圈定供应单位后，采购部应将所定的价格汇总整理，打印成一式多份的价格表，送交财务部门作稽核价格和计算成本之用。"三方报价"控制方式的优点是审批价格的人员不直接与各供应单位打交道，而且审批价格的人员一般是酒店高层管理人员，有利于防止与供应单位串通舞弊的问题，也能够保证酒店的采购价格的竞争优势。

4. 一览表控制方式

酒店需用的货品主要包括米、面、糖、茶、油、酒水、调味品以及各种鲜活货品等。这些货品需用量大，储存期限短，进货间隔也短，而且几乎每天都要购进。因此，酒店的采购活动需要形成自己的特点，也需要采用"每日食品存购一览表"和双重验收控制的方法来加以严格控制。

酒店的食品采购主要是通过"每日食品存购一览表"来控制的，是将食品的库存、请购、订购等内容汇总在一张表上。

每天下午 3 点左右，仓库保管人员在当天应进的货品基本上都已收进后，在一览表上填列库存的食品品名、单位、库存数量和在途数量，经仓库主管签字后，送交厨房。在途数量是指已签发订单，但还未到库的货品。这部分货品除了把品名、订单号码抄列给采购部以便采购部催货外，也应填在此表上，以便全面控制食品的采购和结存。

厨房接到此表后，计点厨房里现存的食品，预计次日各种食品的需用量，并将预计的需用量与库存和厨房现存的数量进行比较，匡算出次日需购的数量，填到表里，经行政总厨审核签字后报饮食总监审批。

一览表经饮食总监批准后送到采购部，由采购部人员根据厨房填写的需购数量联系货源，签订货单，并将订单号码、供应商名称、单价、送货时间等填入此表，报交采购部经理核准签字后，将此表和订货单各退给仓库收货处一份。

次日上午，供应商把货品送来，仓库验收编制收货单，并将货品与一览表中有关订货的品名、价格、数量等相核对。如果没什么问题，则在表中相应项目旁做上"已到货"的标记；如果不符合，则要根据具体情况进行处理。例如，订购的食品是 100 公斤，结果供应商多送 10 公斤，这 10 公斤就不能签收，如果签收，也必须有饮食总监的批准；如果供应商少送急需的货品，则要立即通知采购部和厨房，以便有所准备或采取补订货品的措施。

验收后，将订货单、收货单、发票和一览表送交负责核准付款的财务人员。

5. 双重验收控制方式

酒店日常所需的鲜活货品，大部分是不经仓库保存而直接送到厨房的。这部分货品由于每天耗用的品种多、数量大，涉及的小供应商又较多，加之这些供货商多是个体户或私人商户，人员比较复杂，很容易发生欺骗或与有关人员私通作弊的问题。所以，许多酒店采用双重验收制度对这类物品进行控制。

供应商送来鲜活货品时，由仓库收货处做第一次验收，填制一式四联的收货单，把供应商的那一联留下，其他三联由供应商拿着把货品送到厨房。

厨房主管根据仓库收货处填制的收货单上的品名、规格、数量、质量等一一复验供应商送来的货品。复验无误后分别在三联收货单上签字并加盖厨房验收章。留下一联收货单，其余两联由供应商带给仓库收货人员或由厨房直接送交仓库收货处。在复验过程中，厨房方面如果发现货品质量等级不符或数量、重量缺少，则在三联货单上用红笔做出修改，并在修改处签名。如果供应商对此有异议，就要请行政总厨或饮食总监决定处理方式。

仓库收货处检查两联收货单上有无厨房验收的印章和厨房主管的签名，取出先前留下的客户的那一联收货单，与这两联核对，检查这两联收货单上有无改动。如没什么问题，在客户的那一联收货单上加盖收货部印章，交还客户；如果厨房验收作了修改，则必须在客户那联收货单上做相应的改动后，再加盖收货部印章，交还客户。有厨房印章及厨房主管签名的那两联收货单，一联留存仓库收货处，一联同其他单据一起送交财务部门核准付款的人员审核付款。

"每日食品存购一览表"双重验收的控制方法，显然可以起到互相牵制、避免损失、防止舞弊的作用。

6. 主动征求供应商投诉方式

这是指酒店管理层定期或随时收集征求各供应商对本酒店采购、验收、结算付款等方面的意见，以改善酒店采购的运作，争取外界对酒店工作人员进行监督、评价的方式。这种方式是一种外部监督，能有效地揭露、防止酒店有关采购人员效率低下、营私舞弊等问题。

主动争取供应商投诉，通常有以下三种形式：设置投诉信箱，由总经理办公室秘书负责开启，登记投诉信件，呈送总经理审阅、处理；公布投诉电话，或在给供应商的有关单据上印上投诉电话号码，投诉电话一般也是由总经理办公室秘书负责接听、记录，并转呈总经理处理；定期向供应商寄送征求对本酒店采购工作意见的表格，酒店管理层对反馈回来的意见较大的供应商，应个别访问，作详细调查和了解。

二、采购数量控制的方法

合理的采购数量是保证酒店经营过程中需用的食品原料得到充足供应的关键问题。采购数量的确定因酒店类型的不同而不同。

酒店在采购食品原料时应注意，每批采购量的大小既影响经营活动，又涉及成本和利润。采购数量过多，会占用大量资金，影响资金周转，增加存储成本，导致食品原料质量下降、损耗等；采购数量过少，会增加订货和验收的费用，失去大批量采购享受的折扣优惠。因此，采购批量控制就是酒店通过使用经济订货量方式确定最适当的订货量，降低与采购和储存相关的成本，增加酒店利润。采购批量控制的重点是确定最经济的采购批量。

酒店采购批量的确定既关系到采购资金的使用和周转，也关系到仓库的占用，更直接影响生产加工部门的使用，如果采购批量不适度，多了或少了，都将影响生产加工的正常进行，因此，确定采购批量具有非常重要的作用。

如果采购数量过多，就会因为存货占用过多资金而影响资金周转，食品原料存放时间过长，引起质量下降或变质，增加存储成本和占用存储场地，增加失窃可能。

如果采购数量过少，则会引起库存中断，无法生产某些食品，引起食客不满，紧急采购既费时，又可能导致高价采购，还会失去大批量采购所能获得的折扣。

食品原料采购批量的确定，需要考虑菜肴成本、菜肴销售数量、仓储容量、安全存储量、现有存储量、最低送货量、包装方式等方面的因素，只有全面地、系统地综合考虑各方面的因素才能确定最合理的采购批量。

菜肴成本是确定采购批量需要重点考虑的因素。例如，某些菜肴的成本上升会引起售价提高，造成销售量下降。在这种情况下，管理人员应研究是否需要继续采购这些食品原料。如果管理人员预料某种食品原料将调高价格，就可能会多购买一些；反之，如果管理人员预期某种食品原料的价格将下跌，就可能会少订购。

　　酒店供应的菜肴数量增加，这些菜肴所需的食品原料数量显然也应增加，但酒店的存储场地可能会限制采购数量。

　　保持安全存货量可能要求购入比实际需要量更多一些的食品原料，防止发货中断、存货突降等问题，如果目前存储的数量增加，采购数量可适当减少。

　　采购数量还与以下两个方面有关：供货单位的最低送货量，供应单位可能会规定送货的最低金额或最小重量；食品原料的包装方式，有些供应单位不肯拆箱零售食品原料，因此，食品原料的包装单位也会影响采购数量。

　　酒店每周都需要采购一些鲜活和容易变质的食品原料，包括海鲜、肉类、蔬菜等。每次采购数量可根据下列公式确定：

　　应采购数量＝需使用数量－现有数量

　　如果酒店每两天采购一次鲜活和易变质的食品原料，厨师长或膳务员应根据菜单和自己的经验，确定每两天需使用多少数量容易变质的食品原料。

　　膳务员应每天盘存鲜活容易变质的食品原料，可以对某些食品原料进行实地盘存，对另一些食品原料则只需通过实地观察确定一个估计存货量；计算正常使用量与现有数量之差，确定应采购数量；根据特殊宴会、节日或其他特殊情况调整正常使用量。

　　在酒店中，不易变质的食品原料包括干货、冷冻原料、罐头制品、调料和粮油等，确定不易变质的食品原料的采购数量，常见的做法有定期订货法和永续盘存法。

　　不易变质的食品原料与容易变质的食品原料相比较，可存储较长一段时间，因此，需采购的次数也就比较少。膳务员采用定期订货法，一般需根据管理人员的建议确定订货期。订货期的长短根据管理人员允许存货占用的资金数额而定。膳务员应定期核对各种不易变质食品原料的领货数量，保证在下一次订货之前有足够数量的食品原料可用于生产。

　　各种食品原料订货数量的计算方法是：

　　订货量＝下期需使用量－现有数量＋下期期末应有数量

　　管理人员先计算上次订货时的结余数与上次收货数量之和，再减去目前的结余数，即可确定最近时期的大致使用量。要确定下期订货量，管理人员应考虑到这一使用量。使用领料卡的酒店应对结余数与货架上实际存货量进行比较，以便了解已发出的食品原料是否已记入存料卡。如果两者之间存在差异，结余数就无法用于精确地确定某期的实际使用量。而那些下落不明的食品原料，应假设为已经发出，并与计算出来的使用量相加，以便精确地估计使用量。

如果根据上期某种食品原料的使用量确定下期的订货量，到下期期末，这种食品原料很可能就已经用完了。由于这样会引起某些菜肴生产中断，或者酒店必须紧急采购这种食品原料，以便在下次收货之前用于生产，因此，采用定期订货法的大多数酒店都是根据交货时间和在使用量来确定每期期末应有的存货量，以便在下次收货之前维持生产。这个数量也应填入领料卡。此外，为了防止交货不及时或销售量增加而引起库存食品原料短缺，这个数量应再加上一个安全存货量。

食品原料在各时期的使用量往往是不同的。例如，气候和菜单的变化、市场对某些菜肴的需求量增加，都会引起某些食品原料使用量增加，而另一些食品原料的使用量却会减少。因此，在订货之前，膳务员或管理人员应比较前几年同期的使用量。如果菜单和销售量发生了变化，这些因素也应当加以考虑。

从采购控制的角度出发，永续盘存法比定期订货法优越，但采用这种方法采购的酒店并不多。要成功地使用永续盘存法，需要专业人员记录相当完整、精确的数据，因此只有大型酒店才可能采用这种方法。

采用永续盘存法的主要目的，是保证进货数量既可以满足预期的需要，又防止每次进货过多，并对存货进行有效的控制。这种方法要求使用永续盘存表。永续盘存表和存料卡很相似，但它所包含的信息要比存料卡多。两者的主要区别是：存料卡需存放在食品原料的货架上，而永续盘存表则由不在贮藏室工作的员工保管。每次收发食品原料，都应在永续盘存表上做好记录。如果能精确地记录每次收发数量，那么，无论是什么时候，只要查阅一下永续盘存表，就能知道各种食品原料的存货数量。

而标准存货量的确定，需要综合考虑以下多方面的因素：

由于绝大多数酒店只有有限的存储场地，因此，酒店应确定可用于存储不易变质食品原料的场地面积，以便合理地分配各种食品原料的存储场地。像面粉和食糖等通常使用大型包装的食品原料的存储场地也许最多只供储存一周所需的数量。

如果财务人员要限制存货占用的资金就必须限制各种存货数量。如果企业资金不足，管理人员就要减少存货数量，要求采购部少批量、多次数采购食品原料。有时，管理人员也可能只限制较昂贵的食品原料的进货，而不改变较便宜的食品原料的采购程序。

管理人员应确定食品原料的订购频率。在各种不易变质的食品原料中有些相对来说比较容易变质，在确定订购频率时，应考虑到这个因素。

在确定标准存货量时，要考虑使用量在各个时期是不同的。如果预计某种食品原料在某一段时间内使用量较高，那么，这段时间的标准存货量应高于使用量较低的时期或季节。

酒店还必须考虑到供应单位规定的最低订货量要求，因为不少供应单位喜欢整箱、整袋地供应食品原料。

管理人员在综合考虑上述的因素之后，酒店就应该确定各种食品原料的标准存货量，然后填入各份永续盘存表。

当每次存货数量降至再订购点时所应该订购的数量，就是再订购数量。再订购数量应足以使存货数量恢复至标准存货量。

不少经营人员把永续盘存法和定期订货法这两种方法结合起来，以确定较高再订购点和标准存货量，这样，当存货数量降至再订购点时，只是表明这种食品原料应在下次正常订购时列入订购单，而不见得需要立即购货。制定较高的再订购点，就不必担心食品原料的存货在下次收货之前用完。

每次采购原料的最佳数量称为经济订货量，而获得最佳订货量需要科学的计算。计算依据是存储费和订货与验收费用，这里暂不考虑年销售量，因为订货批量是在库房有合理储备量的条件下确定的批量，这个批量使存储费用与订货和验收费用最低。

三、食品原料发放与存货

食品原料验收、仓储和领发料控制在酒店的经营过程中是非常重要的，但容易被人忽略。纵使采购部的工作做得再好，如果没有精干的验收人员查验到货的质与量，储藏室没有管理人员对食品原料进行科学的管理，采购控制就等于白做了。

酒店的发料工作是指仓库发出食品原料以供生产所用。这一环节的控制目的在于保证厨房生产供应，控制厨房用料的数量，确保所有发料都正确入账，以正确计算厨房成本。酒店可以设计专门的领料单对领料进行控制。

领料单由厨房部门负责人填写，表明要从仓库领取的生产所需食品原料项目和数量。领料单一般由厨师长填写，由经理批准之后，才可送到仓库作为领料的凭证。食品原料自仓库发出后，仓库保管员负责在每张领料单上填写每项食品原料的价格，以确定所发出的食品原料的总金额。

酒店应保存完整的书面记录，即对食品原料的价格等信息进行记录，这不但有利于食品原料成本的计算，而且有利于存货成本和存货数量的控制。一般来说，存货控制记录的主要目的是：提供现有食品原料项目与数量的准确信息；帮助决定所需食品原料的采购；提供食品成本核算依据；加强对存货的管理。

常见的存货控制有永续盘存制和实地盘存制。

永续盘存制要求使用"永续盘存表"逐笔记录由于食品原料的验收和领料

而发生的存货数量和金额增减变化。但是使用这种方法需要由专业人员来记录相当精确的数字。会计上对存货的核算要求酒店实行永续盘存法。实地盘存制是通过实际观察，即通过点数、称重或计量的方法来确定存货数量。实地盘存一般情况每月一次，如果需要，可增加次数。为控制起见，盘存应由非保管人员参与。一般程序为：先将入库鲜活原料进行登记；一定时期后，盘存鲜活原料，记录数据；计算本期消耗量：

本期消耗量 = 采购量 - 期末盘存量

一般用于鲜活原料存货管理方式。例如，某酒店当日购进 20 条草鱼，当晚收工后，一清点，还有 8 条草鱼，则说明今日食客消费了 12 条草鱼，为了保险起见，酒店可以核对点菜单，看是否有相关记录。这就要将成本控制、存货管理、销售管理有机地结合在一起了。

四、如何对饮料进行控制

（一）饮料验收控制方法

食品原料验收控制的目的是确保购进货物的质量符合采购所要求的规格，并且与原来订购的数量和价格是一致的。

酒店对饮料验收控制的有效措施是要求供应单位在验收员能集中精力验收饮料的时候交货，是饮料验收控制的一项有效措施。如果验收员需在验收容易变质的食品原料的同时接收饮料，他就无法做好验收工作。偷盗是引起饮料成本过高的重要原因之一，如果验收员在到货时无法到现场，在验收台的饮料无人看管，就有发生偷盗的可能。所以，酒店大多向供应单位规定交货的具体时间。

验收员在验收时应核对到货数量和订购单、发货票上的数量是否一致。

验收员应得到有关进货的详细信息。无论是哪一家酒店，用一份订购单向验收员提供进货信息，通常是最简单、最实用的一种方法。然后验收员应根据订购单核对发货票上的数量、牌号和价格。如果有不一致的地方，验收员应根据管理人员的要求做好记录。大型酒店的管理人员往往详细规定了验收员在发生各种偶发事件时应遵循的工作程序；小型酒店不一定会有书面规定，这些酒店的做法是，无论出现什么问题，验收员都应该报告经理，请经理解决。

验收员的一项主要工作是核对到货数量与发货票上的数量是否一致。验收员必须仔细清点瓶数、桶数或箱数。如果按箱进货，验收员须开箱检查瓶数是否正确。如果验收员了解整箱饮料的重量，也可通过称重量检查。如果瓶子密封，验收员还应抽查是否已经启封。

还有就是核对发货票上的价格与订购单上的价格是否一致。

有些饮料需要检查质量。验收员应该通过检查烈酒的度数、陈酿酒酿成的年份、小桶啤酒的颜色等，检查饮料的质量是否符合要求。

如果在验收之前，瓶子已经破碎、运来的饮料不是酒店订购的品牌或者到货数量不足，验收员应填写贷方通知单。如果没有发货票，验收员应根据实际收货数量和订购单上的单价填写无购货发票收货单。

验收员在验收后，应在每张发货票上加盖验收章并签上自己的名字。然后，立即将饮料送到贮藏室。

饮料验收之后，验收员还应根据发货票填写验收日报表，然后送财务部，以便在进货日记账中入账。验收日报表清楚地列明酒店收到的各种饮料。

验收日报表在控制体系中可以发挥的作用是，统计饮料的会计员可对收到的日报表与订购的饮料进行比较；会计员和酒水管理员能很容易地将验收日报表上的信息抄到存货记录表上。

验收日报表的使用，首先，要保证控制体系的效率和精确性，验收员必须在每天工作结束之前填写好饮料验收日报表。

其次，根据酒店具体情况确定饮料验收日报表的内容。由于各家酒店的会计业务繁简程度不同，因而饮料验收日报表的具体内容也有所不同。有些酒店由一位验收员同时负责食品原料和饮料的验收工作，因此，这些酒店往往只使用一份验收日报表，记录食品原料和饮料进货情况。但在一般情况下，各家酒店最好根据自己的情况和需要，分别编制食品原料和饮料验收日报表。

在饮料验收日报表上，不仅验收员应该签名，而且酒水管理员也应签名，承认收到表上列明的各种饮料。

最后，饮料验收日报表上的各类饮料进货数额应填入饮料验收汇总表。在某些小型酒店里，每周只进货一次或两次，这类酒店的验收员不必每天填写饮料验收日报表和饮料验收汇总表。所有进货成本信息可直接填入饮料汇总表，然后在1周、10天、1个月等某一控制期的期末，再计算总成本。

（二）饮料存货量控制方法

酒店饮料存货控制与其他行业不同，餐饮经营中的食品原料存货控制不仅要考虑保持一定的存货数量，而且要考虑加工中的数量和已经销售出去产品的使用量。

酒店的饮料存货量的控制主要根据每次进货或发料的记录表来进行，饮料存货记录一般由饮料会计人员保管，而不能由酒水管理员或酒吧付货员保管。饮料会计人员应在每次进货或发料时做好记录，反映存货增减情况。

存货量控制的方法主要是采用永续盘存表来进行控制，永续盘存表是饮料存货控制体系中的一个不可缺少的部分。

酒店可以使用卡片式永续盘存表，也可使用装订成册的永续盘存记录簿。

饮料存货中的每种饮料都应有一张永续盘存表。如果使用代号，永续盘存表应按代号数字顺序排列。收入单位数根据验收日报表或贴在验收日报表上的发货单填写，发出单位数则根据领料单填写。由于每次收入的饮料数量较多，而每次发出的数量较少，因此，永续盘存表上的发出栏数应比收入栏数多。

使用永续盘存表，可以保存给各个酒吧发料数量的记录。这样的记录对查明瓶酒短缺等问题，尤为有用。

饮料会计人员保存永续盘存表，就可通过随时抽查货架上饮料的数量，防止偷盗，了解酒水管理员是否保证了存货的安全。

在永续盘存表中，都记录了现有的瓶数。在实际工作中，有些酒店也记录存货的价值。通常，财务部门在另一张永续盘存表上记录存货的价值，但也有些酒店由饮料会计师负责这项工作。

保存永续盘存表，饮料会计人员只需随时抽查存货数量，就能发现瓶酒是否有缺。通常，饮料会计师每隔数日抽查一次。如果存货记录数量与实际数量不同，应立即通过调查，查明原因。

每月月末，饮料会计人员应在酒水管理员的协助之下，实地盘点存货。月末存货数量通常记入存货登记簿。记入各类饮料数量之后，再乘以单价，即可确定各类饮料存货数额。对实地盘存结果与永续盘存表中的记录进行比较，有助于发现差异。如果两者存在着差异，应立即调查原因。有时，差异是由盘点错误引起的，或者是由永续盘存表记录错误引起的。这些簿记的错误很容易改正。如果差异不是由这些原因引起的，瓶数缺少很可能是由偷盗造成的，饮料会计人员应立即报告管理人员，以便管理部门及时采取适当的措施。

如果酒水管理员保存存料卡，饮料会计师保存永续盘存表，对这两种记录进行对比，有助于发现入账错误。如果两者存在差异，可通过核对有关验收日报表或领料单，确定正确的数量。

五、如何对库存进行控制

（一）酒店存货控制的方法

酒店存货是为了使生产和销售活动均衡、不间断地正常进行，没有存货，酒店就无法顺利生产和销售。但是，存货又必须占用资金、支出费用、增加销售成本，从而减少企业盈利。酒店要实现低成本、最快的周转速度、最佳的经济效益，使食客的需求得到充分的满足，就必须拟订合理的存货量，并对存货进行有效的控制管理。

酒店的仓储工作中，除了保持食品原料的质量，搞好安全保卫工作之外，还应保存完整的书面记录，即对食品原料的价格信息进行记录，以便了解存货成本、存货数量等。科学的存货记录是建立有效的成本控制体系的基础。

服务齐全的酒店有上百种食品原料要清点，建立一种精确的盘存方法是十分重要的，盘存方法要视酒店类型、业务量的不同而不同。常见的盘存制度有两种：永续盘存制和实地盘存制。其他还有开放式储藏室、存料卡和双重料卡等。

对小型酒店来说，大多只设一个开放式的储藏室。尽管有一名人员负责货物的订购和盘存，但并不对每天的到货和发出的货物进行登记。采用这种方法常会由于偷盗和用完而发生缺货，也可能由于非正常情况下的消耗或者疏忽而造成缺货，为避免这些情况发生，可使用存料卡或双重存料体系。

在存料卡上一般标明最低的存货水平，以防止货物意外用完，因为进行盘存的人在订购之前可检查存货是否降至所规定的标准以下。其他员工从储藏室领取食品原料时，如果发现存货降至标准以下，也要向管理人员报告。但在业务繁忙时，他们常会忘记注意存货是否缺乏或忘记向管理人员报告，如果没有人负责检查存货到达什么水平，这个体系就是无效的。这种体系只适合于小型酒店，只能允许有限的人员进入储藏室。

在这种方法下，要对重要的食品原料进行两重存货，一种是适合于所有允许接触货物的人，另一种是用于任何时候都应存放的数量以防紧急需要。使用这种方法，要注意正常的存货何时用完，以免需要紧急采购。

在实际工作中，员工要进入储藏室补充供给，发现供给不合理就要报告管理人员存货已经用完了。对所有的货物都采取双重存货在实际中很难办到，所以只是选择那些平常总使用，并且不占用很大的空间的货物，像佐料、大头针、布袋和搅拌器等应放在加锁的箱子里，只有当班的负责人才可以使用钥匙。

永续盘存制主要适用于那些设置了专门的仓库保管员的酒店，由仓库保管员负责存货的分发和保持存货记录，保证食品原料合理的供给。永续盘存制要求使用永续盘存表或永续盘存卡，逐笔记录由于食品原料的验收和领料而发生的存货数量和金额的增减变化。

永续盘存制便于管理人员掌握采购时间；防止进货过多或过少，永续盘存表上的"再进货数量"经过科学计算，表明需进货的食品原料数量；随时了解存货数额；有助于了解实际存货与记录上的差异，永续盘存表上记录的食品原料的"应有数量"应该和"实际数量"一致，通过比较便于发现两者的差异；有助于贯彻"先进先出"的原则，查阅永续盘存表便于发现存放时间过长的食品原料，以便尽快地安排这些食品原料优先使用。

但是，永续盘存法若用手工操作的话，要花大量的时间和成本，尤其是价值很低的罐头食品和乳制品。永续盘存法的计算机系统极大地简化了记录、采购、发料和订购，计算机软件已能使任何规模的酒店在合理的成本基础上获得必需的设备。

实地盘存制是通过实际观察，即通过点数、称重或计量的方法来确定存货数量。

实地盘存一般情况下是每月一次，如果需要也可以增加次数。盘存应由非保管人员来参与，大型酒店中是财务部派人来盘存。实地盘存工作由两人进行比较方便，例如由储藏室主任和食品控制员两人负责。一人清点货架上每种食品原料的实际数字，另一人对记录上的余额与实物（例如永续盘存表）进行核对，提高盘存的效率。

货架上的每种食品原料的实际数应与盘存表上的结余数一致，如果不一致，应在盘存之后检查有关发票和领料单，找出原因，调整实物数与永续盘存表上的差异。

在盘存那天，如果食品原料已经入库，但永续盘存表上尚未记录，或永续盘存表上已记录发票的信息，而食品原料尚未入库，也会引起实物数与结余数之间的差异。在盘存那天领发料，也有产生账实差异的可能性，因此，盘存工作应在当天入库和领发料工作结束之后进行。

实地盘存的主要目标是：确定存货价值，以表明库存量是否合适，存货总价值是否和酒店的财政政策相应。比较一定时间内实际库存价值和记录上的书面价值，发现差异。列出流转速度的食品原料项目，采购人员和厨师长应注意那些不再需要而仍留在仓库里的食品原料，推出特别菜肴，在变质之前争取全部出售或退给供应商。比较食品原料的消耗和销售情况，以确定食品成本率，防止损耗和失窃。

为确保营业收支表的正确性，不能光在食品仓库内盘点库存，因为许多酒店每日在厨房中结存价值很可观的库存物资，比如尚未使用或尚未使用完的食品原料；还有像汤、酱汁和其他照菜单准备的各种菜肴的半成品等，这种情况平时有，月底也存在。另外，已领用而尚未用完的东西，如调味品、酱汁饮料等，在餐厅、咖啡厅或宴会厅都会有，这些东西都是库存的一部分，月底也要盘点。而这部分库存，称为库外存货。

为了正确盘点库外存货，每样东西都应该清点、计价，并记入食品库存盘点清单。如果某种食品已和其他食品合并而制成另外一种食品，盘存有困难时，可请厨师长帮助估计盘点。

库外盘存不需要每月盘点，可每季度进行一次，季中各月的库外存货可以估计，具体数字可以低于或高于季度实际盘存数，在一般情况下，库外存货的估计数不要每月变动为好，占采购资金比较大的是肉类、禽类和海鲜类等主要食品，因此，只要取得这些主要项目盘存数，以此为依据，就可以将每月的库外食品盘存总数统计出来。

另外，还要考虑到的情况是，月终盘存日如果正好是星期五，而这个日子为了周末营业准备，往往进货较多，所以，盘存数较大。相反，月终盘存日如果在星期一或假期结束后，则盘存数就比较小。在正常情况下，库外存货也应控制在相当于 1 天用量的标准内。

（二）账面存货和实际存货的比较

要发现酒店的账面存货和实际存货的差异，可以进行实地盘存。而形成账面存货与实际存货差异的原因主要有填写错误、入库原料未记账、记了账的原料还未入库、盘存时发料、损坏和失窃。

使用验收日报表和领料单以记录每天的存货数额，在月底和实际盘存数进行比较，就可以发现账面存货和实际存货的差异。这项工作可以使用"食品储藏室存货控制表"来进行（见表 4 – 1）。

2 月初存货应当和 1 月底实际存货相同，每天储藏室进货数额应根据验收日报表中储藏室这一栏的数字填写；储藏室发料是所有发料金额之和。要计算每天期末账面存货数额，只需用昨天期末（即今天期初）账面存货数额加上今天储藏室进货数额再减去今天储藏室发料数额。如果每天进行计算，月底那天的期末账面存货数额就是本储藏室期末存货数额。

表 4 – 1　食物储藏室存货控制表

_____年_____月

日期	期初存货	储藏室进货	储藏室发料	期末存货
1				
2				
3				
4				
5				
⋮	⋮	⋮	⋮	⋮
30				
31				

合计：

月末实际存货：

差额：

存货账实差额经常会发生，其中有些原因是可以原谅的，例如领料成本计算错误、不是用实际购价计算存货价值等，但是由于保管不善、食品原料变质以及偷盗等造成的差额则是不能原谅的。存货账实差额不应超过本月发料总额的1%，一旦超过，食品成本控制师应查明原因，并采取必要的措施将差额控制在标准内。

所有管理人员尽管都试图通过适当的流转将食品原料变质减少到最低限度，但仍然会存在自然的变坏和收缩。为核算成本，在食品仓库管理员的报告上专门设一栏变质和收缩数，调节账面数字以反映实际盘存数。最简单的办法是要求食品保管员在一张领料单上填入变质的食品原料项目（见表4-2）。

表4-2 坏损报告单

时间_____
填写人_____

项目	金额（元）	原因
调味酱	8	发霉
酱油	3	摔破

（三）酒店酒吧的标准存货的控制

为了便于了解酒店中的酒吧每天应领用多少饮料，应备有一份标准存货表。假如某种牌号的白酒的标准存货为15瓶，那么，酒吧在开始营业前就应有15瓶这种白酒。规定酒吧标准存货数量，可保证酒吧各种饮料存货数量固定不变，便于控制供应量。此外，管理人员还可根据酒吧标准存货表抽查酒吧存货数量，防止丢失。

有几个酒吧服务台的酒店，各个酒吧服务台应分别领料，以便做好各个酒吧服务台的领发料控制工作。酒吧服务台基本上可以分为公共吧台、服务吧台和特殊吧台三种类型。公共吧台是酒吧付货员面对面地为食客服务；服务吧台是食客点酒之后，由服务员到酒吧付货员那里领酒，再将酒水送给食客；特殊吧台通常是为宴会而设置的。

酒吧服务台存货控制方法主要有：酒吧标准存货表应列明各种饮料的精确数量和每瓶饮料的容量。例如，白酒的存货应根据牌号排列，列明各种牌号白酒应始终保存的瓶数及每瓶容量。如果某酒吧是应保存180瓶每瓶500毫升的某种牌号的白酒，这并不是说180瓶酒都必须是满的，而是说至少应有180个酒瓶。管理人员可随时抽查，检查该酒吧是否保存180瓶这种牌号的酒。

酒吧付货员每退回一只空瓶，可领回一瓶酒，保证酒吧始终保持标准存货数量。

　　各种类型酒吧的标准存货数量相差很大。但无论是哪种酒吧都应根据使用量来确定标准存货数量，并随着食客需求量的变化，改变标准存货数量。食客饮酒习惯的变化、季节变化或在某一天将有特殊事件，都会引起需求量变化。酒吧标准存货数量既要保证满足食客的要求，又不能存货过多。由于酒吧的贮藏空间有限，任何一种饮料的存货数量都不应超过2天的使用量。

第五章　酒店资产核算管理

一、酒店固定资产的核算

（一）酒店服务业固定资产的含义及特点

固定资产是指酒店服务业在生产和经营过程中用来改变和影响劳动对象的劳动资料。

一般来说，固定资产有如下几个显著的特点：

1. 较高的资金投入

一般而言，多数企业在固定资产上所投入的资金都远远高于投入其他各类资产的资金。

2. 较长的周转时间

由于固定资产的使用期较长，企业为获得该项资产并把它投入生产经营所发生的支出属于资本性支出，需要较长时间才能回笼。

3. 较低的变现能力

固定资产是供企业使用而不是转手销售的，这是区别固定资产与流动资产的重要标志，企业一旦将资金投于此，再要抽回这笔资金就困难了。

4. 较大的投资风险

5. 使用寿命有限

使用寿命有限、服务潜力随着资产的使用而逐渐减弱或丧失。这一特征说明了折旧的必要性。

（二）固定资产的类别

酒店服务业的固定资产种类繁多，为了正确地组织核算和加强管理，必须对固定资产进行合理的分类。

1. 按照其经济用途分

按照其经济用途分，可分为以下两类：

（1）经营用固定资产。

经营用固定资产是指直接服务于企业生产经营过程的各种固定资产。如酒店经营用的房屋、建筑物、机器、设备器具、工具等。

（2）非经营用固定资产。

非经营用固定资产是指不直接服务于生产经营过程的各种固定资产。如职工宿舍、食堂、浴室、理发室等使用的房屋、设备和其他固定资产等。

通过这种分类，可以掌握企业各种固定资产的结构和变化情况，并有利于企业合理地配置固定资产。

2. 按照其使用情况分

按照其使用情况，固定资产可分为以下几类：

（1）使用中固定资产。

使用中固定资产是指正在使用中的生产经营性和非生产经营性固定资产。由于季节性经营或大修理等原因，暂时停止使用的固定资产仍属于企业使用中的固定资产，企业出租给其他单位使用的固定资产和内部替换使用的固定资产，也属于使用中的固定资产。

（2）未使用固定资产。

未使用固定资产是指已完工或已购建的尚未交付使用的新增固定资产，以及因进行改建、扩建等原因暂停使用的固定资产。如企业购建的尚待安装的固定资产、经营任务变更停止使用的固定资产等。

（3）不需用固定资产。

不需用固定资产是指本企业多余或不适用，需要调配处理的各种固定资产。

通过这种分类，有利于企业合理地使用固定资产，提高固定资产的使用效率。

3. 按照其所有权分

可分为自有固定资产和租入固定资产两大类。

通过这种分类，便于掌握全部固定资产的利用效果，并节约租金的支出。

4. 按照其经济用途结合使用情况分

固定资产按经济用途和使用情况进行分类，可分为以下几类：

（1）经营用固定资产。

经营用固定资产是指直接服务于酒店服务业的固定资产，如营业用房、空调设备、交通运输工具、电器及影视设备、文体娱乐设备和管理设备等。

（2）非经营用固定资产。

非经营用固定资产是指为了职工物质文化生活的需要，间接服务于酒店服务业的固定资产，如食堂、医务室、托儿所、职工宿舍和俱乐部等。

（3）租出固定资产。

租出固定资产是指企业出租给外单位的固定资产。

（4）未使用固定资产。

未使用固定资产是指已购建但尚未投入使用的固定资产和因改建、扩建而暂时停止使用的固定资产。但不包括由于季节性或进行大修理等原因而暂时停止使用的固定资产。

（5）不需用固定资产。

不需用固定资产是指企业在经营中不需要的各种固定资产。

（6）土地。

土地是指企业过去已经估价单独入账的土地。

（7）融资租入固定资产。

融资租入固定资产是指企业以融资租赁方式租入的固定资产。

由于企业的经营性质不同，经营规模各异，对固定资产的分类不可能完全一致，企业可以根据各自的具体情况和经营管理及会计核算的需要进行必要的分类。

（三）固定资产增加的核算

1. 外购固定资产的核算

企业外购的固定资产，有的不需要安装，如房屋、建筑物、交通运输工具等；有的需要安装，如机器设备、空调设备等，它们的计价范围和核算方法也有所不同。

企业购入不需安装的旧固定资产，双方协商价大于售出账面原价，则借记"固定资产"账户，贷记"银行存款"等账户，两者的差额冲减"管理费用"或"主营业务成本"等账户。双方协商价小于售出方账面原值时，则借记"固定资产"账户，贷记"银行存款"等账户，两者的差额贷记"累计折旧"账户。

【例5-1】A旅行社向B复印机厂购进复印机一台，价格为20000元，增值税额为3400元，运输费300元，包装费200元。全部款项一并从银行汇付给对方，复印机也已运到，并验收使用。

借：固定资产——经营用固定资产　　　　　20500

　　应交税费——应交增值税（进项税额）　3400

　　　贷：银行存款　　　　　　　　　　　　　　23900

企业购入新的需要安装的固定资产，应将实际支付价款和发生的安装费先在"在建工程"账户核算，归集成本，待安装完毕交付使用时再由"在建工程"账户转入"固定资产"账户。"工程物资"是资产类账户，用以核算企业为各项工程准备的各种物资的实际成本。购入各种工程物资时，记入借方；领用工程物资时，记入贷方；余额在借方，表示期末库存工程物资的数额。"在建工程"是资产类账户，用以核算企业进行各项工程所发生的实际支出。当企业发生各项工程支出时，记入借方；工程竣工，达到预定可使用状态，交付使用，结转工程实际成本时，记入贷方；余额在借方，表示企业各项未完工程的数额。本账户应按各工程项目进行明细分类核算。

【例5-2】甲酒店购入一台需要安装的新空调，价值5000元，增值税额为850元，支付运费30元，价款已由银行存款支付；在安装完毕后，支付安装工人工资170元，并投入使用。

购入空调验收入库时：

借：在建工程——安装空调　　　　　　　　　　　　5030
　　应交税费——应交增值税（进项税额）　　　　　850
　　　贷：银行存款　　　　　　　　　　　　　　　　　　　5880

支付安装工人工资时：

借：在建工程——安装空调　　　　　　　　　　　　170
　　　贷：银行存款　　　　　　　　　　　　　　　　　　　170

安装完毕，交付使用时：

借：固定资产　　　　　　　　　　　　　　　　　　5200
　　　贷：在建工程——安装空调　　　　　　　　　　　　　5200

酒店旅游服务业自行建造固定资产也要通过"工程物资"和"在建工程"账户进行核算。

2. 投资者投入固定资产的核算

企业接受投资者投入固定资产时，应按投资各方确认的价值作为其入账的原始价值，届时借记"固定资产"账户，贷记"实收资本"账户。

【例5-3】甲酒店接受乙公司投入的面包车一辆，面包车的账面原值50000元，已提折旧3000元，双方确认的价值为45000元。

借：固定资产　　　　　　　　　　　　　　　　　　45000
　　　贷：实收资本　　　　　　　　　　　　　　　　　　　45000

3. 融资租入固定资产的核算

企业以融资方式租入固定资产时，应将租赁设备的价款，加上运输费、途中保险费、安装调试费等作为固定资产原值，一方面记入"固定资产——融资租入固定资产"账户或"在建工程"账户的借方，另一方面记入"长期应付款"账户的贷方；在支付租金时，借记"长期应付款"账户，贷记"银行存款"等账户；租赁期满，企业取得了固定资产的所有权，应从"固定资产"总分类账户下的"融资租入固定资产"明细分类账户，转入"经营用固定资产"明细分类账户。

承租人在计算最低租赁付款额的现值时，可以采用租赁合同规定的利率作为折现率，当采取每期期末支付租金时，最低租赁付款额的现值计算公式如下：

最低租赁付款额的现值 = 每期租金 × 年金现值系数 + 订立的购价 × 现值系数

当确定按最低租赁付款额的现值作为入账价值时，借记"固定资产"账户，按最低租赁付款额，贷记"长期应付款"账户，两者之间的差额记入"未确认融资费用"账户的借方。未确认融资费用在租赁期内各个期间可以采用直线法、实际利率法等方法进行摊销，届时借记"财务费用"账户，贷记"未确认融资费用"账户。

在租赁谈判和签订租赁合同过程中承租人发生的、可直接归属于租赁项目的初始直接费用，如印花税、佣金、律师费、差旅费等，应当确认为当期费用，并记入"管理费用"账户。

4. 接受捐赠固定资产的核算

企业接受捐赠的固定资产，按捐赠者提供的发票、报关单等有关凭证入账。如接受时没有明确的价目账单，应按照同类资产当前的市场价格包括增值税额入账。接收固定资产时发生的各项费用应计入固定资产原值。收到捐赠固定资产时，按确定的入账价值借记"固定资产"账户，按未来应交的所得税额贷记"递延所得税负债"账户，将两者的差额记入"资本公积"账户的贷方。

【例5－4】某旅游企业接受捐赠八成新小汽车一辆，其市场价格为50000元。

借：固定资产——小汽车	50000	
贷：资本公积		40000
递延所得税负债		10000

（四）固定资产折旧的核算

在固定资产使用期内将资产成本转为费用的过程称为折旧。这一过程用于使资产的成本与资产在有效期内所产生的收益相配比。

1. 固定资产折旧的范围

计算折旧要明确哪些固定资产应当提取折旧，哪些固定资产不提折旧，具体内容如下：

（1）应计提折旧的固定资产。企业在用的固定资产（包括生产经营用固定资产、非生产经营用固定资产、租出固定资产等）一般均应计提折旧，具体范围包括：房屋和建筑物；在用的机器设备、仪器仪表、运输工具，季节性停用、大修理停用的设备；融资租入和以经营租赁方式租出的固定资产。

（2）不计提折旧的固定资产。不计提折旧的固定资产包括：未使用、不需用的机器设备；以经营租赁方式租入的固定资产；已提足折旧继续使用的固定资产；未提足折旧提前报废的固定资产；国家规定不计提折旧的其他固定资产（如土地等）。

2. 固定资产折旧额的计算方法

企业应当根据固定资产所含经济利益预期实现方式选择折旧的方法，可选用的折旧方法有常规折旧法和加速折旧法两类。

（1）常规折旧法。常规折旧法又称一般折旧法，是指根据固定资产的损耗程度均衡地提取折旧的方法。它又可分为年限平均法和工作量法。

1）年限平均法。

年限平均法是指按照固定资产的预计使用年限平均计提折旧的方法，其累计折旧额为使用时间的线性函数。

年折旧额 =（固定资产原值 - 预计残值收入 - 预计清理费用）÷ 预计使用年限 = 固定资产应计提折旧总额 ÷ 预计使用年限

$$月折旧率 = \frac{年折旧率}{12}$$

上述公式为固定资产折旧平均年限法的一般原理。在实际工作中，固定资产折旧额一般根据固定资产原值乘以折旧率计算。在平均年限法下，固定资产折旧率是固定资产折旧额与固定资产原值的比率，其计算公式如下：

$$年折旧率 = \frac{1 - 预计净残值率}{预计使用年限}$$

$$月折旧率 = \frac{年折旧率}{12}$$

月折旧额 = 固定资产原值 × 月折旧率

【例 5 - 5】甲酒店有一台设备，其原值为 200000 元，预计净残值率为 4%，预计使用年限为 10 年。其个别折旧率和月折旧额计算如下：

该项固定资产年折旧率 =（1 - 4%）÷ 10 = 9.6%

该项固定资产月折旧率 = 9.6% ÷ 12 = 0.8%

该项固定资产月折旧额 = 200000 × 0.8% = 1600（元）

由于酒店旅游服务业拥有一定数量的固定资产，如果对固定资产逐一单独计算折旧，工作量较大。在实际工作中为了简化计算手续，可以采用分类折旧法。所谓分类折旧法，是指将物理特征相似、使用年限大致相同的固定资产归并为一类，计算出一个平均的折旧率，再用该折旧率计算出该类固定资产的折旧额，其计算公式如下：

年分类折旧率 = 全年应提该类固定资产折旧总额 ÷ 该类固定资产原始价值总额 × 100%

或 =（1 - 预计该类固定资产净残值率）÷ 该类固定资产预计使用年限 × 100%

$$月分类折旧率 = \frac{年分类折旧率}{12}$$

月分类固定资产折旧额 = 该类固定资产原始价值总额 × 月分类折旧率

【例5-6】甲旅行社有大客车等各种交通运输工具类车辆，原始价值总额为700000元，该类车辆月折旧率为0.85%。

交通运输工具类月折旧额 = 700000 × 0.85% = 5950（元）

2）工作量法。

工作量法是指按照固定资产预计完成的工作总量平均计提折旧的方法，其累计折旧额为完成工作量的线性函数。

企业的固定资产中，有些设备各月的使用程度相差较大，因此固定资产各月的损耗程度也各不相同，如采用年限平均法计算折旧，就会与实际损耗的情况不符，对于这类设备可以采用工作量法。其计算公式如下：

$$每单位工作量折旧额 = \frac{固定资产原值 × （1 - 预计残值率）}{预计使用年限内总的工作量}$$

月固定资产折旧额 = 每单位工作量折旧额 × 该固定资产当月实际折旧工作量

（2）加速折旧法。加速折旧法又称递减折旧费用法，是指固定资产每期计提的折旧费用，在使用早期提得较多，在使用后期提得较少，以使固定资产的大部分成本在使用年限中加快得到补偿，从而相对加快折旧速度的一种计算折旧的方法。加速折旧法主要有双倍余额递减法和年数总和法两种。

1）双倍余额递减法。双倍余额递减法是指在不考虑固定资产净残值的情况下，用固定资产净值乘以直线折旧率的两倍计算固定资产折旧的方法。其计算公式如下：

年折旧率 = 2 ÷ 预计使用年限 × 100%

年折旧额 = 期初固定资产账面净值 × 年折旧率

在采用双倍余额递减法时，为避免把固定资产的账面价值降低到它的预计残值以下，在固定资产折旧年限内的最后2年，对固定资产净值改用直线法计提折旧，将固定资产净值平均摊销。

【例5-7】甲宾馆有一辆汽车，其原始价值180000元，预计净残值9000元，预计使用年限5年，用双倍余额递减法计算该汽车各年的折旧额。

年折旧率 = 2 ÷ 5 × 100% = 40%

这辆汽车各年应提折旧额如表5-1所示。

2）年数总和法。年数总和法又称合计年限法，是指将固定资产的原值减去残值后的净额乘以一个逐年递减的折旧率。其计算公式如下：

年折旧额 = （固定资产原始价值 - 预计净残值）× 年折旧率

$$年折旧率 = \frac{尚可使用年数}{年数总和}$$

或 = 尚可使用年数 ÷ ［预计使用年数 × （1 + 预计使用年限） ÷ 2］

尚可使用年数 = 预计使用年数 – 已使用年数

表 5 – 1　双倍余额递减法折旧表　　　　　　　　　　单位：元

年次	年初固定资产净值	年折旧率（%）	年折旧额	累计折旧额	年末固定资产净值
1	180000	40	72000	72000	108000
2	108000	40	43200	115200	64800
3	64800	40	25920	141120	38880
4	38880	—	14940	156060	23940
5	23880	—	14940	171000	9000

【例 5 – 8】甲旅行社有一项固定资产，其原值为 88000 元，预计残值 4000元，使用年限 5 年，这类固定资产采用的是年数总和法计提折旧。

年数总和为 1 + 2 + 3 + 4 + 5 = 15，各年的折旧额如表 5 – 2 所示。

表 5 – 2　年数总和法折旧表　　　　　　　　　　　单位：元

年次	原值减残值	尚可使用年数	年折旧率	年折旧额	累计折旧额
1	42000	5	5/15	14000	14000
2	42000	4	4/12	11200	25200
3	42000	3	3/15	8400	33600
4	42000	2	2/15	5600	39200
5	42000	1	1/15	2800	42000

3. 固定资产折旧的账务处理

在会计实务中，企业应按月计算和提取固定资产折旧，因此，应把按各折旧方法计算的年折旧额换算成月折旧额，公式如下：

$$月折旧额 = \frac{年折旧额}{12}$$

按月计算折旧实际上只是按年计算的折旧额在年内平均提取（工作量法除外，它是按月实际工作量提取），所以，即使是采用加速折旧的方法，年内各月提取的折旧额也相同。

企业对已提取的固定资产折旧，应设置"累计折旧"账户单独反映，该账户为"固定资产"账户的备抵账户，贷方主要是登记折旧发生额，借方登记转出固定资产的已提折旧，余额在贷方。

"固定资产"账户与"累计折旧"账户的余额之差可反映固定资产净值水平。

企业提取的固定资产折旧费，借记有关费用账户，贷记"累计折旧"账户。其中，由企业生产单位使用的固定资产所提取的折旧，借记"制造费用——折旧费"账户；由企业管理部门使用的固定资产所提取的折旧，借记"管理费用——折旧费"账户；由企业其他经营业务部门使用的固定资产提取的折旧，借记"其他业务成本"账户；等等。

（五）固定资产修理的核算

固定资产在使用过程中，由于各个组成部分耐用程度不同或者使用的条件不同，因而往往发生固定资产的局部损坏，为了保持固定资产的正常运转和使用，并充分发挥其效能，就必须对其进行必要的修理。固定资产的修理按其修理范围的大小和修理时间间隔的长短可以分为大修理和中小修理。

固定资产大修理是指为恢复固定资产的使用价值，对其进行大部或全部的修理、固定资产小修理是指为保证固定资产的正常使用所进行的小部分修缮和维护。

固定资产的小修理，由于其发生费用的数额较小，因此，支付时可以直接记入"管理费用"账户。

固定资产的大修理，由于其发生费用的数额较大，由企业支付的当期负担显然是不合理的。为了使费用的负担均衡合理，可以有两种选择方法：一种是对固定资产数额较少的企业，可采取预付待摊的方式，将发生的大修理费用先记入"待摊费用"账户，然后分期摊入"管理费用"账户。另一种是对固定资产较多的企业，可采取预提列支的方式，先预计固定资产在使用年限内大修理费用的全部支出，均衡地记入各期的"管理费用"账户。其计算公式如下：

某项固定资产年大修理费用提取额 = 某项固定资产预计使用年限内大修理费用÷某项固定资产预计使用年限

各项固定资产年大修理费用提取额之和，即为全部固定资产大修理费用的提取额。为了简化计算，可以核定一个大修理费用提取率，其计算公式如下：

年大修理费用提取额 = 全部固定资产大修理费用÷全部固定资产原值×100%

然后根据年大修理费用提取率和全部固定资产原值，按月提取大修理费用，其计算公式如下：

固定资产月大修理费用提取额 = 全部固定资产原值×（年大修理费用提取率÷12）

（六）固定资产减少的核算

固定资产减少的原因主要有投资转出，出售和报废、毁损等。

1. 投资转出固定资产的核算

酒店旅游服务企业在向其他企业投资或参与股份制企业投资时，可以按评估确认的价值，借记"长期股权投资"账户；按投资转出固定资产的已提折旧额，借记"累计折旧"账户；按该项资产已计提的减值准备，借记"固定资产减值准备"账户；按该项资产的账面原值，贷记"固定资产"账户。

【例5-9】好好吃酒店以闲置的某项固定资产对外进行投资，该项固定资产的账面原值88000元，已提折旧32000元，双方评估确认价值为56000元。

借：长期股权投资——其他投资　　　　　　　　56000
　　累计折旧　　　　　　　　　　　　　　　　32000
　　　贷：固定资产——未用　　　　　　　　　　　　　　88000

如果投资转出固定资产需要支付相关的税费，届时借记"长期股权投资"账户，贷记"银行存款"账户。

2. 出售固定资产的核算

酒店旅游服务企业为了充分发挥资金的效能，可以将不需用的固定资产出售给其他企业。经领导批准决定将固定资产出售时，应先注销其账面价值，届时按固定资产账面价值借记"固定资产清理"账户；按已提折旧额借记"累计折旧"账户；按原值贷记"固定资产"账户。当企业取得出售固定资产收入时，借记"银行存款"账户，贷记"固定资产清理"账户；当发生出售固定资产支出时，记入"固定资产清理"账户的借方，通过"固定资产清理"账户来核算固定资产出售的净收益或净损失，若为出售的净收益，应转入"营业外收入"账户，若为出售的净损失，则应转入"营业外支出"账户。

【例5-10】好好吃酒店将一辆汽车出售，取得收入66000元，款项已存入银行。这辆汽车的原始价值为240000元，已提折旧160000元，已提减值准备10000元。

经领导批准决定出售，转出固定资产时：

借：固定资产清理——出售汽车　　　　　　　　70000
　　累计折旧　　　　　　　　　　　　　　　　160000
　　固定资产减值准备　　　　　　　　　　　　10000
　　　贷：固定资产　　　　　　　　　　　　　　　　240000

取得汽车销售款时：

借：银行存款　　　　　　　　　　　　　　　　66000
　　　贷：固定资产清理——出售汽车　　　　　　　　66000

结转出售汽车净损失时：

借：营业外支出   4000

 贷：固定资产清理——出售汽车   4000

3. 报废、毁损固定资产的核算

报废或毁损的固定资产经领导批准进行清理时，按账面价值借记"固定资产清理"账户；按已提折旧额借记"累计折旧"账户；按已提的减值准备借记"固定资产减值准备"账户；按固定资产账面原值贷记"固定资产"账户。

【例 5 – 11】甲酒店报废一辆汽车，取得残值收入 38000 元，已存入银行。在清理过程中转付清理费用 2500 元。已知该车辆原值为 315000 元，已提折旧280000 元。

经领导批准允许报废时，注销固定资产：

借：固定资产清理   35000

  累计折旧   280000

 贷：固定资产——经营用固定资产   315000

转付清理费用时：

借：固定资产清理   2500

 贷：银行存款   2500

取得残值收入时：

借：银行存款   38000

 贷：固定资产清理   38000

结转报废汽车净收益时：

借：固定资产清理   500

 贷：营业外收入   500

（七）固定资产清查

固定资产清查是保证固定资产核算的真实性、保护企业财产安全完整，以及发掘企业现有固定资产潜力的一个重要手段。企业在年终决算前，必须对固定资产进行全面的盘点清查。

清查时，应首先查明各种固定资产的实际盘存数量，并认真做好盘点记录，然后将实存数与账存数相核对，对账实不符的部分填制"固定资产清查盈亏报告表"。

固定资产清查的方法一般采用"账账核对"和"账物核对"。即先将固定资产总账的金额与固定资产明细账的金额核对相符后，再将固定资产明细账的数量与保管账的数量核对相符。账账相符后，将保管账的数量与固定资产实物逐一清点，做到账实相符。

固定资产清查后，若发现盘亏，应按固定资产净值借记"待处理财产损溢"账户，按已提折旧额借记"累计折旧"账户，按原值贷记"固定资产"账户。待批准后，再借记"营业外支出"账户，贷记"待处理财产损溢"账户。

企业在盘盈固定资产时，首先，借记"固定资产"账户，贷记"累计折旧"账户，将两者的差额贷记"以前年度损益调整"账户；其次，再计算应补交的所得税费，借记"以前年度损益调整"账户，贷记"应交税费——应交所得税"账户；再次，需要计提盈余公积的，应借记"以前年度损益调整"账户，贷记"盈余公积"账户；最后，调整利润分配，借记"以前年度损益调整"账户，贷记"利润分配——未分配利润"账户。

【例 5 - 12】甲酒店盘盈一台设备，同类设备的市场价格为 5000 元，该设备有八成新。已知该宾馆所得税适用税率为 25%，无须计提盈余公积。

盘盈设备时：

借：固定资产　　　　　　　　　　　　　5000
　　贷：累计折旧　　　　　　　　　　　　　　　1000
　　　　以前年度损益调整　　　　　　　　　　　4000

计算应补交的所得税时：

借：以前年度损益调整　　　　　　　　　1000
　　贷：应交税费——应交所得税　　　　　　　　1000

调整利润分配时：

借：以前年度损益调整　　　　　　　　　4000
　　贷：所得税　　　　　　　　　　　　　　　　1000
　　　　利润分配——未分配利润　　　　　　　　3000

（八）固定资产减值准备的核算

企业在期末或者年末，必须对固定资产逐项进行检查，如果由于市价持续下跌，或技术陈旧、损坏、长期闲置等原因导致其可收回金额低于账面价值，应当将可收回金额低于账面价值的差额作为固定资产减值准备。

对于存在长期闲置不用的、在可预见的未来不会再使用且已无转让价值的、已不可再使用的，或其他实质上已经不能再给企业带来经济效益等情况的固定资产，都应当按照该项固定资产的账面价值全额计提固定资产减值准备。已全额计提减值准备的固定资产不再计提折旧。

企业发生固定资产减值时，借记"资产减值损失"账户，贷记"固定资产减值准备"账户。

如已计提减值准备的固定资产价值又得以恢复，应在原已提减值准备的范围内转回，届时借记"固定资产减值准备"账户，贷记"营业外支出"账户。

二、酒店无形资产的核算

无形资产是指企业拥有或者控制的没有实物形态的可辨认非货币性资产。

（一）无形资产的确认

1. 无形资产可辨认性标准

资产满足下列条件之一的，符合无形资产定义中的可辨认性标准：

（1）能够从企业中分离或者划分出来，并能单独或者与相关合同、资产或负债一起，用于出售、转移、授予许可、租赁或者交换。

（2）源自合同性权利或者其他法定权利，无论这些权利是否可以从企业或其他权利和义务中转移或者分离。

2. 无形资产必须满足的条件

企业要确认一项无形资产，必须同时满足以下两个条件：

（1）该项资产产生的经济利益很可能流入企业。无形资产为企业带来的经济利益，可能表现为收入的增加、成本的节约或降低劳动强度、减少污染等其他利益。

在判断无形资产的经济利益是否很可能流入企业时，企业应对无形资产在预计使用年限内存在的各种因素做出稳健的估计。无形资产所能产生的经济利益具有很高的不确定性，并且无形资产本身不能直接产生经济利益，它们通常作为必不可少的技术条件或法定前提参与企业的生产经营活动。无形资产只有与其他生产要素相结合才能产生经济利益，因此，只有当企业确信某项无形资产可以为企业带来经济利益时，才能予以确认。

（2）该项资产的成本能够可靠地计量。无形资产与其他资产一样是按实际成本计量的，但在某些情况下其实际成本难以可靠地计量。原因：一是有些无形资产可能是与有形资产、其他资产甚至企业整体一起购入的，企业支付的买价需要在不同资产之间进行分摊；二是企业自行开发无形资产而发生的支出，在发生的当时很难归属于特定的无形资产，因而难以确认其为无形资产成本。

（二）无形资产的特征

无形资产不同于流动资产和具有实物形态的固定资产，有其自身的特征，主要表现在以下六个方面：

1. 无形资产不具有实物形态

无形资产不具有物质实体，看不见、摸不着，不是人们可以直接触摸到的，是隐性存在的资产。

2. 无形资产能在较长的时期内使企业获得经济效益

无形资产能供企业长期使用，从而使企业长期受益。因此，无形资产被界定为长期资产而不是流动资产，使用年限超过 1 年。

3. 持有无形资产的目的是使用

企业持有无形资产的目的是用于生产商品或提供劳务，出租给他人，或为了行政管理，而不是为了对外销售。无形资产一旦脱离了生产经营活动，就失去了其经济价值。

4. 无形资产所提供的经济利益具有不确定性

有些无形资产（如商誉）只是在某个特定的企业存在并发挥作用，有些无形资产的收益期难以确定，可能随着市场竞争、新技术发明而被替代。

5. 无形资产的经济价值与其成本之间无直接因果关系

企业获取无形资产的成本不能代表其经济价值。在实际工作中，往往有些无形资产取得成本较低，却能给企业带来较高的经济效益；而有些无形资产取得成本较高，却仅能给企业带来较低的经济效益。

6. 无形资产是有偿取得的

只有企业发生成本而取得的无形资产才能计价入账，否则，即使具有无形资产的性质，也不能作为无形资产计价入账。

（三）无形资产的类别

无形资产可以按不同标准进行分类，主要分类方式有以下三种：

1. 按期限划分

无形资产按期限可分为有限期无形资产和无限期无形资产。有限期无形资产的有效期为法律所规定，例如，专利权、专营权、土地使用权等；无限期无形资产的有效期在法律上并无规定，如商誉。商标权在分类上比较特殊，它因法律规定有效期限而属于有限期无形资产，期满后企业又可以申请不断延期，直到企业自己放弃使用。

2. 按不同来源划分

无形资产按不同来源可分为购入无形资产和自创无形资产。

3. 按能否辨认划分

无形资产按能否辨认可分为可辨认的无形资产和不可辨认的无形资产。可辨认的无形资产具有专门的名称，可以个别取得，或作为组成资产的一部分取得，或作为整个企业的一部分买进，如专利权、专营权和商标权等；不可辨认的无形资产不能单独取得，如商誉。

（四）无形资产增加的核算

酒店服务业无形资产增加的业务主要由以下几方面引起：

1. 购入无形资产的核算

企业购入专利权、非专利技术、商标权和土地使用权等无形资产时，应按支付的价款和发生的咨询费、手续费之和计价入账，届时借记"无形资产"账户，贷记"银行存款"账户。

【例 5 – 13】甲酒店向国家土地管理局支付 550000 元，以取得土地的使用权 30 年。在洽购时，支付咨询费、手续费 5000 元，款项已通过银行转付。

借：无形资产——土地使用权   555000
  贷：银行存款   555000

2. 投资转入无形资产的核算

投资转入无形资产是指以投入资本形式转入企业的无形资产，主要有专利权、非专利技术、商标权和土地使用权等。当企业取得无形资产时，应按合同、协议约定或评估确认的金额，借记"无形资产"账户，贷记"实收资本"账户。

【例 5 – 14】甲酒店与乙酒店合资经营，乙酒店以其商标权作为投资，按投资各方确认的价值 500000 元计价。

借：无形资产——商标权   500000
  贷：实收资本   500000

3. 自行开发无形资产的核算

在开发过程中，若发生的支出符合条件的资本化，不符合条件的计入当期损益。

【例 5 – 15】甲公司经董事会批准开发某项新产品专利技术，该项目具有可靠的技术和财务等资源的支持，并且一旦研发成功将降低该公司生产产品的成本，该公司在研发过程中发生材料费 50000 元，研发人员工资 100000 元，其他相关费用 50000 元，总计 200000 元，符合资本化条件的支出为 150000 元。该专利技术如期达到预定用途。

发生研发支出：
借：研发支出——费用化支出   50000
     ——资本化支出   150000
  贷：原材料   50000
    应付职工薪酬   100000
    银行存款   50000

该专利技术达到预定用途时：
借：管理费用   50000
  无形资产   150000
  贷：研发支出——费用化支出   50000
     ——资本化支出   150000

（五）无形资产摊销的核算

无形资产是企业的一项长期资产，在其使用年限内持续为企业带来经济利益，它的价值会随着使用而不断地减少，直到消失。因此，企业应当于取得无形资产时分析判断其使用寿命。无形资产的使用寿命是有限的，应当估计该使用寿命的所限或者构成使用寿命的产量等类似计量单位数量；无法预见无形资产为企业带来经济利益期限的，应当视为使用寿命不确定的无形资产不进行摊销，而进行减值测试。对于已入账的无形资产，应自取得的当月起，采用直线法、生产总量法等在预计使用年限内分期平均摊销。

如果预计使用年限超过了相关合同规定的收益年限或法律规定的有效年限，则无形资产的摊销年限按如下原则确定：

（1）法律、法规、合同或企业申请书分别规定有法定有效期限和使用年限的，按规定年限中最短的确定。

（2）法律、法规未规定有效期限，但合同或企业申请书中规定使用年限的，按照规定的使用年限确定。

（3）法律、法规、合同或企业申请书均未规定有效期限和使用年限的，按预计使用年限确定。

（4）使用期限难以预计的，按不超过 10 年的期限确定。

按期摊销无形资产时，借记"管理费用"账户，贷记"累计摊销"账户。

【例 5 - 16】甲酒店以 360000 元取得土地使用权 30 年，摊销应由本月负担的费用。

借：管理费用——无形资产摊销（360000÷30÷12）　　　1000
　　　贷：累计摊销　　　　　　　　　　　　　　　　　　　　1000

（六）无形资产减少的核算

无形资产的减少主要是由于以下几项业务引起的。

1. 无形资产对外投资的核算

酒店服务业可以以自己的无形资产向外投资，如专利权、非专利技术、商标权和土地使用权等。对于已入账的无形资产，在对外投资时，应按无形资产的账面净额借记"长期股权投资"账户；按该项无形资产已计提的减值准备借记"无形资产减值准备"账户；按无形资产的账面价值，贷记"无形资产"账户。

【例 5 - 17】甲酒店以土地使用权对 C 公司进行投资。土地使用权的账面余额为 500000 元。

借：长期股权投资——其他股权投资　　　　　　　　500000
　　　贷：无形资产——土地使用权　　　　　　　　　　　　500000

2. 无形资产出售的核算

出售无形资产是指企业转让无形资产的所有权，出售企业对售出的无形资产不再拥有占用、使用以及处置的权利。企业将专利权、非专利技术、商标权、土地使用权等无形资产出售给其他企业，按实际收到的出售收入，借记"银行存款"账户；按已计提的累计摊销，借记"累计摊销"账户；按出售收入的一定比例计提的营业税额，贷记"应交税费"账户；按出售无形资产的账面余额，贷记"无形资产"账户；将无形资产的出售收入与无形资产账面价值和发生的相关税费相比较，其差额记入"营业外收入——处置非流动资产利得"账户或"营业外支出——处置非流动资产损失"账户。如出售已计提减值准备的无形资产，应先转销减值准备，届时根据该项资产计提的减值准备，借记"无形资产减值准备"账户，贷记"无形资产"账户。

【例 5 - 18】甲酒店将一项专利权出售给 A 酒店，该项专利权账面余额为 80000 元，取得出售收入 140000 元，款项已存入银行。甲酒店营业税适用税率为 5%。

借：银行存款 140000

　　贷：应交税费——应交营业税 7000

　　　无形资产——专利权 80000

　　　营业外收入——出售无形资产收益 53000

3. 无形资产出租的核算

出租无形资产是指企业仅将该项无形资产部分使用权让渡给其他企业，其仍保留出租无形资产的所有权，并拥有占有、使用以及处置的权利。企业可以将专利、非专利技术、商标权等无形资产的使用权出租给其他企业使用。在取得出租收入时，应将其作为"其他业务收入"入账，但仍保留无形资产的账面价值；在出租过程中发生的相关税费，应将其作为出租成本记入"其他业务成本"账户。

【例 5 - 19】甲酒店将一项管理专有技术出租给 D 酒店，出租收入 50000 元已存入银行；应支付 D 酒店指导技术的非专利技术人员工资 4000 元；出租收入营业税适用税率为 5%。

取得出租收入时：

借：银行存款 50000

　　贷：其他业务收入——出租无形资产 50000

分配技术人员工资时：

借：其他业务成本——出租无形资产 4000

　　贷：应付职工薪酬——工资 4000

计提应交的营业税时：

借：其他业务成本——出租无形资产 2500

　　贷：应交税费——应交营业税 2500

（七）无形资产减值准备的核算

为保证会计核算的真实性与有效性，企业应定期或至少于每年度终了时，检查各项无形资产预计给企业带来未来经济利益的能力，并根据不同情况计提减值准备。当存在下列情况之一者，应将该项无形资产的账面价值全部转入当期损益，借记"管理费用"账户，贷记"无形资产"账户。

（1）某项无形资产已被其他新技术所替代，已无使用价值和转让价值。

（2）已超过法律保护期限，且不能为企业带来经济利益。

（3）其他足以证明其丧失使用价值和转让价值的情形。

在下列情况下，应当计提无形资产减值准备：该项无形资产已被其他新技术替代，使其为企业创造经济效益的能力受到重大不利影响，或其市场价格在当期大幅下跌，剩余年限内预期不会恢复，以及其他足以证明其已经发生了减值的情形。

期末，企业所持有的无形资产账面价值如果高于其可收回金额的，应按其差额，借记"资产减值损失"账户，贷记"无形资产减值准备"账户。如果已计提减值的无形资产价值又得以恢复，则作相反的会计记录。该账户期末贷方余额，反映企业已提取的无形资产的减值准备。

【例5-20】甲酒店拥有一项烘干技术，其入账价值为60000元，有效期限为6年，每年摊销10000元，至第3年末，市场上已有更好的类似技术，导致该技术的使用价值下降，再次评估为25000元，低于其账面价值15000元。

借：资产减值损失　　　　　　　　　　　　　　　15000
　　贷：无形资产减值准备　　　　　　　　　　　　　　　15000

三、酒店资产核算注意事项

财务会计人员在对酒店固定资产和无形资产进行核算时，还应注意以下几个事项：

（一）掌握固定资产计价的方法

由于固定资产在长期的使用过程中，随着磨损程度的不同而逐渐减少其价值，为了管好和用好固定资产，酒店旅游服务业就需要从不同的角度对固定资产进行计价。

1. 原始价值

原始价值又称原值，是指企业取得某项固定资产的实际成本。由于固定资产的取得方式不同，其原始价值的确定方法也不同。通常企业按下列规定确定固定资产的原始价值。

（1）外购的固定资产。按照固定资产的买价、增值税、进口关税等相关税费，以及为使固定资产达到预定可使用状态前所发生的可直接归属于该资产的其他支出，如场地整理费、运输费、装卸费、安装费和专业人员服务费等确定。

（2）自行建造的固定资产。按照建造该项资产达到预定可使用状态前所发生的必要支出确定。

（3）投资者投入的固定资产。按照合同或者协议约定的价值确定，但合同或协议约定价值不公允的除外。

（4）融资租入的固定资产。按租赁协议确定的设备价款、运输费、途中保险费、安装调试费等支出记账。

（5）接受捐赠的固定资产。按照同类资产的市场价格，或根据所提供的有关凭据记账。接受固定资产时发生的各项费用，应当计入固定资产价值。

（6）盘盈的固定资产。按照同类或类似固定资产的市场价格减去按该项资产的新旧程度估计的价值损耗后的余额确定。

2. 净值

净值又称折余价值，是指固定资产的原始价值减去累计折旧后的现有价值。

固定资产按原始价值计价，可以反映投资者对企业固定资产的原始投资额，以综合反映企业的经营能力，并作为计提折旧的依据。固定资产按净值计价，可以反映固定资产的现有价值。通过净值与原始价值的对比，可以了解固定资产的新旧程度。

（二）固定资产折旧应了解的事项

1. 固定资产折旧的总分类、明细分类核算

（1）固定资产折旧的总分类核算。固定资产折旧的总分类核算，应该反映以下两方面的经济业务：①固定资产由于损耗而引起的价值转移。②固定资产经过使用所损耗价值转移而形成的累计折旧额。

（2）固定资产折旧的明细分类核算。在一个酒店内，固定资产的种类和数量是繁多的，如果每月计提的折旧额都要逐笔逐项地登记入每项固定资产的明细账（卡）中，工作量将相当大，所以在实务上都按年度登记一次。为了简化核算工作，只需对每项固定资产详细登记启用日期、停用不提折旧日期和调出或报废日期，就可以用下列公式推算其已计提折旧额。计算公式如下：

某项固定资产已提折旧额 ＝（停止使用年月 − 开始使用年月 − 中间未提折旧年月）×折旧率×该项固定资产原值

2. 正确了解折旧的含义

折旧账户的首要目的是衡量利润，另一目的是为了设立资产价值减少账户。

为了更好地理解折旧这一概念，应先澄清几点关于折旧的误解：

（1）折旧并非估价过程。企业并非按照每期期末其固定资产的评估值来记

录折旧。相反，企业是按某一特定折旧方法在资产的使用期内摊销成本。

（2）折旧并不意味着企业将现金单独保存，折旧是固定资产成本中已作为费用记录的部分。累计折旧并不代表现金额的增长。

（3）折旧中一个更容易出错的环节是，只要计提了折旧，就可以产生现金或资金流入，大多数非会计人员在这一点上可能栽过不少跟头。不论折旧数为 0 还是 100000 元，现金的流入只有在销货后向客户收款时才能产生。虽然折旧费在纳税时可以扣除，但还是不能产生现金流入，否则，人们每天百无聊赖地在办公室里也可靠他的卡车折旧来赚钱了。

（三）无形资产的计价方法

企业的无形资产在取得时，应按取得时的实际成本计价。

取得时的实际成本，应按以下规定确定：

（1）购入的无形资产，按实际支付的价款和相关税费以及直接归属于该项资产达到预定用途所发生的其他支出作为实际成本。

（2）投资者投入的无形资产，按投资各方确认的价值作为实际成本。如果投资合同或协议不公允的，应按无形资产的公允价值作为无形资产初始成本入账。

（3）接受捐赠的无形资产，捐赠方提供了有关凭据的，按同类或类似无形资产的市场价格估计的金额，加上应支付的相关税费，作为实际成本。

（4）自行开发并按法律程序申请取得的无形资产，按依法取得时发生的注册费、聘请律师费等费用，作为无形资产的实际成本。

第六章　酒店成本费用管理

一、酒店成本费用概述

酒店成本费用管理是企业竞争能力的表现，是增加利润的途径之一，也是企业求得生存与发展的保障和基础。在激烈的市场竞争中，要不断降低成本费用，提高经济效益，增强竞争优势，就必须转变成本费用管理观念。

（一）酒店成本费用的特点及内容

酒店是为公众提供住宿、餐饮、娱乐等多项设施和相应服务性劳动的商业性机构。它在经营过程中所发生的各种耗费，为便于管理，将其直接支出部分列为成本，即为营业成本，而将其他非资本性支出所发生的耗费列为费用，称为期间费用。

1. 酒店的营业成本

酒店的营业成本在构成及计算方法上不同于制造业企业的产品成本。不同的酒店提供的产品服务类型各异，在成本构成上不同。如高档酒店，其营业项目多，酒店的营业成本包括餐饮销售中的食品原材料以及饮品等的耗用成本，还有商品销售中商品进价成本，洗衣、电话、复印及传真等成本；一些低端或经济型酒店可能仅有餐饮成本、饮料成本、商品进价成本。

酒店在提供劳务和销售商品过程中有大量的人工成本耗费，但是由于酒店提供的服务往往是综合性的服务，很难合理认定哪种服务或产品产生了多少费用，应负担多少工资，因此酒店的人工成本费用一般不列入营业成本。酒店的营业成本主要有：

（1）食品成本。是指采购食品直拨餐厅、直拨厨房、餐厅仓库领用食品或部门内部调拨等所发生的各类食品的耗用成本（如海鲜、肉类、蔬菜类、粮油、调味品等）。食品成本应按不同餐厅来分类归集。

（2）饮料成本。是指葡萄酒、中国白酒、啤酒、矿泉水、果汁等所有饮料或用作调制饮料的混合材料的进货成本。

（3）商品进价成本。是指商场经销商品的进价成本，分为国内购进商品进价成本和国外购进商品进价成本，如香烟、工艺品、百货等。

（4）洗衣成本。是指为住店客人及非住店客人提供洗衣服务而发生的洗涤用品、清洁用品费用。

（5）其他成本。是指其他营业项目所支付的直接成本，包括复印成本、传真成本、电话成本等。如传真纸、传真机用的色粉、复印机用的色粉、复印纸等材料的费用；国内长途和国际长途的电话费等。

2. 酒店的期间费用

酒店的期间费用指酒店在经营过程中发生的与经营管理活动有关的费用，这些费用应直接计入当期损益，需要从酒店的当期经营收入中得到补偿。期间费用一般划分为营业费用、管理费用和财务费用；按照经营管理者所承担费用的责任划分，期间费用也被划分为经营费用和非经营费用。

（1）营业费用。营业费用是指为组织和管理酒店经营活动而发生的各项费用，如客房部、餐饮部、康乐部等营业部门为组织经营活动而发生的人工费用、物料消耗、制服费用、洗涤费用、办公费用、邮电费、差旅费、绿化费、广告宣传费、业务招待费等。

（2）管理费用。管理费用是指酒店行政管理部门为组织和管理经营活动而发生的费用，以及由酒店统一承担的费用。如行政部、保安部、财务部、工程部、总经理办公室、人事部等部门发生的人工费用、工作餐、交际应酬费、能源消耗费、维修材料费、制服费、洗涤费用、办公费用、邮电费、差旅费、折旧费、财产保险费、房产税、董事会费、外事费、租赁费、咨询费、审计费、诉讼费、绿化费、排污费、土地使用费、土地损失费、研究开发费、坏账损失、存货盘亏和毁损、上级管理费等。

（3）财务费用。财务费用是指酒店在经营过程中发生的利息净支出、汇兑净损失、金融机构手续费等。

3. 酒店的经营费用和非经营费用

我国企业会计制度中将营业费用、管理费用和财务费用统称为期间费用，认为这些费用是无法归入成本但在当期发生对损益产生影响的耗费。美国酒店业会计制度认为，在当期发生对损益产生影响的无法归为成本的耗费，分为两大类，一类是经营费用，另一类是非经营费用。这样分类主要是便于考核在所有权与经营权相分离状态下酒店经营管理者实际经营业绩的高低。

（1）经营费用。经营费用是在酒店经营管理过程中发生的，由酒店经营管理者控制和负责的费用，如：人工成本是指酒店为经营部门员工支付的工资、补贴、保险以及其他福利等费用。工作餐费是指酒店为员工提供免费工作餐而支付的费用。洗涤费是指各部门洗涤布草、员工制服等发生的费用。布草费是指客房部、餐饮部、康乐部对客服务而购买各种布草的费用，例如毯子、床罩、枕套、床单、淋浴巾、浴巾、面巾、桌布、毛巾、窗帘、方巾、台布、台裙等。服务用品费是指免费提供给客人使用的一次性消耗用品，例如肥皂、洗发水、护发素、润肤露、针线包、擦鞋布、浴帽、棉花球、刮须刀、牙刷、牙膏、拖鞋、餐巾纸、快餐盒、一次性筷子、一次性刀叉、牙签、吸管、鸡尾酒搅拌器、餐具垫、筷套、洗衣袋、打包袋、礼品袋等。瓷器费是指酒店购买专门放置于客房内的所有陶瓷及餐厅或厨房使用的陶瓷，包括瓷碗、瓷碟、瓷杯等。金属器皿费是指酒店购买专门放置于客房内的所有不锈钢和餐厅或厨房使用的不锈钢餐具，包括不锈钢刀、叉、勺等。玻璃器皿费是指酒店购买专门放置于客房内的所有玻璃器皿及餐厅或厨房使用的玻璃器皿，包括玻璃杯、暖水壶、玻璃碗、玻璃碟等。金银器费是指餐厅对客服务使用的镀银和镀金金属餐具。清洁用品费是保持酒店各区域清洁卫生所需用品的费用，或者酒店进行清洁工作外包发生的费用。餐牌及酒牌费是指印刷菜单、饮料单和直立式菜牌的费用，包括材料费、印刷费、装潢费和运输费。厨房用具费是厨房直接用于出品的各种厨具的费用，包括菜刀、锅、炒勺、不锈钢烧烤叉、桶、盆、碗、砧板等。消防用具费是指酒店购入的消防配置品费用，如消防斧、灭火毯、消防服、消防帽、灭火器、灭火器加粉、消防栓等。报废饮食品费是指因防止不可预计的原因而造成原材料无法再使用的费用损失，主要是指食品、酒水的报废。电视、音乐及娱乐费是指酒店向客人提供的免费电视频道发生的费用和提供表演有关的所有费用，例如专业演员薪金、乐师薪金、演出人员工作餐的费用、唱片费、版权费、乐器租金、钢琴调音费、电影、录像带租金、影碟等。佣金是指酒店按销售协议向旅行社、网络订房等返销的佣金。宽带网络费是指酒店客房为客人提供的宽带上网费。装饰费是指酒店对客房内部环境、大堂进行装饰以及购买餐饮部各营业点装饰物（如购买盆景、鲜花、干花、道具等）所发生的费用。执照费是指各种执照费和许可证费及娱乐场所执照费、音乐版权费，包括营业执照费、卫生许可证费及出售酒类执照费和其他法律规定的各种许可证费等。厨房燃料费是指厨房消耗木炭、罐装煤气、固体酒精或液体酒精燃料的费用。化学制剂费是指洗衣房采购用于布草、制服的洗涤原料的费用，主要是指不直接为客人提供洗衣服务而发生的费用。印刷费是指采购和印刷各类内部用表格的费用，例如制作客人账单、点菜单、签名簿、客人意见卡、收据等发生的费用。办公费是指办公文具用品费用，包括空白的打印纸、笔、墨盒等办公文具。差旅费是指酒店人员因公离开本市出差而产生的住宿、膳食、交通等费用。交通费是指市内用车油费和公务产生的交通费。通信费是指酒店各部门办公使用的电话座机月租费、通话费及因公报销的个人电话费。行政办公费是指行政办公部门发生的人工费用、办公费用、应酬费、安保费用、收账费用、车辆费用、报纸杂志费、会费、数据处理及维护费及垃圾清运等费用。市场营销费是指销售部发生的广告费、促销费、市场推广及有关的费用。维修保养费用是指酒店为使房屋建筑、设施设备达到正常使用状态而发生的材料费及修理费或劳务承包费等。能源费用是指水电费、排污费、燃气、燃油及热力等费用。税金税款方面的支出是指酒店支付的营业税金及附加、土地使用税、车船税、企业所得税及其他税项。其他费用是指所有未归入上述各类项目的其他经营耗费。

（2）非经营费用。非经营费用的发生与酒店经营管理没有必然联系，是需由酒店所有者承担的费用，如折旧费用、利息费用、董事会费用、中介费（含审计费、咨询费、诉讼费等）、固定资产大修理费、开办费摊销、融资租赁费、财产保险等。

（二）酒店成本费用的分类

1. 按其与经营业务量的关系划分

（1）固定成本（费用）。固定成本（费用）是指在一定时期内，其成本总额不随业务量的增减而变动的成本。一般包括工资、租赁费、折旧费、保险费等。如餐饮管理人员工资不会随着餐饮收入的高低而变化，客房的固定资产折旧费用等不会随客房出租率的增加而增加。

（2）变动成本（费用）。变动成本（费用）是指其总额随着业务量的变化而成比例地变化。主要是指酒店经营中的各种直接支出，如销售的饮料成本、酒水、洗衣成本，它们随着客人消耗量的增多而增多。

（3）混合成本（费用）。混合成本（费用）是指其成本总额中既包括固定成本又包含变动成本。混合成本主要包括电话费用、汽车租赁费、维修保养费。如酒店的电话费，固定部分是指系统租金，无论打电话时间长短都必须支付的固定费用，变动部分则为按通话时间的计费，随着电话量的增多，电话成本也在增加。混合成本可以按一定方法分解为固定成本和变动成本。下面以高低点法做介绍。

【例6-1】开立酒店洗衣房服务能力有剩余，想计划对外提供洗衣服务以增加部门收入，为合理确定此项服务的价格，洗衣房经理收集了半年以来的洗衣成本和洗衣量的有关资料，如表6-1所示。

表6-1　洗衣房的成本计算表

月份	洗衣成本（元）	洗衣量（千克）
1	22000	20000
2	21600	19500

月份	洗衣成本（元）	洗衣量（千克）
3	21800	19750
4	20800	18500
5	20720	18400
6	20400	18000

要求：

（1）运用高低点法，确定洗衣房的固定成本和变动成本结构。

（2）如果估计每月客衣和外衣收洗的洗衣量为 25000 千克，请估算洗衣总收入为多少时才能抵补其成本？

分析 1：从表 6-1 中可见，1 月和 6 月的洗衣成本分别为成本的最高点和最低点，两者之差为 1600（22000 - 20400）元，其对应的洗衣量之差为 2000（20000 - 18000）千克，则计算出洗衣单位变动成本为 0.8 元/千克（1600 元/2000 千克）。任选 1 个月（假定选择 6 月），计算出固定成本为 20400 - 18000 × 0.8 = 6000（元）。

分析 2：每月洗衣量为 25000 千克时的总成本为：

6000 + 25000 × 0.8 = 6000 + 20000 = 26000（元）

开立酒店每月洗衣收入为 26000 元，可以保本。

2. 按其管理责任划分

（1）可控成本（费用）。可控成本（费用）是指酒店责任单位在会计期间有权确定开支的成本费用。如餐饮部可以决定采购何种食品原材料，营销部经理可以决定是否组织某项推广活动，行政部经理有权决定选派多少人参加某项培训。这些费用是可以人为掌控的，所以被称为可控成本。通常各责任单位的变动成本（费用）是可控成本。

（2）不可控成本（费用）。不可控成本（费用）是指短期内酒店责任单位对成本费用的发生无法进行控制的项目。不可控成本一般是固定成本，如长期贷款利息支出、设备租金、折旧费、无形资产摊销等。这些费用无法分担到具体责任单位进行控制，但需由酒店进行管理。

综上所述，酒店在经营中的成本费用分类并非是一成不变的，会存在一定的交叉性。有些固定成本是可控成本（费用），如固定资产租金；有些固定成本（费用）则是不可控成本，如无形资产摊销。酒店是固定成本占较大比例的企业，如何将固定成本变为变动成本纳入酒店可控范围，为提高酒店经济收益服务，是管理者需要不断思考的问题。

（三）成本费用管理的方法

1. 制度控制法

制度控制法是指通过制定酒店各项成本费用管理制度来控制成本费用的开支。酒店进行成本费用控制必须遵循国家规定的成本费用开支范围及费用开支标准以及税务、上级主管单位的有关成本费用的规定。酒店为了有效控制成本费用，必须划分相应的组织机构、建立健全各项成本费用控制制度，如收银工作管理制度、资金支付审批管理制度、成本费核算制度、物料消耗定额管理制度、低值易耗品管理制度、预算编制制度、预算控制制度、预算调整制度等。

2. 预算控制法

预算控制法以预先完成的预算指标作为控制成本费用支出的依据。通过对比分析，找出差异，采取相应的改进措施，保证成本费用预算目标的实现。内容详见本书第九章"酒店财务预算编制"。

3. 标准成本控制法

标准成本是指酒店在正常经营条件下以标准消耗量和标准价格计算出各产品的具体成本，在执行中以各项目的标准成本作为控制和考核依据。运用标准成本控制法的基本步骤是：制定标准成本，进行成本差异分析，就是将实际成本与标准成本进行比较，找出差异，分析原因。对成本差异进行处理，通过对重大差异的分析，分清差异形成的原因，找出酒店可以控制的因素。

4. 主要消耗指标控制法

主要消耗指标是指对酒店成本费用起着决定性影响的指标。如原材料成本的高低决定了酒店餐饮利润率的高低，而酒店餐厅口布、餐碟的更新也对餐饮利润有影响。那么在实行成本费用管理时，酒店可制定餐饮成本率、物料消耗定额等主要消耗指标。一旦确定，就不得随意更改，如表6-2所示。

（1）物资用品的消耗定额管理内容。消耗定额是指在一定时期内，为完成经营任务所需要的单位产品或单位接待能力所需要的物资用品耗用数量。酒店各部门可以根据经营特点和要求详细制定单位产品或单位接待能力所需的物资配备表。

物资用品可分为一次性消耗用品和多次性消耗物品。牙刷、拖鞋、浴帽、沐浴液、洗发液、润肤露、梳子等是一次性消耗用品；客房卫生间"五巾"（指面巾、手巾、浴巾、地巾、披巾）、床上用品（如床单、毛毯、被套、枕头）、装饰用品（如窗椅坐垫、靠垫等）、烟灰缸是多次性消耗物品。

（2）消耗定额的计算方法。由于酒店物资用品的消耗方式不同，其消耗定额可以采用三种方法确定：一次耗用定额法、更新耗用定额法、日均用量定额法。

表6-2　某酒店管理公司的主要消耗预算指标

序号	成本项目	占营业总收入的比例（%）
1	税费和折旧	27
2	固定费用	5
3	管理费用	3
4	市场推广费用	5
5	能源消耗	8
6	物业保养	4
7	客房成本	11
8	餐饮成本	23
9	行政费用	9
10	其他部门支出	5
	总计	100

1）一次耗用定额法。是指根据单位物资用品每天平均耗用量和计划业务量的大小，核定一定时间内的物资用品的消耗定额。其计算公式为：

某种物品的消耗定额＝单位接待能力配备量×客房或餐位数量×设施利用率×定额天数

式中：单位接待能力配备量在客房是指单间客房每天一次性消耗物品的平均配备数量，如茶叶、糖包、洗发液、沐浴液等；在餐厅则是指平均每个餐位每餐的配备数量，如牙签、餐巾纸、刀叉、碗碟等。设施利用率在客房表现为出租率，在餐厅表现为座位利用率。

【例6-2】某酒店有客房300间，餐厅座位200个（含小单间）。按四星级酒店标准建造，客房、餐厅客用一次性消耗物品标准如表6-3所示，全年按360天计算，客房计划出租率为75%，餐厅座位利用率为95%，请核定该酒店物品消耗定额。

表6-3　某酒店客房、餐厅物品配备标准

客房物品配备标准			餐厅物品配备标准		
品名	标准	价格	品名	标准	价格
牙刷、牙膏	2套/间	2元/套	餐巾纸	1份/座	0.10元/份
小香皂	2块/间	0.9元/块	牙签	1份/座	0.05元/份
茶叶	6包/间	0.10元/包	茶叶	1份/座	0.20元/份
拖鞋	2双/间	2元/双	垫盘纸	1份/座	0.05元/份

分析：根据已知条件，可知牙刷、牙膏的全年需要量为：

$2 \times 300 \times 75\% \times 360 = 151200$（套）

每年牙刷、牙膏的消耗定额为：

$151200 \times 2 = 302400$（元）

其他客房和餐厅的一次性消耗品按此计算，如表 6 - 4 所示。

表 6 - 4　采用一次性消耗法计算酒店客房、餐厅物品消耗额

客房物品消耗金额			餐厅物品消耗金额		
品名	数量	金额（元）	品名	数量	金额（元）
牙刷、牙膏（套）	151200	302400	餐巾纸（份）	68400	6840
小香皂（块）	151200	136080	牙签（份）	68400	3420
茶叶（包）	453600	45360	茶叶（份）	68400	13680
拖鞋（双）	151200	302400	垫盘纸（份）	68400	3420
合计		786240	合计		27360

2）更新耗用定额法。更新耗用定额法是根据单位物品配备数量，分析计划期内的物品使用损耗程度，确定更新率而制定的消耗定额。这种方法主要适用于客房、餐厅、康乐等部门的客用多次消耗物品的定额制定。如客房的床单、毛巾、杯具、窗帘，餐厅的台布、口布、餐具等。其计算公式为：

某物品的消耗定额 = 单位接待能力配备量 × 床位或餐位数量 × 物品更新率

【例 6 - 3】以【例 6 - 2】的资料为依据，假定该酒店有客房 300 间，床位数 500 张，客房棉织品每床配备 4 套；餐厅有餐台 30 张，餐位 200 个，每台配备台布 5 套。客房、餐厅具体物品配备如表 6 - 5 所示。

表 6 - 5　采用更新耗用定额法计算酒店客房、餐厅物品消耗额　　单位：元

客房				餐厅			
品名	配备定额	消耗定额	耗用金额	品名	配备定额	消耗定额	耗用金额
床单	4000	800	24000	台布	150	37.5	3000
毛巾	4000	1000	12000	口布	200	60	600
枕套	4000	800	8000	菜盘	400	72	360
烟缸	500	75	2250	汤碗	200	36	108
茶杯	1000	200	400	筷子	200	20	100
合计			46650	合计			4168

3）日均用量定额法。是指根据物资日均用量和计划期天数来核定消耗定额。这种方法适用于酒店各部门办公用品、清洁用品、服务操作用品等消耗量的定额

制定。其计算公式如下。

某种物品的消耗定额＝日均计划用量×计划期（定额）天数

需要注意的是，为减少资金占用，计划期天数一般可选择月为单位。

二、酒店餐饮成本管理

餐饮成本包括酒店的食品成本和饮料成本。食品成本是指在制作菜品过程中发生的原料、辅料和调料成本。如肉类、奶制品、水果、蔬菜、调味品及其他干杂原材料。一般来说，食品成本在餐饮成本中所占比重较大，也是餐饮管理的重点。饮料成本是指在饮料制作过程中的成本。如白酒、葡萄酒、可乐、茶、咖啡等饮料的进价成本；也包括用来生产和调制饮品所需的配料，如樱桃、柠檬等常用水果。

做好餐饮成本管理主要是通过制定标准菜谱，统一各种食品成本和饮料成本的生产标准，加强采购、验收、仓储、生产、销售各环节的管理；进行成本差异分析，及时发现问题。

（一）标准菜谱的制定

酒店餐饮部门在经营中用到的食谱有菜谱、面点谱和酒水谱。菜谱是餐饮管理中最常用的工具，也是餐饮各环节工作的起点。

标准菜谱是指对每道菜品所需各种用料的名称、数量、价格以及烹制时间、所需器具、制作过程、制作样图等做出详细说明的清单。标准食谱卡的具体内容如表6－6、表6－7所示。

表6－6　标准食谱卡1

编号：

菜点名称	海肠水饺	标准份额	1200 克	烹调方法	煮
菜品特点	皮薄、馅多、有海肠味、形如元宝				
主配料、调料	标准投料（克）	净料率（％）	净料价格（元）	单价（元）	工艺过程、工艺条件及工艺参数：
特一粉	1000	100	1	2	1. 将特一粉加入水和匀放置待用
调好肉馅	500	100	3	3.7	2. 将海肠洗净剁成泥
海肠	1000	30	30	18	3. 韭菜切成末
韭菜	250	90	30	18	4. 将韭菜海肠肉馅和匀
水	250	—	0.6	0.3	5. 下剂包馅成形
菜点照片					6. 开锅放入水饺后，煮沸点加3次凉水煮开即可
备注：一斤干面粉可下40个饺子，调好肉馅是事先制备的标准品					7. 盛盘上桌

表6-7　标准食谱卡2

编号：

菜品名称		纽约肉排	菜谱类别：□零点　□宴会		菜系	
烹调份数		1	单位成本	＄2.522	成本	＄2.522
单价		＄8.40	售价	＄8.40	毛利率：%	70%
配料名称		用量（盎司）	日期		工艺流程	
			进价 （美元/盎司）	金额（美元）	1.（略） 2. 3.	
主料	纽约肉排	8	0.2484	1.9872		
辅料	红皮土豆	9	0.0125	0.1125	关键工艺：	
	黄油片	2	0.1375	0.275	1.（略）	
	色拉菜	6	0.0247	0.1482	2.	
调料					3.	

成品要求：（略）

色泽：

芡汁：

口味：

质感：　　　　　　　　　　　　　　　　　　　　　　　　照片

器皿：

装盘及造型要求：

装盘：

围边造型：

制作人：　　　　时间：　　　　厨师长：　　　　分管领导：

注：表中餐饮成本率计算结果为30%（＄2.522/＄8.40），即餐饮成本率＝餐饮成本÷售价，毛利率＝1-餐饮成本率＝1-30%＝70%。

有了标准菜谱可以保持菜品质量稳定性，能准确计算和分析实际成本发生的差异及其原因。

（二）餐饮成本管理

1. 采购环节的控制

食品原料采购的目的在于以合理的价格，在适当的时间，从安全可靠的货源，按照规定标准和预定数量采购餐饮服务所需的各种食品原料，保证餐饮服务顺利进行。从成本管理的角度，采购工作中成本控制的内容也同样集中在食品原料的质量、数量和价格几个方面。

（1）坚持使用原料采购规格标准。酒店应根据烹制各种菜肴的实际要求，制定各类原料的采购规格标准，并在采购工作中坚持使用。这不仅是保证餐饮成品质量的有效措施，也是最经济地使用各种原料的必要手段，因为并非所有菜肴都必须使用相同等级或质量最好的原料。

（2）严格控制采购数量。过多地采购原料必然导致过多储存，而过多地储存原料不仅占用资金、增加仓库管理费用，还容易引起偷窃、原料变质损耗等问题。所以酒店应根据需要、资金情况、仓库条件、现有库存量、原料特点、市场供应状况等因素做出采购数量决定，以采购近期内所需要的原材料。

（3）采购价格必须合理。食品原料采购者应该在确保原料质量符合采购规格标准的前提下，尽量争取质优价廉。在采购原料时，至少应取得 3 家供应商的报价。同时要合理评估每次采购工作的效益，即：

采购效益 = 原料质量 + 价格

【例 6 - 4】某种原料单价为 10.00 元，其质量被评为 75 分，则该原料的采购效益为 75 ÷ 10 = 7.5（分）。如果经过调查，发现相同质量的原料可以 9.1 元的价格购得，那么采购效益为 75 ÷ 9.10 = 8.2（分）。可见酒店在要求低价的同时更注重采购物品的质量，不然因质量引起的顾客投诉将会给企业带来更大的损失，因此，企业对采购工作的考核应是数量、品质、效益三者兼顾。

2. 验收环节控制

（见第四章）

3. 储存环节控制

（见第四章）

4. 发料环节控制

原料发放控制是日常食品成本管理中的一个重要环节，由于发料数量直接影响到每天的食品成本额，酒店必须建立合理的原料领发制度，既要满足厨房用料需要，又要有效地控制发料数量。从成本管理的角度出发，发料控制的基本原则是只准领用食品加工烹制所需实际数量的原料，未经批准，不得领用。发料控制要抓好以下几个方面：

（1）使用食品领料单。任何食品原料的发放，必须以已经审批的原料领用单为凭据，以保证正确计算各领料部门的食品成本。同时酒店应有提前交送领料单的规定，使仓库保管员有充分时间正确无误地准备各种原料。

（2）规定领料次数和时间。仓库全天开放，任何时间都可以来领料的做法并不科学，因为这样会助长厨房用料无计划的不良作风。所以，酒店应根据具体情况，规定仓库每天发料的次数和时间，以促使厨房做出周密的用料计划，避免随便领料，减少浪费。

（3）正确计算成本。领用原料的成本是酒店每天食品成本的组成部分，因此仓库管理员每天须及时、正确地计算领料单上各种原料的成本以及全天领料成本总额。

5. 生产环节的控制

食品原料的初加工、切配以及烹调、装盘过程对酒店食品成本的高低也有很大影响。这些环节如不加以控制，往往会造成原料浪费，致使成本增加。因而，在食品原料的加工烹调阶段，酒店必须注意以下几方面的工作：

（1）切割烹烧测试。对于肉类、禽类、水产类及其他主要原料，酒店应经常进行切割和烹烧测试，掌握各类原料的出净率，制定各类原料的切割、烹烧损耗许可范围，以检查加工、切配工作的绩效，防止和减少初加工和切配过程中造成原料浪费。

（2）制订厨房生产计划。厨师长应根据业务量预测，制订每天各餐的菜肴生产计划，确定各类菜肴的生产数量和供应份数，并据此决定需要领用的原料数量。另外，生产计划应提前数天制订，并根据情况变化进行调整，以求准确。

（3）坚持标准投放量。坚持标准投放量是控制食品成本的关键之一，在菜肴原料切配过程中，必须使用称具、量具，按照有关标准菜谱中规定的投料量进行切配。酒店对各类菜肴主料、配料投料量应制表张贴，以便员工遵照执行，特别是在相同菜肴采用不同投料量的情况下更应如此，以免出现差错。

（4）控制菜肴份额。酒店中有不少食品菜肴是成批烹制生产的，因而在成品装盘时必须按照规定的份额即应按照标准菜谱所规定的烹制份数进行装盘，份数不足会增加每份菜肴的成本，进而影响毛利。

6. 销售环节的控制

销售环节的控制目的是要保证厨房生产的产品能够产生收入，严防各种形式的舞弊和差错的发生。

传统按照点菜单进行的餐饮销售模式是接待客人的预订、点菜，服务员递送点菜单到厨房，厨房凭单制作，服务员凭单上菜，收银员凭单结账。因为这些环节是在不同空间、不同时点进行的，如果一个环节出现问题，会使后续操作难以进行，加之操作人员和地点分散，使得餐饮销售中存在跑、冒、滴、漏现象。为了改变这种状况，除了加强对员工的培训和建立完善的内部控制制度外，更重要的是运用先进的信息技术来改善作业流程，提高生产能力，提升酒店服务品质。

目前一些酒店运用电子点菜系统进行管理。其基本流程是：客人点餐时，服务员通过具有无线功能的智能掌上电脑，随时随地使用系统为客人点菜、加菜，计算机处理系统收到数据后自动处理，把菜单自动分类传送到冷菜、热菜、面点、酒水吧等制作间，通过厨房打印机打出厨房单，厨房制作完成后传菜部凭自动打印出的传菜单为客人上菜。客人用餐后，由收款员在收银台打出结账单为客人办理结账。

使用电子点菜系统的优点：首先，可以改善部门之间、工作环节之间的沟通与协调，使得信息的传递更准确、更及时，提高人员的工作效率，减少差错率。如服务员在为客人点菜的同时，其信息便迅速传递到厨房的打印机或显示屏上，厨师可立即按订单出菜品，而无须由服务员拿着点菜单跑来跑去。又如住店客人在进行餐饮消费时，可以随时与酒店前台系统相连，将审核通过的挂账餐饮账单即时地记入客账中，杜绝了走账的现象。其次，可以随时了解餐饮收入情况，减少人情菜或跑单现象的发生。电子点菜系统取消了原有的四联单操作方式，所有操作信息都记录在电脑中，未在收银台开台的菜单是无法进入厨房进行加工生产的，杜绝了内部人员舞弊行为的发生。最后，可以提高管理和决策的有效性。酒店管理者可以利用信息系统和标准菜单，根据实际销售量计算出每一日或某一段时间的标准成本，并与实际成本作比较，发现问题可及时处理。可根据系统采集数据，做相关分析，如畅销菜品分析、滞销菜品分析、销售定价分析、营销方式分析等。

（三）酒水饮料成本控制

酒水饮料的成本控制与食品的成本控制不同，无须复杂的切配过程，但是由于酒水的易损耗及价格贵重等特点，容易被盗和损耗，因此需要采取其他有效的控制方法。

1. 标准酒谱

不论餐厅还是酒吧采取何种控制方法，都必须首先制定各种鸡尾酒和饮料的标准酒谱以核算标准成本和制定销售价格。如同标准菜谱一样，标准酒谱是调制鸡尾酒和混合饮料的标准配方。它不仅是保证饮料质量的基础，而且也是成本控制的必要工具。标准酒谱必须列明调制该鸡尾酒或混合饮料所需的基酒和其他配料的数量，说明调制方法，并规定所用酒杯的种类和型号。

表6-8 曼哈顿鸡尾酒标准酒谱

名称	曼哈顿鸡尾酒	标准配方编号	×××
每杯售价	47 元	每杯成本	9.50 元
成本率	20.2%		
名称	曼哈顿鸡尾酒	标准配方编号	×××
成分		数量	成本
黑麦威士忌酒		2.5 盎司	7.50 元
甜味苦艾酒		0.75 盎司	100 元
苦味药酒		少许	0.30 元
樱桃		1 颗	0.20 元

成分	数量	成本
冰块	0.75 盎司	0.50 元
合计	4 盎司	9.50 元

调制方法： 加入冰块，将所有成分倒入酒杯，充分搅拌， 滤入酒杯；用一颗新鲜樱桃装饰 器皿： 4 盎司有刻度线的鸡尾酒杯	饮料样图（略）

2. 计算饮料的标准成本

根据标准酒谱规定的基酒和配料的数量，可以计算出该鸡尾酒或混合饮料的标准成本，具体计算方法与计算菜肴的标准成本相同，即饮料的标准成本等于基酒和配料成本之和。

一般来说，酒吧中作为基酒的饮料可以分成两类：一类是纯烈酒或烈酒加其他饮料，如威士忌加冰、金酒汤力水等；另一类是混合饮料，如各种鸡尾酒，通常需要一种至两种烈酒及多种配料，为了准确地计算烈酒的成本，酒吧一般会先核算出该烈酒的每盎司成本，例如，某牌号的威士忌进价为 186 元一瓶，容量为 32 盎司，则每盎司的成本为：$186 \div 32 = 5.8$（元），但在实际经营中，还应该规定酒液的自然溢损（流失）量，一般为每瓶 1 盎司。因此，本例中威士忌的每盎司成本为：$186 \div 31 = 6$（元）。

3. 酒水消耗量控制

酒水成本控制中一个十分必要的手段就是控制消耗量。控制消耗量的步骤是：统计消耗数量，计算出酒水的标准消耗瓶数、盘点库存数量，计算酒水的实际消耗量，将标准消耗量与实际消耗量进行比较，达到对实际消耗量的控制。一般采用整瓶销售酒水的控制、零杯和混合销售酒水的控制两种方法。

（1）整瓶销售酒水的控制。整瓶销售的酒水比较容易控制，采用标准储存量的餐厅或酒吧，要求对销售的整瓶酒水填写整瓶销售单，可以有效地控制各种酒水数量。用公式表示为：

整瓶销售数 + 其他用料数 + 结存数 = 标准储存数

（2）零杯和混合销售酒水的控制。酒吧中大部分烈酒都是零杯销售或者配制成鸡尾酒等进行混合销售。零杯销售和混合销售的份数要折合成整瓶数进行消耗量控制。零杯销售首先要求根据销售的标准单位来核算。常用的标准单位为盎司、标准量杯等。例如，酒店设定的折合单位是：1 盎司的液体单位 = 30 毫升，

1 量杯 = 45 毫升。

一瓶 750 毫升容量的酒，如果以 1 盎司为单位销售就可以销售 25 杯。如果以量杯为单位销售就只能销售 16 ~ 17 杯。所以，零杯销售要考虑每杯的容量以及销售杯数。零杯和混合销售者折合的整瓶数可以用以下公式计算：

折合整瓶数量 = 每杯容量 × 销售杯数 ÷（每瓶容量 − 每瓶允许流失量）

为控制消耗量，要规定标准的允许流失量，普遍的做法是规定一瓶酒允许流失 1 盎司，有的规定允许流失 3% ~ 4%。

【例 6 - 5】某酒吧用哥顿金酒作为基酒配制鸡尾酒出售，其用量见表 6 - 9，请计算折合整瓶数（每瓶容量为 32 盎司，允许流失量为每瓶 1.5 盎司）。

折合整瓶数 =（2 × 96 + 1.5 × 122 + 1.8 × 90）÷（32 − 1.5）= 17.6（瓶）

在采用标准储存量的控制方法时，要求核实销售及其他耗用的杯数所折合的整瓶销售数是否与空瓶数相等，空瓶数及其他用料数与结存数之和是否与标准储存数相等。

表 6 - 9　基酒用量表

饮料名	每杯容量（盎司）	销售杯数（杯）	总量（盎司）
马天尼	2	96	192
1 号零度杯金酒	1.5	122	183
2 号零度杯金酒	1.8	90	162
总计			537

不采用标准储存量的控制方法时，耗用酒水折合的瓶数应等于期初储存数加上领料数再减去期末结存数。每日营业结束时，有必要对餐厅、酒吧各种酒水的消耗数和饮料的销售份额数做好记录。

（四）餐饮成本的计算

从理论上讲，餐饮成本应包括原材料、燃料、机器设备和人工费用等的耗费，但是由于酒店餐饮成本具有一定的特殊性，生产和销售是同步进行的，且餐饮制品的成本较难准确计量，按照现行酒店会计制度规定，餐饮成本只核算耗用的原材料成本，其他成本如工资、物料消耗等均计入营业费用。因此餐饮成本核算的内容仅包括食品成本，以利于会计信息更好地为财务管理服务。

1. 日食品成本的确定

日食品成本的确定是计算每日每个餐厅所出售的食品的成本。通过每日计算成本便于管理者及时发现经营中存在的问题，并检查预算执行效果如何，为纠正偏差寻找改进措施提供依据。

表 6 – 10　日食品成本计算过程

项目	说明
期初存货	期初各厨房的食品存货
加：直拨原料成本	可从每天的验收日报表上得到直拨各厨房的原料
加：仓库发料成本	可从当日仓库的凭领料单发往各厨房的原料
加：调入调整数	根据内部调拨单记入的从酒吧调入的料酒和从其他单位调入的食品原材料
减：调出调整数	调给酒吧或其他单位的食品原料
减：食品原料出售收入	厨房屠宰时余料出售和向酒店员工出售的食品原料收入
减：宴请成本	酒店有签单权的经理人用来招待客人的食品成本
耗用食品成本	反映当日酒店耗用的食品成本总额（包括对客人的销售食品成本和员工食堂的食品耗用）
减：员工膳食成本	酒店规定可免费在餐厅就餐的职工每日消耗的食品原料成本
减：当日各厨房食品存货	在当日营业结束后尚未用完的食品原料
日食品成本	

在确定日食品成本之后，根据当日餐饮营业收入计算日食品成本率，其计算公式为：

日食品成本率 =（日食品成本 ÷ 当日食品营业收入）×100%

但是日食品成本率可能由于种种原因而变化，失去意义，因此有些酒店通过计算本期累计日食品成本率来克服这一问题。

本期累计日食品成本率 =（本期累计日食品成本 ÷ 本期累计食品营业收入）×100%

【例 6 – 6】开立酒店的中餐厅记录的 1 月日食品成本计算表如表 6 – 11 所示。

表 6 – 11　开立酒店日食品成本计算表　　　　　单位：万元

日期	期初存货	直拨原料	仓库发料	内部调整		员工购买	余料出售	宴请成本	职工膳食	期末存货	食品成本		营业收入		食品成本率（%）	
				调入	调出						当日	累计	当日	累计	当日	累计
1	15	125	40	8	5		2	3	35	10	133		580		23	
2	10	130	45	10	7	2		2	32	8	144	277	670	1250	21	22
3	8	135	44	12	6	1	3	5	34	7	143	420	650	1900	22	22

续表

日期	期初存货	直拨原料	仓库发料	内部调整		员工购买	余料出售	宴请成本	职工膳食	期末存货	食品成本		营业收入		食品成本率（%）	
				调入	调出						当日	累计	当日	累计	当日	累计
⋮																
31																

2. 餐饮月成本的计算

餐饮成本与餐饮销售收入是配比的。餐饮的月销售成本是当月销售的菜品和饮料所耗用的成本。因餐厅经营的连续性和特殊性，每天购进或领用的菜品不可能全部消耗掉，所以应通过成本倒挤的方法计算餐饮成本。其计算公式为：

食品成本＝期初食品存货＋本期购进（领用）食品＋本期调拨食品净额－期末食品存货

在上述公式中，可从当月的仓库领料单和厨房之间的调拨单，并通过月末盘点获得，但由于是在每月末才能掌握本月成本发生情况，所以并不利于成本的管理。

饮料成本的日成本和月成本计算可以参照餐饮的日成本和月成本计算执行。如月饮料成本的简单计算公式为：

饮料成本＝期初饮料存货＋本期购进（领用）饮料＋本期调拨饮料净额－期末饮料存货

通过餐饮成本的计算和汇总可以考核一个餐厅的经营业绩，同时每期的成本数据也可以作为后期编制预算的基础。

【例6-7】某酒店餐饮部在6月计算各餐厅成本和餐饮收入的情况如表6-12所示，要求计算每个餐厅的餐饮成本率、餐饮部的平均餐饮成本率和平均毛利率。

表6-12　餐饮部各餐厅的营业收入和餐饮成本统计表　　单位：万元

项目	中餐厅	西餐厅	风味厅	自助餐厅
营业收入总额	600	480	300	360
餐饮成本总额	270	192	105	216

分析：

第一步：根据餐饮成本率的计算公式，分析计算出各餐厅的餐饮成本率。

$$餐饮成本率 = \frac{餐厅成本总额 \times （食品成本＋饮料成本）}{餐饮收入总额} \times 100\%$$

第二步：将各餐厅的成本之和与各餐厅收入之和相比计算出餐饮部的平均餐饮成本率为45%（783÷1740×100%）。

第三步：可知餐饮毛利率＝1－餐饮成本率，所以餐饮部的平均毛利率为55%（1－45%）。具体计算结果如表6－13所示。

表6－13　餐饮部的平均成本率和平均毛利率计算表　　　单位：万元

项目	中餐厅	西餐厅	风味厅	自助餐厅	合计
营业收入总额	600	480	300	360	1740
餐饮成本总额	270	192	105	216	783
餐饮成本率（%）	45	40	35	60	45
餐饮毛利率（%）	55	60	65	40	55

（五）餐饮成本差异分析

1. 实际成本与标准成本比较分析法

该法是将酒店一定时期发生的实际成本与标准成本对比分析发现成本差异的方法。由于不同的菜肴，其标准是不同的，所以标准成本可以用加权平均标准成本率进行分析。其基本计算公式是：

餐饮成本差异＝餐饮实际成本－实际营业收入×标准成本率

式中：餐饮实际成本可以根据前述日成本或月成本计算获得，实际营业收入是会计部门当月核算记录的数据；标准成本率是根据标准食谱中所规定的计算标准加权后得出的。

【例6－8】开立酒店中餐厅7月销售三种菜品的情况如表6－14所示，请分析7月中餐厅的成本差异及其产生原因。

表6－14　开立酒店中餐厅7月标准成本计算表　　　单位：元

菜肴名称	销售量	销售单价	销售额	单位标准成本	标准成本总额	标准成本率（%）	销售毛利率（%）
A	120	35	4200	15	1800	42.86	57.14
B	70	60	4200	36	2520	60.00	40.00
C	20	120	2400	32	640	26.67	73.33
总计	—	—	10800		4960	45.93	54.07

从表6－14中可见，A、B、C三种菜肴的标准成本率各不相同，其中B菜肴的标准成本率最高，当月标准成本总额为4960元，销售总额为10800元，加权标准成本率为45.93%（4960÷10800×100%）。假定7月实际经营情况

如表6-15所示。

表6-15 开立酒店中餐厅7月实际成本计算表 单位：元

菜肴名称	销售量	销售单价	销售额	实际成本总额	实际成本率（%）	销售毛利率（%）
A	120	32	3840	1900	46.88	53.13
B	70	58	4060	2520	62.07	37.93
C	20	120	2400	640	26.67	73.33
总计	—	—	10300	5060	49.13	50.87

通过比较表6-14和表6-15可知：

（1）实际成本与标准成本差异额＝5060－4960＝100（元）。

（2）实际成本率＝5060÷10300×100%＝49.13%。

（3）成本率因素对成本差异的影响：

10800×（49.13%－45.93%）＝345.6（元）

说明成本率的上升使得实际成本与标准成本增加了345.6元。

（4）销售额因素对成本差异的影响：

（10300－10800）×49.13%＝－245.65（元）

说明销售总额的下降使得实际成本比标准成本减少支出245.65元。

以上两项因素综合影响，导致实际成本比标准成本增加99.95（345.6－245.65）元。

这些是通过因素分析法得出的基本结论，但进一步分析会发现成本率在上升、销售额在下降，一是A菜肴和B菜肴因为促销的需要单价分别降低了3元和2元，同时增加了A菜肴的制作成本，导致整个餐饮部平均实际成本率的提升。为此，企业应制定严格的营销政策，加大成本控制的力度，使成本率控制在合理范围之内。当然，实际成本与标准成本之间的差异还可能是由以下原因造成，如销售构成发生了变化、食品原材料进价发生了变化、因内部控制制度不健全所发生的变化，酒店应仔细分析，对症下药。

2. 本期成本与历史先进水平比较分析法

历史先进水平（或同行先进水平）是指企业在经营中取得较好的成本控制水平，也是企业通过努力可以实现的目标；同行业、同档次的先进成本水平是本企业的标杆，也是企业的努力方向。无论是选择本企业还是选择外部企业的成本作为努力方向都要进行合理推算，有时因为餐位数或经营方式的改变会使得原有的标杆指标发生一定的变化。

3. 实际成本与预算成本比较分析法

实际成本与预算成本比较分析法是酒店通过编制成本费用预算作为成本管理

的手段，将每期发生的实际成本数与预算数进行对比分析的方法。所采用的分析方法与前述实际成本与标准成本分析法类似。

三、酒店人工成本管理

（一）酒店人工成本管理的内容

人工成本是指酒店向员工的劳动支付的报酬，包括工资、津贴、福利、奖金等。不同的酒店由于薪酬职级体系划分的不同，人工成本包含的内容或者划分的内容会更加详细。

（1）工资。工资是酒店支付给员工劳动的最基本形式，有计时工资、计件工资、计时奖励工资三种形式。

（2）津贴。津贴是为了补偿员工特殊或额外的劳动消耗或由于其他特殊原因支付给员工的货币补偿，如物价津贴、职务津贴、特殊作业津贴、差旅津贴、加班津贴、值班津贴等。

（3）福利。福利是酒店支付给员工用于个人和集体生活保障的活动、措施的总称。福利体现的是企业对员工的关爱程度，表现在：改善员工居住条件，提高员工伙食标准，关心员工生活（如员工联欢会、带薪休假等），健全各种保险（社会保险、意外伤害险等）。

（4）奖金。奖金是对工资的补充。奖金并非每个人都定期发放，而是根据组织的需要对为企业效益做出特殊贡献者支付的额外报酬。

（二）酒店人工成本管理的方法

1. 设置科学的薪酬体系

酒店薪酬体系的设定，根据酒店规模和星级标准及运行管理模式而异。酒店员工有管理人员和一般员工，因为他们所承担的责任不同，因此在设定薪酬档次上要体现不同。如表6-16所列的是某国外酒店管理公司的薪酬体系。

表6-16 酒店薪酬职级表

序号	岗位	职级档次	薪金（元）	级差（%）
1	总经理	1	20000	
		2	18000	11
		3	16000	13
2	总监	4	14000	14
		5	13000	8
		6	12000	8

续表

序号	岗位	职级档次	薪金（元）	级差（%）
3	部门经理	7	11000	9
		8	10000	10
		9	8900	12
4	分部门经理	10	8000	11
	大堂副理	11	7000	14
		12	6600	6
5	主管	13	6000	10
		14	5300	13
		15	5000	6
6	领班	16	4800	4
		17	4600	4
7	高级服务员	18	4200	10
		19	4000	5
8	服务员	20	3500	14
		21	3200	9
		22	2800	14
9	初级服务员	23	2500	12
		24	2100	19

在同样是9档24级的员工薪酬体系中，酒店对不同的职务和职能的岗位给予不同的薪酬将会影响整个酒店人工成本的水平，如表6-17所示。

表6-17　酒店不同薪酬计算方案比较　　　　　　单位：元

序号	岗位	职级档次	薪金方案一	薪金方案二	员工数	方案一薪酬合计	方案二薪酬合计
1	总经理	1	20000	20000	1	20000	20000
		2	18000	16000	1	18000	16000
		3	16000	14000	1	16000	14000
2	总监	4	14000	12000	3	42000	36000
		5	13000	11000	1	13000	11000
		6	12000	10000	1	12000	10000

续表

序号	岗位	职级档次	薪金方案一	薪金方案二	员工数	方案一 薪酬合计	方案二 薪酬合计
3	部门经理	7	11000	9700	3	33000	29100
		8	10000	9600	2	20000	19200
		9	8900	9500	4	35600	38000
4	分部门经理	10	8000	9200	2	16000	18400
	大堂副理	11	7000	8700	1	7000	8700
5	主管	12	6600	8300	1	6600	8300
		13	6000	7700	5	30000	38500
		14	5300	5300	6	31800	31800
		15	5000	5000	7	35000	35000
6	领班	16	4800	4800	4	19200	19200
		17	4600	4600	12	55200	55200
7	高级服务员	18	4200	4200	12	50400	50400
		19	4000	4000	20	80000	80000
8	服务员	20	3500	3500	35	122500	122500
		21	3200	3200	40	128000	128000
		22	2800	2800	23	64400	64400
9	初级服务员	23	2500	2500	30	75000	75000
		24	2100	2200	20	42000	44000
合计						972700	972900

可以看出，在同样是总额为 972700 元薪酬成本和员工数 235 人的条件下，方案一和方案二薪酬体系是体现在部门经理、主管、基层员工的薪酬不同，方案一看重的是中高层管理者薪酬基数高，方案二看重的是中下层管理者和基层员工薪酬基数高。

无论何种薪酬体系设置，关键是要体现能力与薪酬获得的对等机制，兼顾技术人员的含金量，以充分激发管理人员和普通员工工作的积极性。同时要拉开档次，以为员工后续发展留有空间。

2. 合理调配内部人员

管理人员要熟悉酒店的运行管理流程，并与员工建立一定的融洽合作关系，通过合理调配内部人员，充分调动他们的工作积极性，挖掘其潜力，为企业创造更多的价值，这也可以节约一定的招聘成本和培训成本。

3. 招聘合适人才，降低招聘成本

酒店应该采用以岗招人，而非以人设岗的方式。对任何岗位的招聘要充分吸纳合适人才。一些基础性的工作只要应聘者符合基本的素质和技能要求即可招聘。吸引、招募优秀员工对任何规模的企业来说都是至关重要的，人才是企业生存和发展的关键。

企业在进行招聘工作时，要认真分析招聘职务的具体要求，通过多元化的招募渠道，最大限度地吸引合适的人选进入酒店企业，力求使招聘成本最小化。招聘渠道可以通过代理中介或报纸、网络、电视、期刊广告进行，也可以通过朋友介绍、直接选拔上门应聘人才，后者的招聘成本相对更低些。

【例6-9】开立酒店要招聘一名部门经理，招聘这一人选的成本估计如表6-18所示。

表6-18　部门主管招聘成本　　　　　　　　单位：元

项目	通过广告	通过代理中介
广告费用	1100	—
中介费用	—	3000
面试成本	140	140
行政成本	15	15
入职培训费用	400	400
空缺成本	800	800
总成本	2455	4355

可见，通过广告招聘一名部门主管的成本为2455元，比通过代理中介要低。

4. 制定人工成本预算标准

酒店通过制定各部门的人工成本预算来控制费用支出，如表6-19所示。

表6-19　某酒店人工成本预算表

部门	员工数	合计	工资	津贴	奖金	福利	其他
前厅部							
客房部							
餐饮部							
商场部							
娱乐部							

续表

部门	员工数	合计	工资	津贴	奖金	福利	其他
人事部							
财务部							
保安部							
工程部							
总经办							
合计							

四、酒店其他费用管理

（一）酒店能源费用管理

1. 酒店能源费用管理的内容

能源费用主要包括水、电、气、燃料等能源的消耗费用，它是酒店成本费用中占据份额较大的部分，大多数酒店每年的能源消耗费用要占收入的 5% ~ 15%。影响酒店能源消耗的因素有建筑结构、功能布局、设备系统的优劣等客观因素，又有节能意识和管理水平等主观因素。

由于管理水平不同，各酒店间的能源消耗水平差距很大。酒店能耗水平和酒店的经营状况有关，高星级酒店的能耗量要大于一般中小型酒店，但从能耗费用率看，越是出租率高和餐厅上座率高的酒店，其能耗率反而更低。这是因为在淡季时，酒店要维持正常的经营状态必须承担一定的能源消耗成本，如酒店大堂的照明设施、冷热空调的开启等，所以最大限度地节能降耗是酒店成本费用控制的重点。

2. 能源费用管理的方法

（1）预算控制法。

1）各营业部门的能耗预算计算公式为：

某营业部门的能耗费用 = 部门营业收入 × 能耗率

式中：能耗率是能耗费用 ÷ 营业收入。如果一些酒店营业部门能清晰地计算出水、电、煤气等能源的消耗量，这样编制的预算的精确性会更高，如表 6-20 所示。

表 6-20 客房部能源消耗计算表

月份	客人数	水耗	人均量	电耗	人均量	气耗	人均量	…	合计
1									
2									
⋮									
合计									

2）酒店整体的能耗预算计算公式为：

酒店能耗费用 = 酒店预算期营业收入 × 能耗率

（2）定额控制法。国际集团酒店一般是将能源费用作为酒店公共事业费用，不分配到各部门，而是在会计核算中设置"能源消耗费用"会计科目，统一核算，集中考核。这里的能耗率与前述公式的能耗率不同，各营业部门、全酒店的能耗率的制定是依据酒店历史数据和专家及行业调研后认定的，它表明酒店每一单位的营业收入中需要花费多少能源费用。

（3）制度控制法。对于各营业部门而言，酒店可以建立分级管理制度，即把能源费用分摊到各营业部门进行核算的办法。而对于酒店的公共区域如大堂、前厅、员工通道、员工浴室、员工餐厅的能耗费用则作为酒店整体利润的抵减部分，这样分区域、分管辖责任人将目标责任制与奖惩制度结合在一起，以对能耗费用实行有效控制。

（二）行政管理费用

酒店行政管理费用包括行政管理办公室（如总经办）、财务部、保安部、人事部等部门发生的费用，行政管理费用属于可控费用。如电话费如果不加以控制就有可能发生巨额费用，员工利用办公室电话聊天甚至打长途，不仅费用巨大，而且影响酒店的服务。又如酒店的信用政策太过宽松会导致收账费用增加；酒店在车辆管理方面应确定百公里油耗标准，每月按车辆行驶里程数核定汽油费用；酒店的低值易耗品、办公用品，从打印纸、计算器到铅笔，看起来不起眼，但如果管理不善，偷盗和浪费会增加，其费用也会相当可观。所以，酒店在成本控制过程中应注意精细化管理，开源节流，才能创造出更多的收益。

（三）市场销售费用

酒店一般都有营销部门，市场营销费用属于可控费用。酒店的每一项营销活动都应有详细的计划及创收能力分析，以便管理层决策酒店资源的分配。

（四）维修保养费用

酒店维修部门承担着酒店设施设备的维修保养任务。管理得当的话，能延长酒店设施设备的使用寿命，保持酒店硬件的服务品质。因此，维修与保养应有利于酒店而不增加酒店负担。对于一些专业设备的维修保养，如中央空调、电梯，酒店应签订维修合同，因为维修服务公司的技术会更专业，还可以减少零配件的储备和人工费用。

第七章 酒店资产营运管理

一、酒店现金管理程序及标准

现金是可以立即投入流动的交换媒介，包括酒店的库存现金、各种形式的银行存款、银行本票和银行汇票等。现金是酒店内流动性最强的资产，可以立即用来购买商品和劳务、偿还债务等。由于酒店服务是分散、零星提供的，收取现金的部门和人员很多，所以酒店需要加强对现金的管理，防止现金流失给酒店造成损失。

（一）现金管理的目的

酒店保持适量的现金，目的在于满足酒店经营过程中的各种不同需要，主要有：交易性需要、预防性需要和投机性需要。

1. 交易性需要

酒店为满足日常经营活动中现金支付的需要而需持有必备的现金。酒店在维持正常的经营活动过程中，会通过对外提供服务获得一定的收入。而酒店为了提供这些服务也必然要发生相应的支出，但这些收入和支出在时间和数量上都不可能完全保持一致。如果收入大于支出，酒店除保留一定金额的所需现金外，剩余部分可以用于投资，以提高现金使用效率。但如果收入小于支出，则需要通过各种渠道适当地筹集资金。所以，酒店只有保持适量的现金余额，才能确保日常经营活动的正常运转。

2. 预防性需要

酒店为应付意外事件的发生而需要保持适量的现金。酒店在经营过程中容易因意外事件影响收入或是增加支出，使得酒店必须保持一定量的现金以备不测。酒店意外事件发生的可预测性大，酒店需要保持的预防性现金数额就少；反之，酒店需要保持较多的预防性现金。同时，酒店保持预防性现金数额的多少也取决于酒店的借款能力，如果酒店能及时借到短期资金，所需的预防性现金数额就少；反之，就需增加预防性现金数额。

3. 投机性需要

酒店需要为获得特殊的购买机会或投资机会而保持一定量的现金。如酒店预计原材料或其他资产将大幅度涨价，或者认准了购入股票或其他有价证券的有利时机，就可用现金大量购入。

酒店为了满足各种不同的目的，需要保持适量的现金。如果酒店缺乏必要的现金，就难以维持正常的经营，酒店会为此而遭受损失。但如果酒店保持过多的现金，又会因为闲置现金没有得到有效利用而丧失应有的盈利。所以，酒店现金管理的目的就是要在现金的流动性和现金的盈利性之间做出合理的判断与选择，以使酒店获得最大的、长期的收益。

（二）现金管理的规定

按照现行财务制度和酒店经营管理的需要，酒店使用现金必须符合下列规定：

（1）现金使用范围的规定。我国有关制度规定，企业只能在一定范围内使用人民币现钞。该范围包括：支付职工工资、津贴；支付个人劳务报酬；根据国家规定颁布给个人的科学技术、文化艺术、体育等各种奖金；支付各种劳保、福利费用以及国家规定的对个人的其他支出；向个人收购农副产品和其他物资的价款；出差人员必须随身携带的差旅费；结算起点（1000元）以下的零星支出；中国人民银行确定需要支付现金的其他支出。

（2）从营业收入中所获取的现金，要由酒店总出纳进行清点并送交银行，任何人不得透支现金。

（3）财务部在收支现金时，要严格审核现金收付凭证及所附单据是否合法，数额是否相符，手续是否齐备等。对不符合制度规定的，应当予以纠正或拒绝办理收付。

（4）认真做好库存现金保管工作。

（5）各部门因工作原因需要配备备用金时，应向财务部提出申请，经财务部经理审核批准后由专人负责办理。备用金支用不得超过规定范围和业务内容，不得移作他用或私人挪用。同时，应定期抽查备用金使用情况。

（6）工资、奖金及其他现金项目发放后如有待领或多余的，应及时上交财务部，各部门不得存放现金。

（7）现金等一切收付款项，均需按业务性质分别填写交款单或支款单，注明收付内容、用途及有关情况、金额，并由有关人员审核盖章后方能办理收支款业务。

（8）现金收支业务必须当日登记现金日记账，做到日清月结、账款相符。应杜绝用白条或原始凭证抵库，堵塞账外现金，现金收付凭证和收支结存单应按规定送审核员审核。

（9）各部门的收付款项都应通过财务部门入账。任何部门和个人不得自行保留现金，不得私设"小金库"。

（三）酒店现金控制

1. 人民币现钞的控制

（1）人民币现钞检测。假币是真币的伴生物，随着大面额人民币的发行，形形色色的假币也在市场上流通，严重干扰了国家金融市场，危害着国家正常货币流通秩序。每天收取现金的酒店收银员，需要正确掌握人民币的防伪特征及鉴别方法，避免误收假币。

1）人民币防伪特征。

纸张：人民币纸张均属专门纸张，其成分是95%棉短绒和5%木浆。纸张光洁、坚韧、挺括。普通纸张是以稻草、麦秆等原料制造而成的，纸张绵软、易折。

水印：人民币水印层次分明，人像的细微变化都能清晰地反映出来。

安全线：1990年后发行的50元、100元人民币右边加印有安全线。

油墨：1980年版50元、100元人民币正面、背面主景的凹印都采用磁性油墨。1990年后出版的50元、100元人民币左右侧设有"50"、"100"荧光字样和汉语拼音"WUSHI"、"YIBAI"，借助紫外线可察看。

2）人民币检测方法。鉴别人民币真伪的常用检测方法有：

a. 对照法：真币所用的纸张挺括、坚韧、耐折，悬空抖动有清脆的响声；假币纸张松软，悬空抖动不能发出清脆的响声。真币油墨清晰，而假币则油墨暗淡。

b. 触摸法：我国目前流通的50元以上的纸币，均采用凹印技术，钞票上油墨较厚，用手触摸币面，有十分明显的凹凸感；假币则没有这种感觉。

c. 观察法：真币水印是在造纸过程中做成的，迎光透视，水印层次分明，立体感强；假币水印是用印模盖上去的，不用迎光透视就能看出，且无立体感，人像失真。

（2）现金收付控制。酒店收银员在办理现金收付业务时，需要当面点清并唱收、唱付。出现短款，可能是收银员少收了客人的款项或是多给客人找付了零钱，酒店或收银员个人会蒙受损失；出现长款，可能是收银员重复收款或是少给客人找零，这样会引起客人的不满和投诉，影响酒店的声誉。酒店收银员在实际操作过程中，无论是对客办理现金结算，还是员工之间的钱款交接，都必须严格执行，以明确各自的责任，减少不必要的疑惑和麻烦，避免差错的出现，从而减少员工之间的互相推诿，维护酒店的声誉。

（3）现金收入解缴控制。酒店收取现金的环节很多，收银员遍布酒店各个营业部门的柜台，为防止现金收取后在解缴环节流失，酒店要求收银员必须严格按照操作规程执行：现金收入等经旁证复核，封入缴款袋并签封；将封签的缴款袋及时交给总出纳，并办理登记手续；若总出纳当天已向银行进账完毕，则收银员需在旁证的陪同下将缴款袋直接投入保险箱，并登记缴款袋入柜记录。

2. 外币的控制

广义的外币是指国外的货币，包括现钞、票据、证券、存款等。狭义的外币仅指国外现钞，有纸币和铸币。因各国所处的地理位置不同，经济、文化发展各有特色，所以各国货币在内容和外观形式上也不尽相同。但无论哪国货币，都具有这些内容：发行机构名称、面值、印刷年份或版型、连续编号、发行机构的特定标记和有关负责人的签章、有关文字说明及法律上的有效词句、票面图案。

（1）外币兑换汇率及交易价格。汇率是指一种货币兑换成另一种货币的价格，或两种货币兑换时的比价。汇率是外汇买卖的依据，是货币价值的对外反映。外币兑换汇率通常有以下两种标价方法：

1）直接标价法。直接标价法是指以一定单位的外国货币为标准，标出应付若干金额本国货币的标价方法。在直接标价法下，外国货币数额（如1、10、100、1000等单位）固定不变，外汇汇率的变化随两种货币价值的变化而变化，并通过本币数额的增减反映出来。如果一定单位的外币折合的本币数额较以前更多，称为外币升值、本币贬值，或称为外汇汇率上涨、本币汇率下跌。如果一定单位的外币折合的本币数额较以前少，称为外币贬值、本币升值，或称为外汇汇率下跌、本币汇率上涨。目前世界上大多数国家均采用此标价方法，我国的外汇牌价也采用此方法。

2）间接标价法。间接标价法是指以一定单位的本国货币为标准，列出应付若干金额外国货币的标价方法。在间接标价法下，本币数额（如1、10、100、1000等单位）固定不变，外汇汇率的变化随两种货币价值的变化而变化，并通过外币数额的增减反映出来。如果一定单位的本币折合的外币数额较以前更多，称为本币升值、外币贬值，或称为本币汇率上涨、外币汇率下跌。如果一定单位的本币折合的外币数额较以前少，称为本币贬值、外币升值，或称为本币汇率下跌、外汇汇率上涨。英国一直采用的是间接标价法，美国现在也采用此法。我国人民币汇率由国家外汇管理局统一制定、调整、对外公布，由中国银行及其他经营外汇业务的专业银行挂牌使用，国内所有外汇买卖都应参照执行。

我国国家外汇管理局对外公布的外汇交易价格有以下三种：①外汇买入价：也称汇买价、买入价，是指银行买入外币时使用的牌价；②外汇卖出价：也称汇卖价、卖出价，是指银行售出外币时使用的牌价；③现钞价：也称钞买价，是指银行买入外币现钞时所使用的价格。这三种价格中，外汇卖出价最高，外汇买入价次之，现钞价最低。现钞价最低的原因在于：①对银行而言，现钞不能马上使用，必须送货币发行、销售中心；②现钞在运销过程中有时间耗费、利率费用、运输费用以及人员押运费和保险费用等，所有这些费用都必须从现钞价中扣除。通常现钞价与卖出价相差3%~5%。

（2）外币兑换证明。酒店外币兑换处为客人提供兑换外币服务，需要填写外币兑换证明，即通常所说的水单。外币兑换证明（水单）的作用：为客人提供详细的兑换证明，起到账务报告的作用；当客人要求兑回外币时，可向外币兑换处提供兑换依据，兑回金额不能超过原水单的50%。

外币兑换证明（水单）需要严格管理：水单的印制要由银行统一负责，如酒店需自己印制，应征得银行的许可；水单应统一存放、统一管理；空白水单不得事先盖好业务公章。水单的填写应按水单的顺序使用；内容需要逐一填写，不得遗漏；应整洁、完整、字迹清楚，不得涂改；作废水单应完整保管，不得随意撕毁；根据所兑换外币性质，正确选用当天牌价，并计算准确。

（3）外币兑换程序。酒店外币兑换员每天需要挂出当天最新的牌价表，在外币兑换过程中，需要执行下列程序：

1）客人兑换外币现钞时，应唱收现钞，并检查钞票的真伪。客人兑换其他外币时，也要检查真伪，并核对初签、复签是否相符。

2）填写兑换水单，经办人签名。

3）请客人在水单上签名，核对并抄下客人护照或其他证件号码。

4）核收外币现钞或其他外币，配备应付人民币款项。

5）唱付客人应得款项，将水单客人联交由客人收执。

6）每班结束，填写外币兑换明细表。

3. 备用金的控制

备用金是指酒店内部收银部门做日常零用的款项。酒店营业部门的柜台，如前台、餐厅、酒吧、外币兑换处等的收银处，都需要一定数量的备用金用于收银找零、支付垫付款、处理外币兑换业务等。

（1）备用金的数量控制。备用金的数量控制包括两个方面：备用金的份数控制和备用金的数额控制。

1）备用金的份数取决于酒店营业网点的多少和营业规模的大小。一般来说，小酒店可能只在前台配有一份备用金，而大酒店可能在每一个营业网点都至少配有一份备用金。

2）备用金的数额取决于：

a. 营业部门收费标准的高低。一般酒店收费标准高的营业部门备用金数额大，收费标准低的营业部门备用金数额小。

b. 营业部门业务量和业务范围。酒店业务量大、业务范围广的营业部门需要找零的可能性就大，备用金所需数额也就大；反之，则小。

c. 客人的付款方式。付费消费客人多的营业部门备用金数额需要就多，挂账消费客人多的营业部门备用金数额需要就少。

（2）备用金的质量控制。备用金的质量控制是指对备用金的使用状态进行控制。酒店在对备用金质量进行控制时，必须遵循以下几个方面的要求：

1）要求收银员随时保持备用金种类、数额的完整，不可用白条抵库、私自套汇或挪用。

2）建立管理人员不定期抽查制度，制定并严格执行对长款、短款等情况的处理规定，做好有关档案记录，报告上级。

3）交接备用金时，必须当面点清，并有详细的书面交接手续，如备用金签领记录等。

4）要求收银员尽量把小面额现钞移交下一班次使用，收取钱款时应按面额大小分类保管。

（3）备用金交接使用方式。酒店备用金交接使用方式主要有以下三种：

1）班前领取，班后退还。各班次收银员都在上班时到总出纳处办理领用手续，核收备用金，每班次结束后，收银员需结算营业收入，并根据现金付款额、外币兑换额、垫付款额、备用金实际数额填妥备用金、现金统计表，放入缴款袋中交总出纳审核。采用这种方式领用备用金，控制比较严格。每一班次收银员都需要核实本班次的现金收入及备用金数额，容易及时审核并发现长款、短款现象。但这种方式增加了总出纳处的流动资金数额和总出纳的工作量。

2）一次领出，班次交接。营业网点的负责人从总出纳处一次领取，然后交由每个营业网点的收银员自行交接备用金。每个班次垫付款所支出的备用金数额，需由营业网点的负责人凭垫付款单到总出纳处领回该笔钱款，以配齐备用金金额。采用这种方式，由于备用金交由营业网点的工作人员自行交接，在交接时会出现长款、短款或清点数额时耗费时间的问题，甚至会影响收银结账工作。

3）各自领取，各自保管。由每个收银员到总出纳处领用一定数额的备用金，每个班次结束时，收银员应结算现金付款额、垫付款额，然后逐项记入现款统计单，交还总出纳处。属于备用金支出的钱款数额，可用垫付款单抵现金上缴，如收入数不够补充备用金，则备用金所欠款数将由总出纳在下次上班时补足。备用金由收银员存放在属于自己使用的小保险箱内。这种方法对现金的控制较松，总出纳处应不定期地抽取或核查收银员的备用金数额，以防私自挪用等现象的出现。

4. 银行存款的管理规定

（1）对超过现金收付限额以上的款项进行收付时，必须通过银行结算。

（2）酒店因经营业务需要使用转账支票付款，一律由各部门填写支票申请单，部门经理签字后，经财务部经理审批，报总经理批准后方能办理支票领取手续。

（3）支票领用者必须在支票登记簿上写明领用日期、付款内容并签字后方可领用。凡领用后的支票应在 7 天内将发票送回财务部，并注销登记。对无特殊原因逾期不送回者，按规定进行处罚。

（4）财务部门签发转账支票时，应登记并将支票项目填写齐全，不准签发空头支票。当无法明确收款单位名称、金额时，也应把支票用途、签发日期填写清楚。

（5）实行定额控制的费用或物资采购，在付款时应同时核实定额。超定额部分必须按规定办理追补手续方能付款。

（6）严格执行国家财经纪律和银行有关规定，不得将银行账户转借给其他单位和个人办理结算。

（7）妥善保管空白支票和已用支票存根。

（8）正确使用和审核各种银行结账凭证，及时办理银行存款收付业务，及时审核银行往来对账单，月末有未达款项，应及时查明原因，并编制银行存款余额调节表。

5. 解决现金短缺的措施

（1）推迟应付账款的支出。酒店在不影响自己信誉的前提下，应尽量推迟应付账款的支出，充分运用供货商给予的信用优惠，如现金周转不力，甚至可以放弃对方给予的现金折扣。

（2）加速现金收款。酒店缩短应收账款的收款期，但需要在缩短收款期与扩大销售之间进行权衡。

（3）及时变更方案。及时根据酒店经营情况、资金周转情况，对收款和付款政策进行调整。

（4）注重潜在的现金流。注重对酒店现金流动的预测分析，挖掘现金流动潜力。

二、酒店最佳现金持有量计算

测定最佳现金持有量就是在持有过多现金产生的机会成本与持有过少现金带来的交易成本之间进行权衡，以合理确定目标现金余额。

机会成本是指因保留一定的现金余额而增加的管理费用以及丧失的再投资收益。酒店在日常经营过程中需要保持一定量的现金，对现金进行管理，会使酒店发生一定的管理费用，如酒店总出纳需要增加出纳人员相应发生的工资支出及办公支出、总出纳的安全保障支出。这部分支出具有固定成本的性质，在一定的范围内与现金持有量的多少没有直接关系。酒店持有一定量的现金，不能同时用该现金进行有价证券的投资，从而丧失了投资可能获取的收益。这部分支出与现金持有量的多少有直接关系，具有变动成本的性质。

交易成本是指酒店用现金购入有价证券以及转让有价证券换取现金时付出的交易费用，如委托买卖佣金、委托手续费、交割手续费等。这部分支出是按委托交易金额计算的。酒店现金持有量的多少会对有价证券变现额及交易成本产生影响，一般来说酒店现金持有量越多，用于有价证券交易的数额越少，相应的交易成本也越少；反之，酒店现金持有量越少，用于有价证券交易的数额越多，相应的交易成本也越多。

最佳现金持有量的确定方法有成本分析模式、存货模式、随机模式和现金周转模式。

（一）成本分析模式

成本分析模式是通过分析持有现金的成本，寻找使持有成本最低的现金持有量。现金持有成本包括机会成本、管理成本、短缺成本。

（1）机会成本是指占用现金的代价，表现为因持有现金而不能将其投资到生产经营领域而丧失的收益，它与现金持有量之间是同向变化关系。

（2）管理成本是指管理现金的各种开支，如管理人员工资、安全措施费等，它与现金持有量之间无明显的比例关系。

（3）短缺成本是指缺乏必要的现金，不能应付业务开支所需，而使企业蒙受的损失或为此付出的代价，它与现金持有量之间是反向变化关系。

现金持有总成本最低时的现金持有量即机会成本、管理成本和短缺成本之和最低时的现金持有量。成本分析模式是一种传统的分析方法，其中机会成本、管理成本和短缺成本三项之和的总成本线是一条抛物线，该抛物线的最低点即为持有现金的最低总成本。

（二）存货模式

存货模式是通过分析机会成本与交易成本，寻找使这两者总成本最低的现金持有量。其中，交易成本是指企业每次以有价证券转换回现金时要付出的代价（如支付经纪费用），它与现金的平均持有量成反比。

存货模式的计算公式为：

$$C^* = \sqrt{(2T \times F) \div K}$$

式中：C^* 为最佳现金持有量；T 为一定时期内的现金需求量；F 为每次现金转换的交易成本；K 为持有现金的机会成本率。

现金交易成本假定每次的交易成本是固定的，且企业一定时期内现金使用量是确定的，存货模式简单、直观，主要是假定现金的流出量稳定不变，实际上这是很少见的。

（三）随机模式

1. 基本原理

（1）测算出现金持有量的上限和下限；

（2）当持有现金量达到控制上限时，购入有价证券，使现金持有量下降；

（3）当持有现金量降到控制下限时，则出售有价证券，换回现金，使现金持有量回升；

（4）若持有现金量在控制上下限之内，就是合理的，不必理会。

2. 应用前提

企业的现金未来需求总量和收支不可预测，此法计算出来的现金持有量比较保守。

3. 计算公式

现金返回线的计算公式为：

$$R = \sqrt[3]{\frac{3b\delta^2}{4i}} + L$$

现金存量的上限（H）的计算公式为：

$$H = 3R - 2L$$

式中：R 为现金返回线；b 为每次有价证券的固定转换成本；i 为有价证券的日利息率；δ 为预期每日现金余额变化的标准差（可根据历史资料测算）；L 为现金存量的下限。

（四）现金周转模式

1. 确定现金周转期

现金周转期 = 应收账款周转期 + 存货周转期 − 应付账款周转期

2. 确定现金周转率

现金周转率 = 计算期天数 ÷ 现金周转期

3. 确定最佳现金持有量

最佳现金持有量 = 全年现金需求量 ÷ 现金周转率

三、酒店应收账款控制与管理

应收账款是酒店向客户提供了住宿、餐饮等服务应向而未向客户收取的款项，是酒店的一项短期债权。

（一）应收账款产生的原因及对酒店的影响

1. 应收账款产生的原因

（1）商业竞争。在市场经济条件下，为了在激烈的商业竞争中生存和发展，酒店需要采用各种手段扩大销售，除依靠服务质量、服务价格、广告等手段外，赊销也是酒店扩大销售常用的手段之一。对于同等星级的酒店，如果服务价格相差无几，实行赊销的酒店销售额将大于实行现销的酒店销售额，因为酒店的客户将从这一商业信用中获得优惠。

（2）销售与收款的时间差。由于酒店提供服务和收取货款的时间不一致，所以就产生了应收账款。这是由结算手段决定的。结算手段越落后，结算所需时间越长，产生的应收账款就越多；如果结算手段先进，结算所需时间就会缩短，产生的应收账款就会相应减少。

2. 应收账款对酒店的影响

（1）应收账款对酒店的有利影响。

1）扩大销售，提高市场占有率。为增强市场竞争能力，酒店需要想方设法采用各种促销手段，促进酒店服务的销售。商业信用是酒店常用的促销手段之一，它能有效吸引部分资金周转暂时不好或不愿即时付款的客户，扩大酒店销售，提高酒店市场占有率。

2）增加盈利，增强实力。采用商业信用，能扩大酒店销售收入，尽管不可避免地会相应增加酒店费用的开支，但只要酒店应收账款管理得当、及时，仍能为酒店带来可观的收益。

3）减少存货，加速营运资金的周转。扩大销售能使酒店经营过程中所消耗的存货增加，减少存货占用资金，加速酒店营运资金周转。

（2）应收账款对酒店的不利影响。

1）占用酒店资金。应收账款的存在，无偿占用了酒店的周转资金，酒店需要为此筹集相应的资金，承担筹资费用，甚至可能使酒店承担资金周转不灵的风险。

2）增加收款支出。产生应收账款，酒店需要相应发生收款支出，如电话传真费、办公用品费、人员工资费、催款人员的差旅费，甚至可能包括法律诉讼费用等。

3）承担坏账损失风险。如果酒店收款不及时，或是客户有意拖欠、赖账，尤其是客户破产，酒店就有可能要承担坏账损失的风险。

3. 酒店持有应收账款的成本

酒店持有一定量的应收账款，会产生管理成本、机会成本、坏账损失。

（1）管理成本。管理成本是指从应收账款产生到收回期间，所有与应收账款管理有关的费用的总和。包括因制定信用政策产生的费用、对客户资信调查与跟踪费用、信息收集费用、应收账款记录与监管费用、收账费用等。

（2）机会成本。酒店应收账款被客户占用，酒店就会丧失将该笔资金用于投资其他项目获取收益的机会，从而产生机会成本。这是一种隐含的观念成本，酒店不需现实支付。但酒店在进行应收账款决策时需加以考虑。

（3）坏账损失。应收账款无法收回就会给酒店带来损失。酒店在进行应收账款决策时，需充分考虑各项成本的构成，尽量使应收账款总成本最低。

（二）酒店的信用分析

酒店为减少应收账款带来的损失，需要认真、详细地进行信用分析，慎重选择信用对象，合理确定信用条件。

1. 信用期限

信用期限是酒店为客户规定的最长的付款时间界限，并在赊销合同中加以明确。越长的信用期限，能给客户带来越多的优惠，吸引越多的客户消费，增加酒店销售。但信用期限过长，会给酒店带来各项相关支出，如应收账款的管理成本、机会成本和坏账损失等。为在赊销过程中获取收益，酒店需要合理确定信用期限，合理预计收益和相应的成本损失，在成本效益原则的要求下，使酒店总收益最大。

酒店合理确定信用期限，可以采用边际分析法、净现值流量法进行测算，针对不同客户科学合理地确定不同的信用期限。边际分析法是通过计算应收账款的边际收益和边际成本，比较边际收益的大小来确定信用期限。净现值流量法是通过计算应收账款带来的现金流入净现值和现金流出净现值，比较现金净流量来确定信用期限。

2. 信用标准

信用标准是客户享受酒店商业信用所应具备的条件。酒店在设定信用标准时，需要评估客户赖账的可能性，一般通过"五C"系统来进行。"五C"是评价客户信用品质的五个方面，即品质（Character）、能力（Capacity）、资本（Capital）、抵押（Collateral）、条件（Conditions）。

（1）品质：表示客户的信誉，即履行偿债义务的可能性。酒店需要设法了解客户过去的付款记录，评价其以前是否一贯能按期如数付款。这是评价客户信用的首要因素。

（2）能力：表示客户的偿债能力，即其流动资产的数量和质量、流动资产与流动负债的比率等。对客户偿债能力的评价，主要依据客户的资产负债表、偿债记录，以及对客户进行实地考察等。

（3）资本：表示客户的财务实力和财务状况。这表明客户可能偿还债务的背景，体现在客户财务报告的所有者权益中。

（4）抵押：表示客户拒付款项或无力支付款项时能被用作抵押的资产。

（5）条件：表示可能影响客户付款能力的经济环境。

"五C"评估法是对酒店客户的定性分析。为对客户信用能力进行定量分析，酒店可建立数学模型，进一步分析客户的信用水平。

3. 现金折扣

现金折扣是酒店对客户在商品价格上所做的扣减，目的在于给客户适当的折扣，吸引客户提前付款，以缩短酒店收款期。现金折扣通常表示为"6/10，3/20，N/45"，即客户履约最迟付款期为45天，如果客户能在10天内付清货款，就可享受6%的现金折扣，只需支付94%的货款；如果客户能在20天内付清货款，就可享受3%的现金折扣，只需支付97%的货款。现金折扣期限与现金折扣率的大小成反比例关系。现金折扣能为酒店客户带来可观的收益。以"6/10，3/20，N/45"为例，客户在不同付款期付款享受现金折扣所带来的收益分别为6%、3%和0。

4. 信用额度

信用额度是酒店所能允许的客户最高赊销额。酒店合理确定信用额度，需要综合考虑自身的资金实力、销售政策、经营规模、存货库存量等因素以及外部的竞争压力。信用额度在一定程度上代表着酒店的资金实力，反映了酒店为客户承担的机会成本和坏账风险。科学合理地确定信用额度的常用方法有：

（1）根据收益与风险对等的原则，确定每一客户的授信额度。

（2）根据客户营运资金净额的一定比例，确定每一客户的授信额度。

（3）根据客户清算价值的一定比例，确定每一客户的授信额度。

（三）酒店应收账款控制

1. 应收账款的分析

（1）平均收账期法。平均收账期法是对酒店赊销的平均期限进行分析的方法，采用加权平均法计算。计算平均收账期，需要与行业平均值比较，或与酒店信用条件比较，借以分析、比较、评价、调整信用条件。

（2）账龄分析法。账龄分析法是根据平均收账期的长短，对酒店应收账款账龄的长短进行分析的方法。酒店通常编制账龄分析表进行分析。

2. 逾期应收账款的诊断

酒店在对应收账款账龄进行分析以后，催收之前，需要对应收账款进行诊断，对收回可能性极小的坏账、死账不再追讨。这样可以减少催收的盲目性，避免不必要的催收费用发生。逾期应收账款诊断内容包括欠款客户是否有偿债能力、欠款客户是否已经破产、该笔欠账是否已经过了法律诉讼时效、合同是否有重大漏洞、是否内外勾结挪用或侵吞公款、追回的欠款是否未注销等。在产生的坏账中，客户无力偿还或已经破产，是产生坏账的重要原因。这就要求酒店严格执行信用政策，严格对客户进行信用评级评定，慎重决定信用额度。对经营状况良好、暂时发生资金周转困难的客户，可以适当延长信用期限，甚至给予适当扶持。在产生的坏账中，合同有漏洞也是比较重要的原因。酒店销售部门必须签订严谨的交易合同，必要时可以在合同中增加保护性条款。诊断结果通常作为酒店决定下一步行动的依据。

3. 逾期应收账款的催收

正常的收账程序包括电话电传催收、收款员上门催讨、法律诉讼。有时在法律诉讼前，酒店也可考虑委托专业公司代理收账。

四、酒店营业收入控制与管理

（一）酒店营业收入的控制要点

1. 营业收入的时间确认

营业收入在一定程度上反映了酒店在某一时期内经营成果的好坏，直接影响着投资者、管理者和全体员工的利益。营业收入确认时间是否合理，也直接关系到盈利的准确性。按照规定，酒店应采用权责发生制来核算营业收入，即凡是在本期取得的收入，不论其款项是否已收回，都被视为本期收入；凡是不属于本期形成的收入，即使款项在本期收到，也不能作为本期收入。所以，酒店应在服务已提供、产品已发出，同时价款已收讫或已取得收取价款权利的凭证时，才能确认营业收入实现。当期发生的销售折扣及销售退回，应冲减当期的营业收入。

2. 营业收入的数额确认

构成和影响酒店营业收入的因素较多，因而确认营业收入的正确数额则显得较为复杂。一般来说，影响营业收入数额的有以下相关因素：

（1）价格。在销售量一定的条件下，酒店营业收入的高低取决于价格的高低。在定价时，既要坚持按质论价的原则，又要符合市场供求规律。除了为提供服务而支出的成本费用及应得的利润外，酒店产品的价格还可以包括某些税金。

（2）折扣。折扣属于销售调整的项目，它对营业收入数额的准确性影响最大。销售的入账金额是发票价格减除商业折扣后的净额。为了鼓励宾客及时付款，酒店通常会给予一定的现金折扣。其处理方法一种是以现金净收入额作为营业收入，如果将来没有发生折扣，则将现金折扣作为追加收入计入营业收入；另一种是以发票价格作为营业收入，当将来现金折扣实际发生时，再冲销营业收入。

（3）退赔。在经营过程中，由于酒店自身的过错，未达到国家或行业规定的服务质量标准，而造成消费者权益损失的，消费者有权要求退赔。当退赔或折让实际发生时，原来计入的营业收入就应全部或部分地冲销。

（4）坏账。当宾客无力支付其所欠的应付账款时，就会产生坏账。坏账是酒店在营业收入环节中发生的损失费。坏账实际发生时，应对收益进行调整，这种调整往往不是直接减少销售收入，而是以费用的形式来冲销当期收益。

（二）酒店营业收入的控制目标

1. 实现营业收入的真实性

酒店营业收入是补偿酒店过去发生的各种消耗，并为酒店未来发展提供保证的主要资金来源。通过内部控制制度的建立，来防止漏记或多记的营业收入、非法转账而造成侵吞行为的发生以及各种不合理的收入或支出。

2. 实现应收账款的合理性

允许宾客短期欠账是大多数酒店奉行的销售政策，在控制赊销业务时，要严格审核宾客的资信情况，确定宾客及债权数是否真正存在，防止呆账、坏账的发生，保证赊销的账款可收回。

3. 实现销售折扣的适度性

销售折扣是在特定的条件下运用的一种销售策略，是酒店在得到一定利益的情况下而相应放弃的一部分营业收入。酒店必须严格监督折扣政策的执行情况，检查宾客是否拥有享受折扣的条件，酒店自身有无相应的得益，防止销售人员以公谋私。酒店所提供的销售折扣应以酒店因此可得到的利益为衡量依据。

4. 实现退赔处理的科学性

酒店退赔处理是销售环节中的一种偶然现象，其控制目标就是要将这种现象降低到最低限度，防止投诉的发生。对消费者的退赔要求应查明其理由是否合理、处理方法是否正确，将处理结果记录在账，以便修正营业收入和应收账款的余额。

（三）酒店营业收入的控制制度

1. 职务分离制度

在酒店经营过程中，需要处理的业务有接受宾客的预订、核准付款条件、编制接待计划并实施、填制发票并发出账单、核准现金折扣、办理退赔手续、收入账款、会计记录及调整等。为了进行有效控制，各业务环节必须分工明确、相互牵制。例如应收账款的记账员不能同时成为应收账款的核实者；接受预订的人不能同时是负责最后核准付款条件的人；付款条件必须同时得到销售部门和信贷部门的批准。

2. 信贷监测制度

对于在过去的成交记录中具有良好支付信誉的老客户，信贷部门主要是检查本次接待任务的数额。如果基本相同，即可办理批准手续；如果大大超过历史记录，则应设法监测其财务状况；对于新客户提出的赊销要求，信贷部门必须要求其同时提供能证明其资信情况的相关数据及财务报表，通过认真分析，来决定是否接受以及允许的信贷限额。

3. 折扣审核制度

销售折扣是营业收入和应收账款的减少额，严格的审核制度可使这种减少额保持在合理的范围内。酒店销售折扣政策和规定应详细、明确，如详细说明可以享受折扣的客户条件、不同数额可享受的不同折扣比例、现金折扣的适用范围和时间限制等。酒店可事先印制反映授权、批准、金额、原因等内容的文书，并由有关管理人员审核签字认可。

对于投诉退赔的处理，需要采用不同的控制程序。退赔额度要根据宾客的抱怨程度和投诉内容进行分析确定，酒店应对宾客提出的理由加以记录，并派专人核实这些理由，最后复核并决定给予的退赔金额。任何折让都应记录在事先连续编号的备忘录上，并由专人定期检查，总结分析。

4. 发票责任制度

发票是对营业收入业务的正式记录，如果在开具发票方面缺乏有效的控制制度，则会导致某些财务问题和舞弊行为的发生。填制发票控制管理，是通过对开票的授权来进行的，当宾客提供所需的证明附件时，开单人就自动得到了授权，可以开具发票。开票人应使用和保留连续编号的发票（包括作废的发票），这是开票人员应承担的会计责任。

5. 应收账款控制制度

酒店产品销售中存在赊销，应收账款在酒店资产中将占有较大比重。应收账款是记录在账面上的债权而不是一种实物性资产，所以比较容易被不法人员用来掩盖其贪盗或挪用公款的行为。应收账款必须如实记录，防止虚列，并根据有关凭证定期核查，指定专人进行催收和索取，保证账款得以及时收回。各种信贷调整必须经财务经理的批准才能进行。

6. 收入预算制度

酒店可以通过编制销售预算来与实际销售情况进行比较，从而全面控制营业收入的各个环节。定期将实际毛利同预算进行比较，将实际发生的冲销项目、贷项调整同历史数据相比较，然后对比较结果做出详细的分析说明。当发生重大差异时，应指定专门人员进行调查。

（四）酒店营业收入的日常管理

酒店是向宾客提供产品的服务性企业，一系列的消费交易集中在短时间内发生，因此，消费结算时信用政策明确、记账准确、走账迅速、结账清楚，是酒店营业收入日常管理的基本要求。

1. 酒店营业收入的结算方式

酒店营业收入的结算方式有预收、现收、事后结算三种。

（1）预收。要求客人在预订房间或在住店登记时就付账。

（2）现收。要求客人对酒店的每一项服务直接结账。

（3）事后结算。对客人住店期间的住宿、餐饮和其他服务采用赊销记账的形式，待客人离店时再一起结账。

2. 酒店营业收入的控制

酒店营业收入控制环节中涉及岗位较多，包括前厅接待、收银员、房务中心、厨房、酒吧、稽核员等多个岗位。要想做好酒店营业收入控制，必须明确各个岗位的权限与职责，才能收到良好的控制效果。

（1）收款。收款是指向宾客收取其享受酒店产品或服务的款项，该款项构成了酒店的营业收入。收款的基本程序如下：

1）问清客人房号，收回房卡、钥匙、预付收据，通知房务中心查房。

2）核对电脑账单与原始账单是否一致，有无遗漏。

3）收到房务中心查房信息后，结清全部费用并打印宾客账单，请宾客审核确认（见表7-1）。

表7-1　宾客账单

宾客账单
GUEST CHECK

　年　　月　　日　　　　　　　　　　　　　　　　　　　No. 00001

姓名及地址 NAME&ADDRESS	房　号 ROOM No.	到店日期 ARRIVAL
	账　号 FOLIO No.	离店日期 DEPARTURE
日　期 DATE	摘　要 DESCRIPTION	金　额 AMOUNT
转账至 SEND ACCOUNT TO 收银员 CASHIER	宾客签字 GUEST SIGNATURE	
地址 ADD	电话（TEL） 传真（FAX）	

4）宾客确认无误后收取款项，如果客人对某项费用有异议，立即核查清楚。

5）如果宾客以现金付款，应按照消费总金额冲减预付金额，多退少补。

6）如果宾客以支票付款，应检查支票是否有效，印件是否齐全，有无付款单位款号，开户银行单位全称，然后按账单金额仔细填写金额，并检查填写无误后，将支票的第一联和账单递给客人，请客人留下单位全称、联系人、联系电话，以便事后查找。

7）如果宾客以信用卡付款，应在 POS 机上根据预授权签购单做离线交易，请客人签字，并与信用卡背面的签名及身份证核对无误后，将信用卡回单呈给客人。

8）最后结账确认并封户。

（2）夜审。夜审是指夜间进行的审核工作或从事夜间审核工作的人员。夜审的工作对象是各收银员以及各营业部门交来的单据、报表等资料，其目标是通过对这些单据、报表深入细致地查对，纠正错弊、追查责任，以保证当日酒店收入的真实、正确、合理和合法。工作程序如下：

1）严格按照酒店制定的价格政策认真审查；认真检查未设置电脑的各营业点上缴的单据和报表。

2）在电脑中核查房费。

3）检查前台入住手续是否完备，房价是否符合规定，优惠房价是否有相应的酒店折扣凭证（见表 7 - 2）。

表 7 - 2　酒店折扣凭证

酒店折扣凭证
Hotel Rate Voucher

年　　月　　日		No.	
宾客姓名 Guest's Name		停留时间 Stopover Time	
房号 Room No.		账号 Debt No.	
折扣项目 Discount Item		折扣率 Discount Rate	
折扣额 Rate Amount			
审批理由 Approve the Reason			

申请人： Applicant	批准人： Approved By	收银员： Cashier

4）审核各营业点收银员的收入明细表内容是否完整，表、单是否相符，是否与营业收入日报表相符。

5）审核各收银站点收银员开立的账单是否正确，折扣、冲销账手续是否齐全，宾客账单合计数与收银员收入明细表是否一致。

6）核实房务中心编报的实际客房使用数是否与总台接待、收银员实际数相符。

7）审核预收房费单反映的预收金额与收银员收入明细表是否一致，预收款退款手续是否完备、真实。

8）试算平衡，编制营业收入日报表。

9）整理、保管好各营业点营业收入日报表及有关原始单据、账单附件等，并于次日交接班时转给日审人员。

10）根据审计情况做好审计记录，及时上报。

（3）日审。日审又称收入稽核，是酒店营业收入的第二次审核。夜审人员经过一夜工作后，第二日早晨把审核过的资料交给日审人员接班后继续审核。工作程序如下：

1）负责复检夜间审核员编制的营业报表和单据等。

2）负责监督和复检总出纳清点的前一日的各项营业款，核对交款凭证与所上交账款是否相符。

3）检查所有优惠、减免凭单，手续是否齐全，是否符合酒店有关规定。

4）负责保管各营业点、部门的营业收入日报表及附件单据。

5）负责整理、审核、记录每日的实际收入、未收账情况、应收款回款情况，并检查每一款项及所填凭证是否相符。

6）负责整理各部门调拨单，并分发给各部门。

7）负责收费电视、网络订房等的对账、结算工作。

8）负责前厅部促销房的审核。

五、利润分配与盈亏平衡分析

（一）酒店利润分配的原则

利润分配是对酒店实现的利润或亏损进行分配和处理的过程，酒店利润分配是一项政策性很强的工作，体现出酒店与国家、投资者及职工之间的经济利益关系，因此，必须要遵循一定的分配原则。

1. 依法分配原则

利润分配必须贯彻依法分配原则，严格遵守国家的财经法规。酒店利润首先按税法规定缴纳所得税，然后才能进行税后利润的分配，税后利润分配应严格遵守国家制定的《公司法》、《企业会计制度》及其他法规的规定，按财经法规的要求合理确定税后利润分配的项目、顺序及比例。

2. 兼顾各方利益原则

税后利润分配合理与否，直接影响酒店、投资者、经营者和员工等各方的经济利益。酒店不能只强调长远利益和整体利益，忽视投资者和员工的近期利益和局部利益，挫伤投资者和管理者的积极性；也不能只顾近期利益而损害酒店的长远发展。酒店应从全局出发，充分兼顾各方的利益，协调好近期利益与酒店长远发展的关系，做到统筹兼顾、合理安排。

3. 分配与积累并重原则

酒店进行利润分配时，应正确处理近期利益与长远利益的关系，将二者有机地结合起来，坚持分配与积累并重。考虑酒店未来发展需要，酒店除按规定提取法定盈余公积以外，应适当留存一部分利润作为积累。酒店留存利润用于发展经营，增强酒店的发展后劲，提高酒店抵御风险的能力，否则，酒店将缺乏应对经营风险的能力，酒店的投资发展也将受到阻碍，最终将损害投资者的利益。当然，在保证积累的前提下，还需正确处理积累与消费的关系，以充分调动员工的积极性。

4. 投资收益对等原则

酒店税后利润分配直接关系到投资者的经济利益，酒店在向投资者分配利润时，应一视同仁地对待所有投资者，应当体现谁投资谁收益，收益大小与投资比例相适应，即投资与收益对等原则。所有投资者只应按其投资比例分享收益，做到同股同权、同股同利。

5. 弥补年度亏损原则

酒店发生经营性亏损，国家不再予以弥补，而是由酒店用以后年度实现的利润弥补。酒店发生的本年度亏损，可用下一年度税前利润弥补；下一年度利润不足弥补的，可以在以后5年内延续弥补；5年内不足弥补的，用税后利润和盈余公积弥补。

（二）酒店利润分配的程序

利润分配是酒店根据国家有关规定和投资者的决议，对酒店利润所进行的分配，酒店本年实现的净利润加上年初未分配利润为可供分配的利润。酒店利润分配的内容和程序如下：

（1）支付被没收财务损失和各项税费的滞纳金、罚款。

（2）弥补酒店以前年度亏损（超过用所得税前利润弥补亏损的期限，仍未补足的亏损）。

（3）提取法定盈余公积。

（4）提取公益金。

（5）向投资者分配利润。

（三）酒店盈亏平衡分析

1. 盈亏平衡分析概述

盈亏平衡分析是通过盈亏平衡点分析项目成本与收益的平衡关系的一种方法。各种不确定因素（如投资、成本、销售量、产品价格、项目寿命期等）的变化会影响投资方案的经济效果，当这些因素的变化达到某一临界值时，就会影响方案的取舍。盈亏平衡分析的目的就是找出这种临界值，即盈亏平衡点，判断投资方案对不确定因素变化的承受能力，为决策提供依据。

盈亏平衡点越低，说明项目盈利的可能性越大，亏损的可能性越小，因而项目有较大的抗经营风险能力。因为盈亏平衡分析是分析产量（销量）、成本与利润的关系，所以也称为量本利分析。

2. 盈亏平衡分析形式

盈亏平衡点的表达形式有许多种，可以用实物产量、单位产品售价、单位产品可变成本以及年固定成本总量表示，也可以用生产能力利用率（盈亏平衡点率）等相对量表示。根据生产成本、销售收入与产量（销售量）之间是否呈线性关系，盈亏平衡分析可分为线性盈亏平衡分析和非线性盈亏平衡分析。

（1）线性盈亏平衡分析。线性盈亏平衡分析主要用于分析销售收入、生产成本与产品产量的关系。

1）假设产量等于销售量，销售量变化，销售单价不变，销售收入与产量呈线性关系，酒店管理者不会通过降低价格来增加销售量。

2）假设正常生产年份的总成本可划分为固定成本和可变成本两部分，其中固定成本不随产量变动而变化，可变成本总额随产量变动成比例变化，单位产品可变成本为常数，总可变成本是产量的线性函数。

3）假设在分析期内产品市场价格、技术装备、管理水平等均无变化。

4）假设只生产一种产品，或当生产多种产品时产品结构不变，且都可以换算为单一产品计算。

酒店生产销售活动不会明显地影响市场供求状况，假设其他市场条件不变，产品价格不会随酒店销售量的变化而变化，可以看作常数。销售收入与销售量呈线性关系，即：

$B = PQ$

式中：B 为销售收入；P 为单位产品价格；Q 为产品销售量。

酒店生产成本可以分为固定成本与变动成本两部分。固定成本是指在一定的生产规模限度内不随产量的变动而变动的费用，变动成本是指随产品产量的变动而变动的费用。变动成本总额中的大部分与产品产量成正比例关系，也有一部分变动成本与产品产量不成正比例关系，这部分变动成本随产量变动的规律一般呈阶梯形曲线，通常称这部分变动成本为半变动成本。由于半变动成本通常在总成本中所占比例很小，在经济分析中一般可以近似地认为它也随产量成正比例变动。

总成本是固定成本与变动成本之和，它与产品产量的关系也可以近似地认为是线性关系，即：

$$C = C_f + C_v Q$$

式中：C 为总生产成本；C_f 为固定成本；C_v 为单位产品变动成本。

在同一坐标图上表示出来，可以构成线性量本利分析图（见图7-1）。

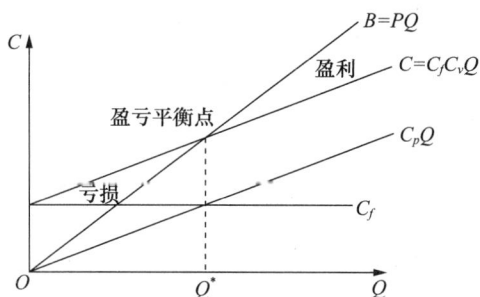

图7-1　线性量本利分析图

图7-1中纵坐标表示销售收入与产品成本，横坐标表示产品产量，销售收入线 B 与总成本线 C 的交点称盈亏平衡点，也就是项目盈利与亏损的临界点。在盈亏平衡点的左边，总成本大于销售收入，项目亏损；在盈亏平衡点的右边，销售收入大于总成本，项目盈利；在盈亏平衡点上，项目不亏不盈。

在销售收入及总成本都与产量呈线性关系的情况下，可以很方便地用解析方法求出以产品产量、生产能力利用率、产品销售价格、单位产品变动成本等表示的盈亏平衡点。在盈亏平衡点，销售收入 B 等于总成本 C，设对应于盈亏平衡点的产量为 Q^*，则有以下公式成立。

$$PQ^* = C_f + C_v Q^*$$

所以，盈亏平衡点产量为：

$$Q^* = C_f \div (P - C_V)$$

若酒店产品可销售能力为 Q_c，则盈亏平衡生产能力利用率为：

$$E^* = Q^* \div Q_c \times 100\%$$
$$= C_f \div [(P - C_v) \times Q_c] \times 100\%$$

若按酒店产品可销售能力进行生产和销售，且销售价格已定，则盈亏平衡单位产品变动成本为：

$$C_v^* = P - C_f \div Q_c$$

（2）非线性盈亏平衡分析。由于产量扩大到一定水平，原材料、动力供应价格上涨等原因造成酒店生产成本并非与产量呈线性关系；由于市场容量的制约，当产量增长后，产品售价也会相应下降，价格与产量呈某种函数关系，因此，销售收入与产量就呈非线性关系（见图7-2）。

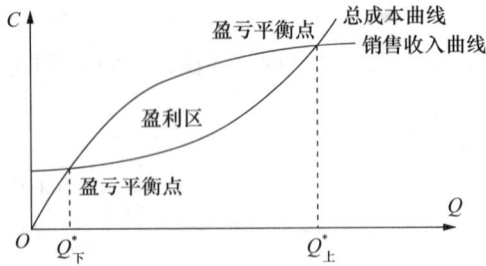

图7-2　非线性盈亏平衡关系示意图

3. 成本结构与经营风险的关系

销售量、产品价格及单位产品变动成本等不确定因素发生变动所引起的酒店盈利额的波动称为酒店的经营风险。由销售量及成本变动引起的经营风险的大小，与酒店固定成本占总成本的比例有关。

固定成本占总成本的比例越大，盈亏平衡产量越高，盈亏平衡单位产品变动成本越低。高的盈亏平衡产量和低的盈亏平衡单位产品变动成本会导致酒店在面临不确定因素的变动时发生亏损的可能性增大。固定成本的存在扩大了酒店的经营风险，固定成本占总成本的比例越大，这种扩大作用就越强。这种现象称为经营杠杆效应。

第八章　酒店销售业务核算

一、酒店收入核算

（一）客房部的业务核算

1. 客房主营业务收入的概述

客房主营业务收入的概述如表 8 - 1 所示。

表 8 - 1　客房主营业务收入的概述

名称	项目		具体内容
客房主营业务收入的概述	客房主营业务收入的概念		酒店的客房业务营业收入是通过出租客房而取得的收入，根据权责发生制原则，客房出租的时间即为营业收入实现的时间（即使款项尚未收到）
	客房收入的核算	应收应付制	应收应付制是指当天的营业收入只要发生了，不论是否已收到款项，均作为当天的收入处理。适用于规模较大，房间较多的酒店
			一种是先付款后住店（即预收房金方式），另一种是先住店后付款（即挂账方式）
			这两种结算方式反映的宾客账款一是"结存"，二是"结欠"；账款为"结欠"时，只需在"结存"栏以"—"号反映，这两种结算方式，会计核算并无区别
		收付实现制	收付实现制是指当天的营业收入不包括续住宾客尚未结算的房金等收入，营业日报表仅反映当天已结账离店并已收到款项或已确认挂账的营业收入。适用于规模较小，房间不多的酒店
			两个主要缺点：一是反映的营业收入不够真实；二是预收房金全部存放前台，有时数额很大，既影响酒店的资金周转，也不安全
			有的酒店为了弥补收付实现制收入不实的缺点，于月度终了，查明续住宾客尚未结算的营业收入总额，会计部门编制借记"应收账款"，贷记"主营业务收入"分录，下月初用红字编制相同分录冲销

2. 客房主营业务收入的账务处理

为了正确地核算酒店的营业收入，在会计上应设置"主营业务收入"账户进行核算，该账户属于损益类账户，主要核算酒店各项经济业务的收入。贷方登记已确认实现的销售收入，借方登记销货退回和已结转的本期销售实现的销售收入，结转后期期末无余额。

客房主营业务收入的账务处理如表 8-2 所示。

表 8-2　客房主营业务收入的账务处理

名称	内容	业务处理
客房主营业务收入的账务处理	采用先收款后住店结算	按预收数： 借：库存现金 　　银行存款 　　贷：预收账款 按收入确认的要求把当日事实的收入入账： 借：预收账款 　　贷：主营业务收入
	采用先住店后结算	借：应收账款——客房欠款（按实际应收的房款） 　　贷：主营业务收入
		实际结算房款时： 借：库存现金 　　银行存款 　　贷：应收账款——客房欠款
	提供服务的当时收取房费	借：库存现金 　　银行存款 　　贷：主营业务收入

3. 客房主营业务收入的账务处理举例

【例 8-1】2014 年 12 月 20 日，××酒店"营业收入日报表"中的客房收入为 89000 元，其中应收款为 53000 元，现金结算金额为 14000 元，支票结算金额为 12000 元，信用卡结算金额为 10000 元，信用卡手续费为 250 元，编制会计分录如下：

```
借：库存现金                      14000
    银行存款——支票              12000
         ——信用卡              9750
    财务费用                       250
    应收账款                     53000
    贷：主营业务收入                         89000
```

将20日营业款存入银行，编制会计分录如下：

借：银行存款   14000

贷：库存现金   14000

【例8-2】2014年12月21日，××酒店采用先收款后住店的结算方式，根据表8-3和表8-4作会计分录。

表8-3 客房入住登记簿

2014年12月21日   单位：元

| 房号 | 房客姓名 | 入住日期 | | 已住 | 本月营业收入 | | | | | 预收房金 | | | | 备注 |
		月	日	天数	房金	加床	饮料	食品	合计	上日结欠	本日应收	本日交付	本日结欠	
101	孙清	12	19	2	200	100	10	10	320	500	320		180	
102	张强	12	20	1	200		5		205	500	205		295	
201	王俊	12	20	1	250				250	300	250		50	
205	周华	12	20	1	200				200	200	200	500	500	
206	李明	12	20	1	150		5		155	200	155		45	
301	赵晴	12	21	1	150			12	162	200	162		38	
合计					1150	100	20	22	1292	1900	1292	500	1108	

表8-4 客房营业收入日报表

2014年12月21日   单位：元

| 日报表 | | | | | 预收房金 | | 备注 |
项目	单人间	标准间	套房	合计			
房金	1800	6200	3000	11000	上日结存	26000	
加床				0	本日应收	11250	
饮料	35	90	20	145	本日实收	8000	
食品	25	60	20	105	其中：现金	6000	

| 日报表 | | | | | 预收房金 | | 备注 |
项目	单人间	标准间	套房	合计			
其他				0	支票		
				0	银行卡	2000	
合计1	1860	6350	3040	11250			
出租客房间数：58间					本日结存	22750	
空置客房间数：23间					长款：	短款：	

客房部主管：   制表：

（1）根据"营业收入日报表"预收房金栏"本日实收"中各项目的数额，对当日收取的房款进行记账，编制会计分录如下：

借：库存现金   6000

  银行存款   1980

  财务费用   20

  贷：预收账款——预收房金   8000

（2）根据"营业收入日报表"中"日报表"栏的合计数额，编制会计分录如下（银行卡结算要扣除1%的手续费）：

借：预收账款   11250

  贷：主营业务收入——房金   11000

    主营业务收入——饮料   145

    主营业务收入——食品   105

（二）餐饮部的业务核算

1. 餐饮部主营业务收入的概述

餐饮部主营业务收入的概述如表8-5所示。

表8-5 餐饮部主营业务收入的概述

名称	项目		具体内容
餐饮部主营业务收入的概述	餐饮部的概念		餐饮部是酒店中的一个重要部门，作为酒店唯一生产实物产品的部门，不仅要满足客人对餐饮产品和服务的需求，还要为酒店在社会上树立良好形象提供一扇窗户
	餐饮部的核算特点		短时间内聚集大量的旅客用餐
			高峰时间短、结账集中
	餐饮部营业收入的核算	基本要求	做好销售价格的计算控制工作。设置有操作经验的专职或兼职物价员计算各类食品、菜肴的销售价格，并由财会部门稽核审查售价
			建立健全收款点，营业员工作岗位责任制，保证日清月结，产销核对，账款相符
			每日营业终了，由收款员填报"营业收入日报表"，连同账单和收取款项，封入夜间保险柜，次日清晨由总出纳审核点收，将应收账款挂账，并将现金、支票存入银行
		价格的确定	计算餐饮饭菜价格应正确计算原材料成本和合理掌握毛利率：餐饮制品售价＝原材料成本＋毛利
			原材料成本的构成，包括食品的主料、配料、调料和这些原材料的合理损耗。不合理的原材料损耗不计入成本。如有能够利用做食品的下脚料，应适当作价，并冲减原来的原材料成本

名称	项目	具体内容
餐饮部主营业务收入的概述	餐饮收入的主要类别	食品收入是指餐厅酒吧及宴会厅销售各种菜、汤、主食、水果、牛奶等而取得的收入
		饮料收入是指餐厅酒吧及宴会厅销售各种酒类和饮料而取得的收入
		香烟收入是指餐厅酒吧及宴会厅销售各种香烟而取得的收入
		服务费收入是指餐厅酒吧及宴会厅接待客人按消费标准的一定比例收取的服务费收入
		其他收入是指餐饮部门取得的除食品、饮料、香烟、服务费收入以外的其他各项收入，如开瓶费收入、娱乐活动的门票收入、宴会厅的租金收入等

2. 餐饮部主营业务收入的账务处理

餐饮部主营业务收入的账务处理如表8-6所示。

表8-6　餐饮部主营业务收入的账务处理

名称	业务内容	业务处理
餐饮部主营业务收入的账务处理	一般销售收入	借：库存现金 　　银行存款 　　贷：主营业务收入——餐费收入 　　　　　　　　　——饮品收入 　　　　　　　　　——服务费收入 　　　　　　　　　——其他收入
	凭票就餐	出售餐券： 借：库存现金 　　银行存款 　　贷：其他应付款 顾客凭餐券消费： 借：其他应付款 　　贷：主营业务收入——餐费收入 　　　　　　　　　——饮品收入 　　　　　　　　　——服务费收入 　　　　　　　　　——其他收入
	赊账就餐	借：应收账款 　　贷：主营业务收入——餐费收入 　　　　　　　　　——饮品收入 　　　　　　　　　——服务费收入 　　　　　　　　　——其他收入
	收取订金	收取订金： 借：银行存款 　　库存现金 　　贷：预收账款

名称	业务内容	业务处理
餐饮部主营业务收入的账务处理	收取订金	就餐结束后，订金小于实际消费金额的： 借：库存现金 　　银行存款 　　预收账款 　　贷：主营业务收入——餐费收入 　　　　　　　　　　——饮品收入 　　　　　　　　　　——服务费收入 　　　　　　　　　　——其他收入 就餐结束后，订金大于实际消费金额的： 借：预收账款 　　贷：主营业务收入——餐费收入 　　　　　　　　　　——饮品收入 　　　　　　　　　　——服务费收入 　　　　　　　　　　——其他收入 　　　　　　库存现金 　　　　　　银行存款
	就餐折扣	借：库存现金（实际收到的现金） 　　银行存款（信用卡消费金额） 　　应收账款（签单消费金额） 　　销售费用——现金折扣（抹零金额） 　　销售费用——代金券折扣（收回的原发出餐券） 　　销售费用——赠菜折扣（赠菜的正常销售价格） 　　贷：主营业务收入——餐费收入 　　　　　　　　　　——饮品收入 　　　　　　　　　　——服务费收入 　　　　　　　　　　——其他收入

3. 餐饮部主营业务收入的账务处理举例

【例 8 - 3】2014 年 12 月 21 日，××酒店各营业部门报来当日营业日报及内部缴款单，其中餐费收入 20000 元，冷热饮收入 5850 元，服务费收入 10000 元，实交现款 34000 元，短缺 1850 元，编制会计分录如下：

```
借：库存现金                        34000
    待处理财产损溢                    1850
    贷：主营业务收入——餐费收入              20000
              ——饮品收入               5850
              ——服务费收入             10000
```

将 21 日营业款存入银行，编制会计分录如下：

借：银行存款　　　　　　　　　　　34000

　　贷：库存现金　　　　　　　　　　　　　34000

【例 8 - 4】承上例，上述短缺属于某收款员的责任，应由其赔偿，编制会计
分录如下：

借：其他应收款——××收款员　　　1850

　　贷：待处理财产损溢　　　　　　　　　　1850

【例 8 - 5】2014 年 12 月 22 日，××酒店餐饮部收到张三交来的 5 桌宴席定
金 6000 元，编制会计分录如下：

借：库存现金　　　　　　　　　　　6000

　　贷：预收账款　　　　　　　　　　　　　6000

【例 8 - 6】承上例，12 月 23 日，张三宴请的顾客用餐后结算，每桌还应加
收 400 元，5 桌计 2000 元，编制会计分录如下：

借：库存现金　　　　　　　　　　　2000

　　预收账款　　　　　　　　　　　6000

　　贷：主营业务收入——餐费收入　　　　　8000

【例 8 - 7】2014 年 12 月 23 日，顾客李某携全家在××酒店就餐，当时酒店
正在推出"消费 98 元，赠送 18 元的代金券"的优惠服务，李某全家共计消费
212 元，使用 2 张代金券结款，酒店入账 176 元，作会计分录如下：

借：库存现金　　　　　　　　　　　176

　　销售费用——代金券折扣　　　　　36

　　贷：主营业务收入——餐费收入　　　　　212

【例 8 - 8】2014 年 12 月 23 日，××酒店接待一旅游团，酒店为该旅游团提
供餐饮并为其打 9.5 折。25 日，该旅游团离开时饮食消费了 10000 元，打完折入
账 9500 元，编制会计分录如下：

借：库存现金　　　　　　　　　　　9500

　　销售费用——现金折扣　　　　　　500

　　贷：主营业务收入——餐费收入　　　　　10000

（三）商品部的业务核算

1. 商品经营业务的概念

商品经营业务是指酒店内部开设的商品部所进行的商品买卖活动，属商业零
售性质，直接向顾客提供商品销售服务，同时通过进销差价补偿相关成本费用，
并获得盈利。

2. 商品收入的科目设置

商品收入的科目设置如表 8 - 7 所示。

表 8-7　商品收入的科目设置

名称	内容
商品收入的 科目设置	商品经营业务常用的核算方法是实务管理售价核算法，在这里可以设置"商品进销差价"账户反映该商品售价与进价的差额。该账户是资产类账户，它是"库存商品"账户的抵减账户，贷方登记商品进销差价增加，借方登记结转已销商品进销差价的减少，余额在贷方，表示期末库存商品的进销差价
	"主营业务收入——商品销售收入"账户是损益类账户，用以核算和监督商品的销售收入情况。发生的销售收入记入该账户的贷方，期末应将本账户的余额转入"本年利润"账户，结转后该账户应无余额

3. 商品经营的账务处理

商品经营的账务处理如表 8-8 所示。

表 8-8　商品经营的账务处理

名称	业务	业务处理
商品经营的 账务处理	购进商品时	借：库存商品（按商品售价金额和运杂费） 　贷：商品进销差价（按商品进销差价） 　　库存现金（按实际支付金额） 　　银行存款
	销售商品时	借：库存现金 　贷：主营业务收入——商品销售收入 　　应交税费——应交增值税
	结转成本	借：主营业务成本 　贷：库存商品

4. 商品经营的账务处理举例

【例 8-9】2014 年 12 月 24 日，××酒店附设的商场销售情况：百货柜销货金额 10000 元，销售成本 4000 元，食品柜销货金额 2500 元，销售成本 1200 元，编制会计分录如下：

借：库存现金　　　　　　　　　　　　　　　　　　12500.00

　　贷：主营业务收入——商品销售收入——百货柜　　9708.74

　　　　　　　　　　　　　　　　　　——食品柜　　2427.18

　　　应交税费——应交增值税　　　　　　　　　　　364.08

将 24 日营业款存入银行，编制会计分录如下：

借：银行存款   12500.00

  贷：库存现金   12500.00

结转销货成本，编制会计分录如下：

借：主营业务成本   5200.00

  贷：库存商品   5200.00

二、应收票据和账款

（一）应收票据

1. 应收票据的概念

应收票据是指企业因销售产品或商品而收到的商业汇票。

2. 应收票据的分类

应收票据的分类如表 8-9 所示。

表 8-9   应收票据的分类

名称	分类标准	具体内容
应收票据的分类	按承兑人的不同	商业承兑汇票是由收款人签发，经付款人承兑，或由付款人签发并承兑的票据
		银行承兑汇票是指在承兑银行开立存款账户的存款人出票，向开户银行申请并经银行审查同意承兑的，保证在指定日期无条件支付确定的金额给收款人或持票人的票据
	按是否附带利息分类	带息票据是票面上载明利率，到期按面值与规定利率支付面值及其利息的票据
		不带息票据是票面上不载利率，到期只按票据面值付款的票据

3. 票据贴现的计算

票据贴现的计算如图 8-1 所示。

4. 应收票据的账务处理

为了核算和监督应收票据的取得和结算情况，企业应设置"应收票据"账户，该账户的借方登记收到的商业汇票的票面金额，贷方登记到期收回或转入应收账款的金额，期末借方余额反映企业持有商业汇票的票面金额。本账户按照开出、承兑商业汇票的单位进行明细核算。应收票据的账务处理如表 8-10 所示。

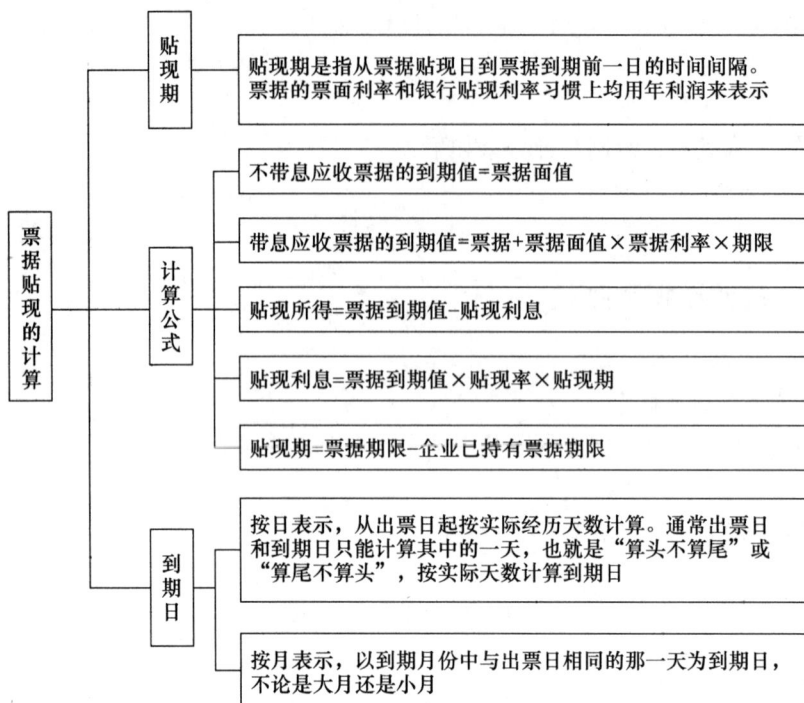

图 8 - 1　票据贴现的计算

表 8 - 10　应收票据的账务处理

名称	业务内容	业务处理
应收票据的账务处理	企业收到不带息票据时	借：应收票据 　　贷：主营业务收入 　　　　应交税费 　　　　应收账款
	票据到期收回款项时	借：银行存款 　　贷：应收票据
	带息应收票据计提利息	借：应收票据 　　贷：财务费用
	持未到期的不带息应收票据到银行贴现	借：银行存款（按扣除贴息后的净额） 　　财务费用（按贴现息） 　　贷：应收票据（按票面余额）

续表

名称	业务内容	业务处理
应收票据的账务处理	持未到期的带息应收票据到银行贴现	借：银行存款（按实际收到的余额） 　　财务费用（按实际收到的金额小于票据账面余额的差额） 贷：应收票据（按账面余额） 　　财务费用（按实际收到的金额大于票据账面余额的差额）
	票据到期收到本息	借：银行存款（按收到的本息） 贷：应收票据（按账面余额） 　　财务费用（按未计的利息）
	将持有的应收票据背书转让，以取得所需物资	借：在途物资、库存商品（按计入物资成本的价值） 　　银行存款（按物资成本小于应收票据账面余额的差额） 贷：应收票据（按账面余额） 　　银行存款（按物资成本大于应收票据账面余额的差额）
	因付款人无力支付票款，收到银行退回的商业承兑汇票等	借：应收账款 贷：应收票据

5. 应收票据的账务处理举例

【例 8 - 10】2014 年 12 月 24 日，××酒店收到 10 月 25 日签发的面值 100000 元、利率为 9%、60 天到期的商业汇票，编制会计分录如下：

实际收到的金额 = 100000 × [1 + 9% × (60 ÷ 360)] = 101500（元）

借：银行存款　　　　　　　　　　101500

　　贷：应收票据　　　　　　　　　　　100000

　　　　财务费用　　　　　　　　　　　1500

【例 8 - 11】2014 年 12 月 24 日，××酒店向乙旅游公司提供客房服务，收到承兑期限为 3 个月的不带息商业承兑汇票 1 张，票面金额 60000 元，编制会计分录如下：

借：应收票据——乙公司　　　　　60000

　　贷：主营业务收入　　　　　　　　　60000

（二）应收账款

1. 应收账款的概念和入账价值

应收账款的概念和入账价值如图 8 - 2 所示。

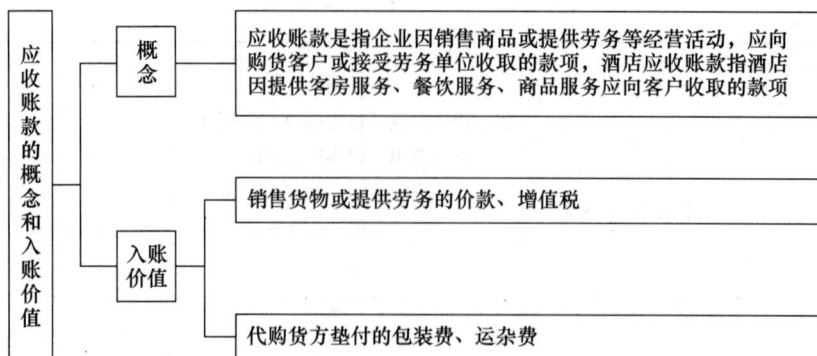

图 8-2 应收账款的概念和入账价值

2. 应收账款的计价和入账确认方法

应收账款的计价和入账确认方法如表 8-11 所示。

表 8-11 应收账款的计价和入账确认方法

名称	项目		具体内容
应收账款的计价和入账确认方法	应收账款计价应考虑的因素	商业折扣	商业折扣是指企业可以从商品价目表上的价格给予一定百分比的折扣，扣减后的净额才是实际销售价格
		现金折扣	现金折扣是指企业为了鼓励客户在一定时期内早日偿还货款而给予的一种折扣优待。通常表示为：2/10，$n/30$，即 10 天内付款折扣 2%，10 天以后 30 天之内付款则付全价
	应收账款的入账确认方法	总价法	总价法是将未减去现金折扣的金额作为实际售价，据以确认应收账款的入账价值。现金折扣只有客户在折扣期内支付货款时，才予以确认。同时，我国企业的应收账款按总价法确认
		净价法	净价法是将扣减现金折扣后的金额作为实际售价，据以确认应收账款的入账价值
			这种方法是把客户取得折扣视为正常现象，认为客户一般都会提前付款，而将由于客户超过折扣期限而多收入的金额，视为提供信贷获得的收入，在收到账款时入账，作冲减财务费用处理

3. 应收账款的账务处理

"应收账款"是资产类账户，核算企业因销售商品、提供劳务等经营活动应收取的款项。本账户借方登记发生的应收而未收账款，贷方登记收回或转销的账款，期末余额一般在借方，反映企业尚未收回的应收账款。本账户可按债务人进行明细核算。应收账款的账务处理如表 8 - 12 所示。

表 8 - 12　应收账款的账务处理

名称	业务内容	业务处理
应收账款的账务处理	企业销售商品、产品或提供劳务发生应收账款	借：应收账款（按应收的全部金额） 　贷：主营业务收入 　　　应交税费——应交增值税
	收回应收账款时	借：银行存款（按实收金额） 　贷：应收账款
	企业代购单位垫付的包装费、运杂费	借：应收账款 　贷：银行存款
	收回代垫费用	借：银行存款 　贷：应收账款
	将应收账款改为商业汇票结算	借：应收票据 　贷：应收账款

4. 应收账款的账务处理举例

【例 8 - 12】2014 年 12 月 24 日，××酒店客房部为甲公司提供客房服务，价款 8000 元，款项尚未收到，编制会计分录如下：

　　借：应收账款——甲公司　　　　　　　　　8000
　　　　贷：主营业务收入——客房收入　　　　　　　　　8000

【例 8 - 13】2014 年 12 月 25 日，××酒店收到甲公司划来的银行存款，编制会计分录如下：

　　借：银行存款　　　　　　　　　　　　　　8000
　　　　贷：应收账款——甲公司　　　　　　　　　　　　8000

【例 8 - 14】2014 年 12 月 25 日，××酒店财务部收到餐饮部"营业收入日报表"，注明当日餐饮费收入 12000 元，其中，支票结算 2000 元，签单结算 10000 元，编制会计分录如下：

　　借：银行存款　　　　　　　　　　　　2000
　　　　应收账款　　　　　　　　　　　　10000
　　　　贷：主营业务收入　　　　　　　　　　　12000

三、预付账款与坏账准备

（一）预付账款

1. 预付账款的概念和特点

预付账款的概念和特点如表 8 - 13 所示。

表8-13　预付账款的概念和特点

名称	项目	具体内容
预付账款的概念和特点	概念	预付账款是指企业按照合同规定预付给供货单位的货款，是企业暂时被供货单位占用的资金，企业预付款后，有权要求对方按合同规定发货
		预付账款必须以购销双方签订购销合同为条件，按照规定的程序和方法进行核算
	特点	从资产的流动性来看，预付账款是一种特殊的流动资产，由于款项已经支付，除一些特殊情况外（如预付货款的企业未能按约提供产品、预付保险单被提前注销等），在未来不会导致现金流入，即这种债权收回时，流入的不是货币资金而是存货，因此预付账款的变现性较差

2. 预付账款的账务处理

为了加强对预付账款的管理，酒店企业对预付账款可以单独设置"预付账款"账户核算。该账户按经济业务内容分类，属于资产类账户，借方登记预付和补付的款项，贷方登记收到货物、退回多付的款项或转入其他应收款时冲销的预付账款金额；期末借方余额反映酒店企业实际预付的款项，贷方余额反映酒店企业尚未补付即少付的款项。该账户应按供货单位或个人设置明细账。预付账款的账务处理如表8-14所示。

表8-14　预付账款的账务处理

名称	业务内容	业务处理
预付账款的账务处理	企业根据购货合同的规定向供货单位预付款项时	借：预付账款 　　贷：银行存款
	企业收到所购物资，按应计入购入物资成本的金额	借：材料采购（含税） 　　原材料（含税） 　　库存商品（含税） 　　贷：预付账款
	当预付货款小于采购货物所需支付的款项时，应将不足部分补付	借：预付账款 　　贷：银行存款
	当预付货款大于采购货物所需支付的款项时，对收回的多余款项	借：银行存款 　　贷：预付账款

3. 预付账款的账务处理举例

【例8-15】2014年12月26日，××酒店因需要修理固定资产从B企业采购修理材料一批，按合同规定向B企业预付货款30000元，收到货后补付其余款项，编制会计分录如下：

借：预付账款——B 企业 30000

    贷：银行存款 30000

【例 8-16】2014 年 12 月 27 日，××酒店收到 B 企业发来的修理材料价税合计共 34500 元，经验收无误，根据有关凭证，编制会计分录如下：

借：原材料 34500

    贷：预付账款——B 企业 34500

【例 8-17】2014 年 12 月 28 日，××酒店补付不足款项 4500 元，编制会计分录如下：

借：预付账款——B 公司 4500

    贷：银行存款 4500

（一）坏账准备

1. 坏账的概念

坏账是指企业无法收回的各种应收款项。由于坏账而产生的损失，称为坏账损失或应收款项减值损失。

2. 坏账损失的确认条件

坏账损失的确认条件如图 8-3 所示。

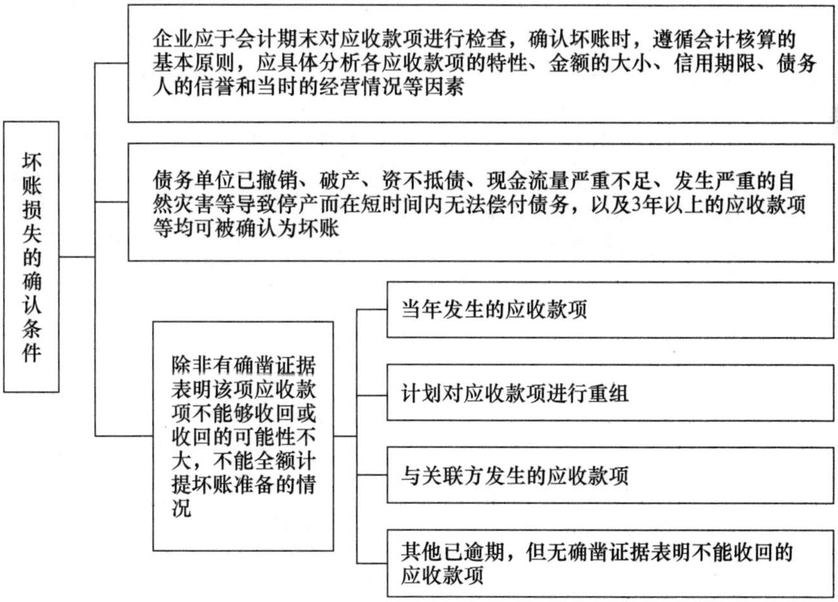

图 8-3 坏账损失的确认条件

3. 坏账准备的计提范围

坏账准备的计提范围如图 8-4 所示。

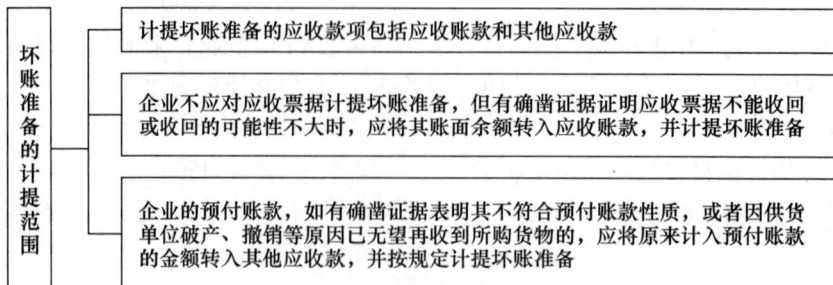

坏账准备的计提范围	计提坏账准备的应收款项包括应收账款和其他应收款
	企业不应对应收票据计提坏账准备，但有确凿证据证明应收票据不能收回或收回的可能性不大时，应将其账面余额转入应收账款，并计提坏账准备
	企业的预付账款，如有确凿证据表明其不符合预付账款性质，或者因供货单位破产、撤销等原因已无望再收到所购货物的，应将原来计入预付账款的金额转入其他应收款，并按规定计提坏账准备

图 8-4　坏账准备的计提范围

4. 坏账准备的账务处理

坏账准备的账务处理如表 8-15 所示。

表 8-15　坏账准备的账务处理

名称	业务内容	业务处理
坏账准备的账务处理	提取坏账准备	借：资产减值损失——计提的坏账准备 　贷：坏账准备
	应提取的坏账准备大于其账面余额	借：资产减值损失——计提的坏账准备 　贷：坏账准备（按其差额提取）
	应提取的坏账准备数额小于账面余额	借：坏账准备（按其差额计提） 　贷：资产减值损失——计提的坏账准备
	对于确实无法收回的应收款项，经批准作为坏账损失、冲销提取的坏账准备	借：坏账准备 　贷：应收账款 　　　其他应收款 　　　预付账款
	已确认并转销的坏账损失以后又收回	借：应收账款 　　　其他应收款 　　　应收利息 　　　预付账款等 　贷：坏账准备（按实际收回的金额） 同时， 借：银行存款 　贷：应收账款 　　　其他应收款 　　　应收利息 　　　预付账款等

5. 坏账准备的账务处理举例

【例8－18】2014年12月28日，××酒店对丙公司的应收账款实际发生坏账损失1000元，确认为坏账损失时，编制会计分录如下：

借：坏账准备　　　　　　　　　　　　1000

　　贷：应收账款　　　　　　　　　　　　　　1000

【例8－19】2014年12月28日，××酒店收到2011年已转销的坏账3000元，已存入银行，编制会计分录如下：

借：应收账款　　　　　　　　　　　　3000

　　贷：坏账准备　　　　　　　　　　　　　　3000

借：银行存款　　　　　　　　　　　　3000

　　贷：应收账款　　　　　　　　　　　　　　3000

四、主营业务成本的核算

（一）主营业务成本的概念

主营业务成本是指酒店经营过程中发生的各项直接支出。

客房部的主营业务成本包括客房部耗用的商品、洗衣房耗用的洗涤材料。餐饮部的主营业务成本包括直接消耗的各种原材料、调料、配料成本，实际成本应按照买价和可直接认定的运杂费、保管费以及缴纳的税金等确认。商品部的主营业务成本指商品采购过程中发生的相关支出。

（二）主营业务成本的账务处理

酒店为了正确核算营业成本，应设置"主营业务成本"账户，按具体项目设置明细账。"主营业务成本"账户属于损益类账户，其借方表示增加，贷方表示减少，期末将该账户余额转入"本年利润"账户，结转后该账户无余额。主营业务成本的账务处理如表8－16所示。

表8－16　主营业务成本的账务处理

名称	业务内容	业务处理
主营业务成本的账务处理	月份终了，计算结转本月发生的成本	借：主营业务成本 　　贷：库存商品原材料
	期末余额转入本年利润	借：本年利润 　　贷：主营业务成本

（三）主营业务成本的账务处理举例

【例8－20】2014年12月31日，××酒店客房部核算本月成本。楼层酒吧从仓库共领用商品 3000 元，洗衣房本月从仓库领用洗涤用品 4500 元，房屋、设备折旧共计 21000 元，编制会计分录如下：

借：主营业务成本——客房部——楼层酒吧   3000

     ——客房部——洗衣房   4500

     ——客房部——折旧费   21000

 贷：原材料——食品原材料   3000

    ——物料用品   4500

   累计折旧   21000

【例 8-21】2014 年 12 月 31 日，××酒店餐饮部核算本月成本。面点房领用面粉、大米等材料共计 12000 元，冷菜间、热菜间领用材料共计 26700 元，根据材料领用单编制会计分录如下：

借：主营业务成本——面点房   12000

    ——厨房   26700

 贷：原材料——面粉   12000

    ——调料   26700

五、营业税金及附加

（一）营业税金及附加的概念

营业税金及附加是指企业经营活动中应负担的相关税费。月末，酒店企业应根据当月取得的所有收入计提当月应负担的税金及附加。

（二）营业税金及附加的账务处理

营业税金及附加是指核算和监督已销产品、劳务等应交的消费税、营业税的税金及附加，该账户是损益类账户，借方登记企业按规定计算的应缴纳的消费税、营业税、城市维护建设税、资源税、教育费附加、地方教育税附加、土地增值税等税金数额，该贷方登记期末转入"本年利润"账户的数额，期末结转后本账户应无余额。营业税金及附加的账务处理如表 8-17 所示。

图 8-17　营业税金及附加的账务处理

名称	业务内容	业务处理

营业税金及附加的账务处理	计算确定的营业税、城市维护建设税和教育费附加等税费	借：营业税金及附加
		 贷：应交税费——应交营业税
		    ——应交城市维护建设税
		    ——教育费附加

	期末余额转入本年利润	借：本年利润 贷：营业税金及附加

（三）营业税金及附加的账务处理举例

【例 8 - 22】2014 年 12 月 31 日，××酒店本月取得客房和餐费的营业收入总额为 255312 元，根据规定计算应纳税额如下：

应交营业税税额 = 255312 × 5% = 12765.60（元）

编制会计分录如下：

借：营业税金及附加　　　　　　　　　　　　12765.60

　　贷：应交税费——应交营业税　　　　　　　　　　12765.60

【例 8 - 23】2014 年 12 月，××酒店本月应交增值税税额 4247.57 元，应交营业税税额 12765.6 元，按增值税、营业税税额合计数的 7%、3% 和 2% 计提城建税、教育费附加和地方教育费附加，编制会计分录如下：

借：营业税金及附加　　　　　　　　　　　　2041.58

　　贷：应交税费——应交城市维护建设税　　　　　　1190.92

　　　　　　　　——应交教育费附加　　　　　　　　　510.40

　　　　　　　　——应交地方教育费附加　　　　　　　340.26

六、销售费用与管理费用

（一）销售费用

1. 销售费用的概念和内容

销售费用的概念和内容如表 8 - 18 所示。

表 8 - 18　销售费用的概念和内容

名称	项目	具体内容
销售费用的概念和内容	概念	销售费用是指酒店各营业部门在经营中发生的各项费用，客房部除计入主营业务成本以外的其他费用都归于客房销售费用中
	内容	房屋及有关设备的折旧费
		低值易耗品摊销
		部门经营人员工资
		物料消耗费
		水电费
		办公费
		差旅费
		邮电费
		服装费

2. 销售费用的账务处理

"销售费用"账户属于费用类账户，核算商品销售过程中发生的费用。"销售费用"账户的借方登记企业所发生的各项销售费用，贷方将本月发生的所有销售费用转入"本年利润"账户，结转后期末无余额。本账户按费用的类别设置明细分类账并进行明细核算，且明细账一般采用借方多栏式账页。销售费用的账务处理如表 8 - 19 所示。

表 8 - 19　销售费用的账务处理

名称	业务内容	业务处理
销售费用的账务处理	在销售过程中发生的费用	借：销售费用 　　贷：库存现金 　　　　银行存款
	发生的为销售本企业商品而专设的销售机构的费用	借：销售费用 　　贷：银行存款 　　　　应付职工薪酬
	期末余额转入本年利润	借：本年利润 　　贷：销售费用

3. 销售费用的账务处理举例

【例 8 - 24】2014 年 12 月 31 日，××酒店餐饮部本月发生房屋设备折旧费15000 元，编制计分录如下：

借：销售费用——客房部——折旧费　　　　　　　15000.00

　　贷：累计折旧　　　　　　　　　　　　　　　　　　　15000.00

【例 8 - 25】2014 年 12 月 31 日，××酒店客房部本月部门人员工资 7591.46元，编制会计分录如下：

借：销售费用——客房部——工资费　　　　　　　7951.46

　　贷：应付职工薪酬　　　　　　　　　　　　　　　　　7951.46

【例 8 - 26】2014 年 12 月 31 日，××酒店客房部本月客房用品消耗 10000元，编制会计分录如下：

借：销售费用——客房部——物料消耗费　　　　　10000.00

　　贷：原材料　　　　　　　　　　　　　　　　　　　　10000.00

【例 8 - 27】2014 年 12 月 31 日，××酒店客房部本月水电费 3000 元，编制会计分录如下：

借：销售费用——客房部——水电费　　　　　　　3000.00

　　贷：银行存款　　　　　　　　　　　　　　　　　　　3000.00

【例 8 - 28】2014 年 12 月 31 日，××酒店支付职工服装费用 1000 元，编制会计分录如下：

借：销售费用——服装费　　　　　　　　　　　1000.00

　　贷：银行存款　　　　　　　　　　　　　　　　　　　1000.00

（二）管理费用

1. 管理费用的概念和内容

管理费用的概念和内容如表 8 - 20 所示。

表 8 - 20　管理费用的概念和内容

名称	项目	具体内容
管理费用的概念和内容	概念	管理费用是指酒店企业为组织和管理企业生产经营所发生的各种费用
	内容	公司经费，即企业管理人员的工资、福利费、差旅费、办公费、折旧费、修理费、物料消耗、低值易耗品摊销和其他经费
		工会经费，即按职工工资总额的一定比例计提拨交给工会的经费
		职工教育经费，即按职工工资总额的一定比例计提，用于职工培训学习以提高文化技术水平的费用
		劳动保险费，即企业支付离退休职工的退休金或按规定交纳的离退休统筹金、价格补贴、医药费或医疗保险费、退职金、6 个月病假人员工资、职工补助费及抚恤费、按规定支付离休人员的其他经费
		董事会费，即企业董事会或最高权力机构及其成员为执行职能而发生的差旅费、会议费等
		审计费，即企业聘请注册会计师进行查账、验资、资产评估等发生的费用
		诉讼费，即企业因起诉或应诉而支付的各项费用
		税金，即企业按规定支付的房产税、车船使用税、土地使用税、印花税等
		无形资产摊销，即场地使用权、工业产权及专有技术和其他无形资产的摊销
		递延资产摊销，即开办费和其他资产的摊销
		坏账损失，即企业确定不能收回的各种应收款项
		业务招待费，即企业为业务经营的合理需要在年销售净额一定比例之内支付的费用
		咨询费，即企业向有关咨询机构进行科学技术经营管理咨询所支付的费用
		广告宣传费，即酒店企业为了扩大知名度，吸引客源，而通过各种媒体投放广告、进行宣传所支付的费用
		礼品促销费，即酒店企业为了招揽客户，对在本企业消费过的顾客赠送各种小礼品而支出的费用

续表

名称	项目	具体内容
管理费用的概念和内容	内容	装饰布置费用，即酒店企业为了营造更好的消费环境，在节日期间对本企业的营业场所进行装饰布置，如摆花等所支出的各类费用
		其他费用，即不包括在上述项目中的其他管理费用，如绿化费、排污费等

2. 管理费用的账务处理

为了核算和监督管理费用的发生和结转情况，企业应设置"管理费用"账户。该账户的借方登记企业发生的各项管理费用，贷方登记月末转入当期损益的管理费用，月末一般应无余额。该账户应按管理费用的费用项目设置明细账，或按费用项目设置专栏进行明细核算。

管理费用的账务处理如表 8 - 21 所示。

表 8 - 21　管理费用的账务处理

名称	业务内容	业务处理
管理费用的账务处理	发生各项管理费用	借：管理费用 　　贷：银行存款 　　　　应付职工薪酬等
	期末余额转入本年利润	借：本年利润 　　贷：管理费用

3. 管理费用的账务处理举例

【例 8 - 29】2014 年 12 月 31 日，××酒店管理部门工资合计 30000 元，社会保险费 4200 元，办公费 300 元，编制会计分录如下：

（1）分配职工工资时。

借：管理费用——工资　　　　　　　　　　30000

　　贷：应付职工薪酬——工资　　　　　　　　　　30000

（2）提取福利费时。

借：管理费用——社会保险费　　　　　　　4200

　　贷：应付职工薪酬——社会保险　　　　　　　　4200

（3）支付办公费。

借：管理费用——办公费　　　　　　　　　300

　　贷：其他应付款　　　　　　　　　　　　　　　300

【例 8 - 30】2014 年 12 月 31 日，××酒店本月发生客房日常修理费用 900 元，酒店以银行存款的方式支付，编制会计分录如下：

借：管理费用——修理费　　　　　　　　　　900
　　贷：银行存款　　　　　　　　　　　　　　　　900

七、其他

（一）其他业务收入

1. 其他业务收入的概念和内容

其他业务收入的概述如表 8-22 所示。

表 8-22　其他业务收入的概念和内容

名称	项目	具体内容
其他业务收入的概念和内容	概念	其他业务收入是指企业除主营业务活动以外的其他经营活动实现的收入
	内容	销售材料收入
		代销收入
		租金收入

2. 其他业务收入的账务处理

"其他业务收入"为损益类账户，核算企业确认的除主营业务活动以外的其他经营活动实现的收入，包括出租固定资产、无形资产、包装物和商品，销售材料，用材料进行非货币性交换或债务重组等实现的收入。本账户贷方登记实现的其他业务收入，借方登记期末转入"本年利润"账户的其他业务收入，期末结转后本账户无余额。本账户可按其他业务收入种类进行明细核算。其他业务收入的账务处理如表 8-23 所示。

表 8-23　其他业务收入的账务处理

名称	业务内容	业务处理
其他业务收入的账务处理	销售材料收入	借：银行存款库存现金 　　贷：其他业务收入
	代销收入	借：银行存款库存现金 　　贷：其他业务收入
	租金收入	借：银行存款库存现金 　　贷：其他业务收入
	期末转入本年利润	借：其他业务收入 　　贷：本年利润

3. 其他业务收入的账务处理举例

【例 8 - 31】2014 年 12 月 31 日，××酒店餐饮部对外出租场地收到现金 15000 元，编制会计分录如下：

借：库存现金   15000

  贷：其他业务收入   15000

（二）其他应收款

1. 其他应收款的概念和内容

其他应收款的概念和内容如表 8 - 24 所示。

表 8 - 24 其他应收款的概念和内容

名称	项目	具体内容
其他应收款的概念和内容	概念	其他应收款是指除应收账款、应收票据、预付账款以外的其他各种应收、暂付款项
	内容	其他应收款包括应收的各种赔款、罚款
		应收出租包装物租金
		应向职工收取的各种垫付款项
		备用金（向企业各职能科室、部门等拨款）
		存出保证金，如租入包装物支付的押金
		预付账款转入
		其他各种应收、暂付款项

2. 其他应收款的账务处理

为了反映和监督其他应收款的发生和收回情况，企业应设置"其他应收款"账户。该账户属于资产类账户，借方登记企业各种应收、暂付款项的发生数，贷方登记各种应收、暂付款项的收回数，期末余额在借方，表示尚未收回或报销的应收款项和暂付款项。

其他应收款的账务处理如表 8 - 25 所示。

3. 其他应收款的账务处理举例

【例 8 - 32】2014 年 12 月 31 日，××酒店张经理预支差旅费 3000 元，编制会计分录如下：

借：其他应收款——张经理   3000

  贷：库存现金   3000

【例 8 - 33】2014 年 12 月 31 日，××酒店根据核定的备用金金额，支付给前台现金 1000 元作为收银员备用资金，编制会计分录如下：

表 8-25　其他应收款的账务处理

名称	业务内容	业务处理
其他应收款的账务处理	发生其他各种应收款项	借：其他应收款 　　贷：库存现金 　　　　银行存款等
	收回各种其他应收款项	借：管理费用 　　库存现金 　　银行存款 　贷：其他应收款
	经批准作为坏账的其他款项	借：坏账准备 　贷：其他应收款
	收回已确认并转销的坏账损失	借：其他应收款 　贷：坏账准备

借：其他应收款——备用金　　　　　　　　1000
　　贷：库存现金　　　　　　　　　　　　　　　　1000

【例 8-34】2014 年 12 月 31 日，张经理报销差旅费 2500 元，交回现金 500 元，编制会计分录如下：

借：库存现金　　　　　　　　　　　　　　500
　　管理费用——差旅费　　　　　　　　　2500
　　贷：其他应收款——张经理　　　　　　　　　3000

（三）其他业务成本

1. 其他业务成本的概念和内容

其他业务成本的概念和内容如表 8-26 所示。

表 8-26　其他业务成本的概念和内容

名称	项目	具体内容
其他业务成本的概念和内容	概念	其他业务成本是指企业确认的除主营业务活动以外的其他经营活动所发生的成本
	内容	销售材料的成本
		出租固定资产的折旧额
		出租无形资产的摊销额
		出租包装物的成本或摊销额

2. 其他业务成本的账务处理

"其他业务成本"为损益类账户，是指核算企业确认的除主营业务活动以外的其他经营活动所发生的支出，包括销售材料的成本、出租固定资产的折旧额、出租无形资产的摊销额、重组包装物的成本或摊销额等。本账户借方登记确认的其他业务成本，贷方登记期末转入"本年利润"账户的其他业务成本，期末结转后本账户无余额。本账户可按其他业务成本的种类进行明细核算。其他业务成本的账务处理如表8-27所示。

表8-27　其他业务成本的账务处理

名称	业务内容	业务处理
其他业务成本的账务处理	发生或结转其他业务成本	借：其他业务成本 　　贷：原材料 　　　　周转材料 　　　　累计折旧 　　　　累计摊销 　　　　银行存款等
	期末余额转入本年利润	借：本年利润 　　贷：其他业务成本

3. 其他业务成本的账务处理举例

【例8-35】2014年12月31日，××酒店核算对外出租场地发生水电费成本2000元，编制会计分录如下：

借：其他业务成本　　　　　　　　　　　　2000

　　贷：银行存款　　　　　　　　　　　　　　　2000

第九章 酒店财务预算编制

　　酒店财务预算来自于酒店的战略计划，在编制预算之前，酒店应先对内部、外部环境进行科学的分析和预测，并制订战略计划。预算是指酒店经营者为了实现未来一定时期的经营目标，以货币为计量单位，对酒店所拥有的各种资源，事先进行科学合理的规划、预算和分配，以约束指导酒店的经营活动，并保证经营目标顺利完成的一系列具体规划。

一、酒店财务预算认知与理解

　　酒店财务预算是由酒店各部门的预算汇总而成的，是利用货币度量对酒店某个时期的全部经济活动正式计划的数量反映，也是对酒店未来某个时期财务报表所列项目计划的一种数量反映。

　　（一）酒店财务预算简介

　　1. 酒店财务预算与预测的联系、区别

　　酒店在实务中，财务预算与财务预测息息相关，它们之间有以下联系：

　　在编制财务预算时，要先做财务预测，也就是说财务预测是财务预算的前提，只有做出正确的财务预测才能做出正确的财务预算。

　　两者间不仅有联系，还存在着以下区别：

　　（1）财务预测主要是估计未来一定时期内酒店某些经济情况和经济活动将会发生的变化。

　　（2）财务预算则是在财务预测的基础上，为实现酒店目标而编制的用数量形式反映的正式计划，是酒店控制和考核财务的标准。

　　2. 酒店财务预算的特点

　　财务预算是酒店整个财务管理体系的重要环节，是财务决策的具体化，其具有以下特点：

　　（1）预见性。酒店财务预算反映的是酒店未来时期的经营活动和财务状况，具有明显的预见性。

　　（2）适用性。从实际出发编制出适合于各部门的财务预算，并使财务最终得以付诸实施，并更好地控制酒店的各项经营活动。

3. 波动性

预算的编制通常是以1年为1期，为了与会计年度相一致及与预算执行结果的考核、分析和评价相一致。实际中还可以在年度预算的基础上再分更短期预算，这样能很好地反映酒店经营的波动性。

4. 酒店财务预算的作用

预算是超前思考的过程，它展现了未来各种可能的前景，提高对不确定事件的反应能力，所以，酒店财务预算的作用包括以下四个方面：

（1）可以明确酒店的经营目标。

（2）可以协调酒店各部门的工作。

（3）可以作为酒店控制财务活动的依据。

（4）可以作为酒店工作业绩考核的标准。

（二）酒店财务预算的程序和注意事项

1. 酒店财务预算的程序

酒店财务预算编制的程序一般如下：

（1）进行市场调研，收集有关资料，并进行分类归集及评价。

（2）召开预算编制会议，明确预算编制的原则、指导思想及总体经营目标。

（3）以各部门为基础，编制部门预算草案及说明。

（4）财务部汇总各部门预算草案及说明，进行初审。

（5）财务部根据初审结果，若不符合要求直接同步协调，提请修订；若符合要求或部门拒绝修订则提交总经理、财务总监进行复议审批。

（6）财务总监根据修订、调整的各部门预算，进行全酒店的综合平衡，编制整个酒店的财务预算。

（7）经各部门经理与财务总监和总经理的商议讨论而后确定、落实全酒店预算方案。

（8）呈报集团总部和业务审批。

（9）批准后，酒店下达给各部门，各部门将以预算指标为依据，采取措施，相互配合，更好地完成酒店制定的预算目标。

2. 酒店财务预算的注意事项

在对酒店进行财务预算编制的过程中，应注意以下三点：

（1）明确预算的编制方针。

（2）掌握和收集有关基础资料和数据。

（3）注重预算的连贯性和长短期的衔接。

（三）酒店财务预算的编制方法

酒店财务预算的编制通常是采用文字和数字两部分，预算所反映的是对未来一定预算期内经济活动的财务状况和经营成果，以及现金收支等价值指标的估计数。

一般来说，酒店的财务预算的方法有固定预算与弹性预算、增量预算与零基预算、定期预算和滚动预算。根据这些不同的方法得出的预算结果是不同的，并且各有其优缺点。

1. 固定预算和弹性预算

（1）固定预算。固定预算也称静态预算，是指根据预算期内正常的、可实现的某一经济业务量水平作为唯一基础和依据来编制预算的方法。

1）固定预算的优点：编制的方法简单。

2）固定预算的缺点：一是过于机械呆板。因为编制预算的业务量基础是事先假定的某一个业务量，不论预算期内业务量水平可能发生哪些变动，都只按事先确定的某一个业务量水平作为编制预算的基础。二是可比性差。当实际的业务量与编制预算所根据的预计业务量发生较大差异时，有关预算指标的实际数与预算数就会因业务量基础不同而失去可比性。因此，按照固定预算方法编制的预算不利于正确地控制、考核和评价企业预算的执行情况，这是固定预算方法的致命弱点。

固定预算方法适用于业务量水平较为稳定的酒店。

（2）弹性预算。弹性预算法又称变动预算法，是在变动成本法的基础上，以未来不同业务水平为基础编制预算的方法，是固定预算的对称；是指以预算期间可能发生的多种业务量水平为基础，分别确定与之相应的费用数额而编制的，能适应多种业务量水平的费用预算。

1）弹性预算的优点：一是灵活性强。能够适应不同经营活动情况的变化，扩大了预算的范围，更好地发挥预算的控制作用，避免了在实际情况发生变化时，对预算作频繁的修改。二是可比性强。能够使预算对实际执行情况的评价与考核建立在更加客观可比的基础上。

2）弹性预算的缺点：一是可控性差，控制力弱。二是编制较为复杂。

弹性预算从理论上适用于编制所有与业务量有关的各种预算；从实用角度上适用于编制弹性成本费用预算和弹性利润预算等。

2. 增量预算和零基预算

（1）增量预算。增量预算也称调整预算，是指以基期成本费用水平为基础，结合预算期业务量水平及有关影响成本因素的未来变动情况，通过调整有关原有费用项目而编制预算的预算方法。

1）增量预算的优点：一是预算是稳定的，并且变化是循序渐进的；二是经理能够在一个稳定的基础上经营他们的部门；三是系统相对容易操作和理解；四是遇到类似威胁的部门能够避免冲突；五是容易实现协调预算。

2）增量预算的缺点：一是它假设经营活动以及工作方式都以相同的方式继续下去；二是不能拥有启发新观点的动力；三是没有降低成本的动力；四是它鼓励将预算全部用光以便明年可以保持相同的预算；五是它可能过期，并且不再和经营活动的层次或者执行工作的类型有关。

增量预算适用于服务部门费用预算的编制，并且一般与零基预算结合使用，每隔若干年会进行一次零基预算的编制，在两次编制零基预算的间隔中间年份采用增量预算。

（2）零基预算。零基预算是指在编制成本费用预算时，不考虑以往会计期间所发生的费用项目或费用数额，而是以所有的预算支出为零作为出发点，一切从实际需要与可能出发，逐项审议预算期内各项费用的内容及其开支标准是否合理，在综合平衡的基础上编制费用预算的一种方法。

1）零基预算的优点：一是能够识别和去除不充分的或者过时的行动；二是能够促进更为有效的资源分配；三是需要广泛的参与；四是能够应对环境的变化；五是鼓励管理层寻找替代方法。

2）零基预算的缺点：一是由于一切工作从"零"做起，因此采用零基预算法编制工作量大、费用相对较高；二是分层、排序和资金分配时，可能有主观影响，容易引起部门之间的矛盾；三是任何单位工作项目的"轻重缓急"都是相对的，过分强调项目，可能是有关人员只注重短期利益，忽视本单位作为一个整体的长远利益。

零基预算适用于产出较难辨认的服务性部门预算的编制和控制。

3．定期预算和滚动预算

（1）定期预算。定期预算也称阶段性预算，是指在编制预算时以不变的会计期间（如日历年度）作为预算期的一种编制预算的方法。

1）定期预算的优点：定期预算的唯一优点是能够使预算期间与会计年度相配合，便于考核和评价预算的执行结果。

2）定期预算的缺点：

一是盲目性。由于定期预算往往是在年初甚至提前两三个月编制的，对于整个预算年度的生产经营活动很难做出准确的预算，尤其是对预算后期的预算只能进行笼统的估算，数据笼统含糊，缺乏远期指导性，给预算的执行带来很多困难，不利于对生产经营活动的考核与评价。

二是滞后性。由于定期预算不能随情况的变化及时调整，当预算中所规划的各种活动在预算期内发生重大变化时（如预算期临时中途转产），就会造成预算滞后过时，使之成为虚假预算。

三是间断性。由于受预算期间的限制，致使经营管理者们的决策视野局限于本期规划的经营活动，通常不考虑下期。例如，一些企业提前完成本期预算后，以为可以松一口气，其他事等来年再说，形成人为的预算间断。因此，按定期预算方法编制的预算不能适应连续不断的经营过程，从而不利于企业的长远发展。

（2）滚动预算。滚动预算又称连续预算或永续预算，是指在编制预算时，将预算期与会计年度脱离开，随着预算的执行不断延伸补充预算，逐期向后滚动，使预算期始终保持为一个固定期间的一种预算编制方法。

1）滚动预算的优点：一是能保持预算的完整性、继续性，从动态预算中把握企业的未来。二是能使各级管理人员始终保持对未来一定时期的生产经营活动作周详的考虑和全盘规划，并保证企业的各项工作有条不紊地进行。三是由于预算能随时间的推进不断加以调整和修订，能使预算与实际情况更加相符，有利于充分发挥预算的指导和控制作用。采用滚动预算的方法，预算编制工作比较繁重。为了适当地简化预算的编制工作，也可采用按季度滚动编制预算。四是有利于管理人员对预算资料作经常性的分析研究，并根据当前的执行情况及时加以修订，保证企业的经营管理工作稳定而有秩序地进行。

2）滚动预算的缺点：一是预算期较长，因而难以预测未来预算期的某些活动，从而给预算的执行带来不便。二是事先预见到的某些活动，在预算执行过程中往往会有所变动，而原有预算却未能及时调整，从而使原有预算显得不相适应。三是受预算期的限制使管理人员的决策视野局限于剩余的预算期间的活动，缺乏长远的打算，不利于企业的长期稳定有序发展。

（四）酒店财务预算的组织管理

酒店的预算管理由总经理负责，并设置专门的组织机构负责预算的编制、审核、调整、执行和控制。

1. 预算管理的组织机构

酒店的预算管理机构由三层人员组成。

（1）预算管理委员会：由总经理、副总经理、部门经理等人员组成。

（2）酒店预算工作小组：由财务部及各部门预算编制的专职或兼职人员组成。

（3）部门预算工作小组：由各部门有关人员组成。

2. 酒店预算管理机构的职责

酒店预算管理机构的职责如下：

（1）预算管理委员会。根据年度经营方针提出预算编制的方针和指导思想；处理预算编制中出现的重大问题；审查并确定最后预算汇总的各项指标，对年中出现重大变化需调整预算的，确定调整方案，定期或不定期地检查和监督各项预算的执行和控制情况。

（2）酒店预算工作小组。根据预算管理管员会确定的预算编制方针和指导思想，将编制任务下达给有关部门；汇总各部门草拟的分部计划，测算平衡反馈各部门，指导监督各部门的预算编制工作；汇总、编制总预算，检查、控制各项预算的执行；分析考核预算的执行情况。

（3）部门预算工作小组。根据预算编制的方针和指导思想，以及酒店预算小组下达的任务，编制本部门的各项预算：对部门及专业预算的执行进行跟踪控制；分析本部门及专业预算与实际的差异，采取完成预算的有效措施。

（五）酒店财务预算的编制原则

酒店财务预算的编制有以下五个原则：

（1）预算确定的目标既要具有科学性、先进性，又要具备可实现性。

（2）预算要落实到各部门，并分解到各月和各季度，使各部门明确各自的目标和责任。

（3）预算制定要与部门的目标责任制结合起来，并与奖惩相结合。

（4）预算的综合平衡要统筹兼顾，适当安排，要处理好局部与全部关系，树立酒店一盘棋的观念，各部门的综合平衡应服从酒店的总体平衡。

（5）预算具有严肃性、权威性，一经确认不得随意变更。

二、酒店财务预算的控制管理

为了保证预算的完成，实现预算的经营目标，各部门应认真研究、落实措施，并对预算执行进行检查、分析、考核，使各项预算指标经常处于受控状态。

1. 预算执行控制

酒店的各层预算管理组织要严格执行预算管理制度、严格按各项预算的内容规划部门的工作，各部门应将预算目标作为部门日常经营活动的标准，通过计量对比，及时提示实际偏离预算的现象，分析原因，采取措施，进而保证预算目标的完成。

对预算内的各项成本费用开支，按酒店的成本费用控制权限标准执行，对超出预算范围的开支，要报总经理批准。工作经营性费用支出投资预算和财务预算的变动一概需总经理批准后方能执行。

2. 预算的考核控制

酒店应制订预算考核办法，把考核与目标经营责任制联系起来，与奖惩措施结合起来，将部门完成预算情况做好，以加大预算的执行力度。

酒店要将各项预算落实到各部门预算责任人，部门再将指标层层分解落实到各班组和个人，并对核算的执行结果进行考核。在考核中，应坚持结果与分配机制相联系，部门和个人利益与酒店整体利益挂起钩来。

3. 预算的分析控制

酒店应定期对组织各专业预算执行情况进行分析。每月召开一次经济活动分析会议，每季度做一次预算执行情况的分析小结，年度对全年预算的执行结果进行分析总结。

每月的经济活动分析会议上，总经理、财务部经理对各专业部门月度的经营情况和预算执行情况进行分析，通过讲评，及时纠正预算执行中出现的偏差，及时调整经营策略，以保证预算执行的进度和力度。

酒店财务部应该做好酒店的月度、季度、年度的经济活动分析，并对各项预算执行存在的问题进行分析，提出改进措施和建议，供酒店领导来决策。

另外，月度的经济活动分析报告需在月底终了 7 日内上报总经理；季度的经济活动分析报告需在季度终了 10 日内上报总经理；年度的经济活动分析报告需在年度终了 15 日内上报总经理。

三、酒店日常财务预算的编制

酒店财务预算可以明确酒店的经营目标、协调各部门的工作，可以作为控制酒店财务活动的依据和作为工作业绩考核的标准。

（一）客房部的财务预算

1. 客房部营业收入的预算

客房部的营业收入一般要结合酒店可供出租的客房数、预计出租率、预计名义房价、预计折扣率和预算期营业天数等因素进行综合考虑。

由于客房的档次与规格不同，因此要对不同类型的客房进行分别核算，然后再汇总。其计算公式为：

客房部某类客房预算营业收入 = 该类客房可供出租的客房数 × 预计出租率 × 预计名义房价 × 预计折扣率 × 预计营业天数

决定酒店客房收入的主要因素及其关系如图 9 - 1 所示。

从图 9 - 1 可知：客房营业收入主要受名义房价、客房出租率和折扣率的影响；在一般情况下，出租率越高，客房收入也越多。

其中，客房的出租率还受客房服务、客房质量、酒店环境、餐饮条件等因素的影响。

2. 营业成本与费用的预算

客房部营业成本与费用预算的编制应将项目按照其与客房出租量的关系划分为固定费用和变动费用，并分别计算预计的发生额，然后再汇总，即为客房部营业成本与费用预算。

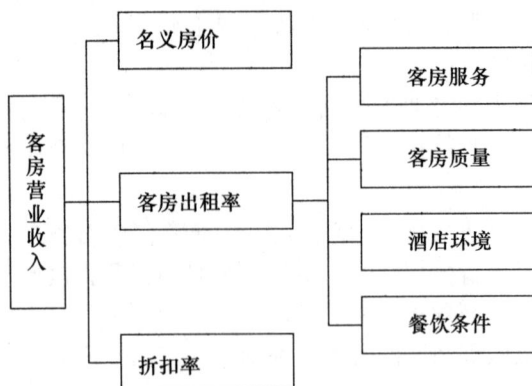

图 9-1　决定酒店客房收入的主要因素及其关系

客房部的固定费用是指不随客房出租量的变化而变化的费用，如工资及福利费、折旧费、大修理费、服装费和保险费等。变动费用是指随客房出租量的变化而变化的费用，如燃料费、洗涤费、水电费、物料用品消耗、修理费和其他费用。其计算公式如下：

客房部预算变动费用 = 每日变动费用消耗额 × 客房数 × 出租率 × 天数

对于那些无法明确归属到具体部门的费用，如燃料费、水电费等，需要选择一定的标准分摊到各个部门中，如我们可以根据各部门营业收入占酒店总收入的比重进行分摊。具体分摊方法如下：

该部门本期应分摊的费用 = 该项费用总额 × （该营业部门的收入 ÷ 酒店总收入）

（二）餐饮部财务预算

1. 餐饮部营业收入的预算

编制餐饮部营业收入的预算时应结合就餐人数、人均消费额和各种促销手段综合来考虑。由于各时段就餐人数和消费不同，所以应该按就餐时段进行编制，然后再汇总。计算公式如下：

某一餐的预算营业收入 = 餐厅座位数 × 座位周转率 × 人均消费额 × 预算期营业天数

宴会厅收入 = 宴会厅数量 × 预算期天数 × 宴会厅利润率 × 平均就餐人数 × 人均就餐标准

零点收入 = 零点就餐位 × 预算期天数 × 平均就餐人数 × 人均消费额

2. 餐饮部营业成本与费用的预算

餐饮部营业成本与费用预算包括营业成本预算与营业费用预算。

（1）营业成本预算。营业成本又称为直接成本，它是随接待数量及客人的消费水平的不同而变化的，只能通过毛利率来预算成本支出额，计算公式如下：

餐饮预算直接成本 = 餐饮预算营业收入 ×（1 - 预算餐饮毛利率）

其中不同餐厅和地点销售的饮料毛利率是不同的，所以应分别计算，然后汇总。

（2）餐饮部营业费用预算。餐饮部营业费用预算分为固定费用和变动费用，固定费用的预算与客房部相同，变动费用（如燃料费、低值易耗品、水电费等）要和餐饮成本一起编制弹性预算。

（三）管理费用的预算

管理费用的预算可采用零基预算法，也就是将所有的预算支出均以零为出发点，不考虑以往会计期间所发生的费用项目及数额，一切从实际出发，分别审议预算期内各项费用的内容及开支标准是否合理，在综合平衡的基础上编制费用预算的一种方法。并结合预算期费用节约潜力和因素对不同的项目分别进行财务预算的编制。

（四）现金的预算

1. 现金预算的编制方法

编制现金预算应以日常业务预算和专门决策预算为基础，或者说是这两种预算在编制时要为现金预算作数据准备。

现金预算编制的方法有两种：现金收入和支出法、净收益调整法，选择哪种方法主要取决于编制现金预算期的长短。

（1）现金收入和支出法。现金收入和支出法又称直接法，是直接地逐项预算酒店各项现金数额，并以此来平衡财务收支的一种方法。一般按季、按月甚至按周或按日编制现金预算。

（2）净收益调整法。净收益调整法主要适用于较长时间编制现金预算，反映较长时间管理部门的评价和估计的现金金额。它主要是相对于资金的外部来源与内部来源而言的。

净收益调整法是一种编制现金预算的间接方法，用这一方法编制的现金预算主要由现金来源和现金使用两部分组成。

1）现金来源部分包括内部来源，来自营业的主要净收益加所得税费用、折旧以及类似的费用所反映的现金，资金的某些其他来源包括银行贷款、固定资产销售和类似的来源。

2）现金使用指应收账款增加，固定资产购买，原材料及其他存货的购买等。

净收益调整法直接把重点放在应收账款、存货和流动资金负债的变化上，这对于目前很多酒店尤其是应收账款占用比例较大、存货占用资金多的酒店非常必要。让管理者在日常运转过程中必须考虑应收账款和与存货相关的现金数量以及流动负债所"提供"的现金，从而鼓励管理部门更周密地观察流动资金账户，加速资金周转。

编制采购预算时，应以生产预算提出的材料消耗量并结合材料期初、期末库存情况来确定采购数量，然后按照预计的材料单价计算出所需要的采购资金数。同时，考虑前期应付材料款的偿还和本期购料款的支付情况后，预计预算期间材料采购现金支出额。

预计现金支出额＝前期应付账款偿还数＋本期购料款当期支付数

预计采购量生产需要量＝预期期末预计存料量－预算期期初存料量

运用间接法编制现金流量预算时，是以预算损益表中的净利润为基数进行编制的，损益预算是净收益调整法编制预计现金流量表的前提和基础。

2. 现金预算的控制

（1）明确经济责任。现金预算必须实行货币收支指标分管的责任制，将酒店月度收支指标分解落实到各部门，以此来确定有关部门的经济责任。

（2）遵守现金管理和结算制度。现金结算应以国家颁布的现金管理制度和银行结算办法为依据，使酒店的货币收支具有合法性和有效性。

（3）保障现金安全。必须实行钱账分管制度和查库制度，每天核对库存现金，每月核对银行存款，以此保证账账相符和账实相符。

（4）检查执行情况。有关部门应按月上报收支预算的执行情况。财务部门在汇总核算资料的基础上写出分析报告。对个别项目变动较大时应对预算进行修改。

（五）利润的预算

1. 酒店利润预算的直接计算法

直接预算法是根据预算收入、预算成本和预算税金直接计算出利润额的一种方法，需要计算不同营业项目的预算利润，然后再汇总。计算公式如下：

预算利润＝预算收入－预算成本费用－预算税金

2. 酒店利润预算指标计算法

指标计算法是指利用相关指标来预测利润的一种方法，如利用营业收入利润率、费用率等来预算利润。

3. 酒店利润预算保本点计算法

预算保本点计算法是在保点分析的基础上进行利润预算的一种方法。计算公式如下：

预算经营利润＝（预算营业收入－保本点收入）×毛利率

（六）酒店资产负债表的预算

资产负债表预算也称预计资产负债表，是按照资产负债表的内容和格式编制的综合反映预算执行单位期末财务状况的预算报表。一般根据预算期期初实际的资产负债表和销售或营业预算、生产预算、采购预算、资本预算、筹资预算等有关数据分析编制。

预计资产负债表是反映酒店预算期末财务状况的总括性预算，表中除上年期末数已知外，其余项目均应在前述各项预算的基础上分析填列。它总括地列示计划期期末的资金相对静止状态。编制依据是报告期期末资产负债表以及预算期内各种业务预算、现金预算及资本预算的有关数据。

预计资产负债表是在预计损益表、预计现金流量表的基础上编制而成的。

预计资产负债表的货币资金期初数 = 预计现金流量表的现金期初数

预计资产负债表的货币资金期末数 = 预计现金流量表的现金期末数

预计资产负债表的期末未分配利润数 = 预计资产负债表的期初未分配利润数 + 预计损益表的本期利润数

酒店财务预算并不是一经制定就固定不变的，财务预算编制是建立在一系列假设和估计的基础上的，因此预算具有一定的局限性。在推行预算的过程中如果出现较大的差异，就应对财务预算作适当的修正，以提高财务预算在企业经营管理中的作用。

第十章　酒店财务报表编制

财务会计报告是信息提供者和信息使用者之间的重要桥梁，是了解企业财务状况、经营结果的重要信息来源，财务会计报告的质量关系到企业的健康发展，关系到资本市场的健康发展。

一、财务报表的概述

财务报表是各种会计报表中最重要的一部分，下面来说明财务报表需要注意的问题。

（一）财务报表简介

财务报表亦称对外会计报表，是会计主体对外提供的反映会计主体财务状况和经营的会计报表，包括以下几点内容：

（1）资产负债表。

（2）利润表（损益表）。

（3）现金流量表（财务状况变动表）。

（4）所有者权益变更表。

财务报表是财务报告的主要部分，不包括董事报告、管理分析及财务情况说明书等列入财务报告或年度报告的资料。

（二）财务报表的分类

财务报表是企业向外传递会计信息的主要手段，可以按照不同的标准进行分类。

1. 按服务对象分类

按服务对象，可以分为对外报表和内部报表。

（1）对外报表。对外报表是企业必须定期编制，向上级主管部门、投资者、财税部门等按规定向社会公布的财务报表。

这是一种主要的、定期的、规范化的财务报表。它要求有统一的报表格式、指标体系和编制时间等，资产负债表、利润表和现金流量表等均属于对外报表。

（2）内部报表。内部报表是企业根据其内部经营管理的需要而编制的、供其内部管理人员使用的财务报表。它不要求统一格式，没有统一指标体系。

2. 按报表所提供会计信息的重要性分类

按报表所提供会计信息的重要性，可以分为主表和附表。

（1）主表。主表即主要财务报表，是指所提供的会计信息比较全面、完整，能基本满足各种信息需要者的不同要求的财务报表。

现行的主表主要有三张，即资产负债表、利润表和现金流量表。

（2）附表。附表即从属报表，是指对主表中不能或难以详细反映的一些重要信息所做的补充说明的报表，现行的附表主要有：利润分配表和分部报表，是利润表的附表；应交增值税明细表和资产减值准备明细表，是资产负债表的附表。主表与有关附表之间存在着钩稽关系，主表反映企业的主要财务状况、经营成果和现金流量，附表则对主表进一步补充说明。

3. 按编制和报送的时间分类

按编制和报送的时间，可以分为中期财务报表和年度财务报表。

（1）中期财务报表。广义的中期财务报表包括月份、季度、半年期财务报表；狭义的中期财务报表仅指半年期财务报表。

（2）年度财务报表。年度财务报表是全面反映企业整个会计年度的经营成果、现金流量情况及年末财务状况的财务报表。

企业每年底必须编制年度财务报表。

4. 按编报单位不同分类

按编报单位不同，分为基层财务报表和汇总财务报表。

（1）基层财务报表。基层财务报表是由独立核算的基层单位编制的财务报表，是用以反映本单位财务状况和经营成果的报表。

（2）汇总财务报表。汇总报表是指上级和主管部门将本身的财务报表与其所属单位报送的基层报表汇总编制而成的财务报表。

5. 按编报的会计主体不同分类

按编报的会计主体不同，分为个别报表和合并报表。

（1）个别报表。个别报表是在以母公司和子公司组成的具有控股关系的企业集团中，由母公司和子公司各自为主体分别单独编制的报表，用以分别反映母公司和子公司本身各自的财务状况、经营成果和现金流量情况。

（2）合并报表。合并报表是以母公司和子公司组成的企业集团为一会计主体，以母公司和子公司单独编制的个别财务报表为基础，由母公司编制的综合反映企业集团经营成果、财务状况及其资金变动情况的财务报表。

（三）财务报表的作用

财务报表就像一面镜子，我们可以通过它看到各企业的财务状况和经营全貌，为实施经营管理和进行相关决策提供丰富的会计信息。财务报表的作用有以下四点：

（1）有助于投资者和债权人等了解企业的财务状况与经营成果。

（2）有助于企业加强和改善内部经营管理。

（3）有助于国家经济管理部门制定宏观产业政策，进行宏观调控。

（4）有利于促进资本市场的健康发展。

（四）财务报表的结构

财务信息是通过财务报表中对各个会计要素和项目，采用特定的排列顺序和组合，用特有的逻辑关系披露出来。要想顺利地编出和读懂财务报表，掌握财务报表所提供的信息，就要求我们熟悉财务报表的框架，理解各个会计要素的内在联系。一般而言，财务报表的结构由以下三部分组成：

1. 表头部分

该部分主要包括报表的名称、编号、编制单位、编制日期、金额计量单位等。

2. 主体部分

该部分是报表的核心和主干，会计报表基本是通过这一部分来总括地表述单位的财务状况和经营成果。

3. 补充资料部分

该部分是报表的重要组成部分，一般列在报表的下端，所提供的是使用者需要了解但在基本部分内无法反映或准以单独反映的，如期末库存商品余额、已贴现的商业承兑汇票金额等。

（五）财务报表的编制要求

由于财务报表项目的重要性和不同会计期间的一致性，在保证日常会计核算质量和做好编表前准备工作的基础上，财务报表的编制要符合以下五点要求：

1. 数字真实

财务报告中的各项数据必须真实可靠，如实地反映企业的财务状况、经营成果和现金流量。这是对会计信息的基础要求。

2. 内容完整

财务报表应当反映企业经济活动的全貌，全面反映企业的财务状况和经营成果，才能满足各方面对会计信息的需求。

凡是国家要求提供的财务报表，各企业必须全部编制并报送，不得漏编和漏报。凡是国家统一要求披露的信息，都必须披露。

3. 计算准确

日常的会计核算以及编制财务报表涉及大量的数字计算，只有准确的计算才能保证数字的真实可靠。

这就要求编制财务报表必须以核对无误后的账簿记录和其他有关资料为依据，不能使用估计或推算的数据，更不能以任何方式弄虚作假、玩数字游戏或隐瞒谎报。

4. 报送及时

及时性是信息的重要特征，财务报表信息只有及时地传递给信息使用者，才能为使用者的决策提供依据。否则，即使是真实可靠和内容完整的财务报告，由于编制和报送不及时，对报告使用者来说，也大大降低了会计信息的使用价值。

5. 手续完备

企业对外提供的财务报表应加具封面、装订成册、加盖公章。财务报表封面上应当注明：企业名称、企业统一代码、组织形式、地址、报表所属年度或者月份、报出日期，并由企业负责人和主管会计工作的负责人、会计机构负责人（会计主管人员）签名并盖章；设置总会计师的企业，还应当由总会计师签名并盖章。

二、资产负债表

资产负债表也称财务状况表，表示企业在一定日期内的财务状况（资产、负债和所有者权益的状况）的主要会计报表。资产负债表属于一张静态报表，它所描述的是发布那一时点企业的财务状况，是企业持续经营过程中的一个瞬间剪影。

（一）资产负债表的结构

资产负债表的基本结构包括表头和表身两部分，资产负债表的结构如图10-1所示。

（二）资产负债表的格式

资产负债表的格式主要有账户式和报告式两种。报告式资产负债表分为上下结构，上半部分列示资产，下半部分列示负债和所有者权益；账户式资产负债表分为左右结构，左边列示资产，右边列示负债和所有者权益。

资产负债表正表的内容是依据：资产＝负债＋所有者权益。在我国，资产负债表采用账户式。每个项目又分为"年初数"和"期末数"两栏分别填列。

1. 账户式资产负债表

常用的账户式资产负债表格式如表10-1所示。

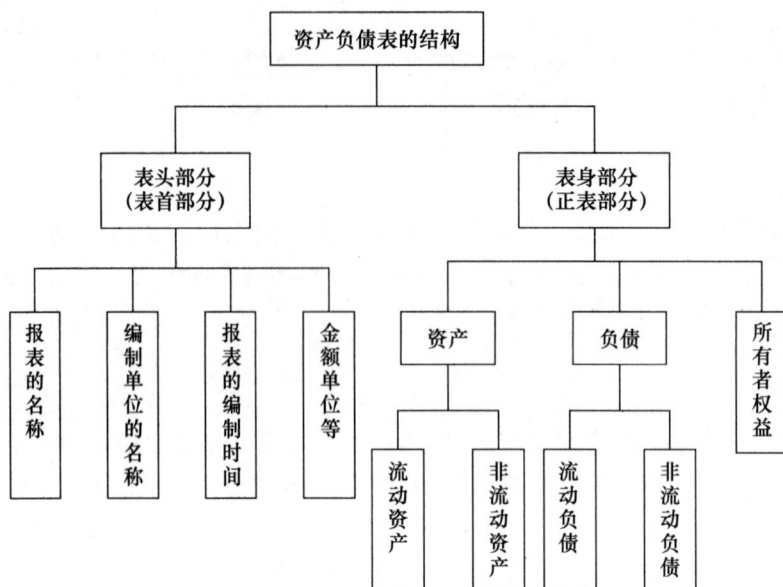

图 10 - 1 资产负债表的结构

表 10 - 1 资产负债表（账户式）   会企 01 表

编制单位：   年 月 日   单位：元

资产	期末余额	年初余额	负债和所有者权益（或股东权益）	期末余额	年初余额
流动资产			流动负债		
货币资金			短期借款		
交易性金融资产			交易性金融负债		
应收票据			应付票据		
应收账款			应付账款		
预付款项			预收款项		
应收利息			应付职工薪酬		
应收股利			应交税费		
其他应收款			应付利息		
存货			应付股利		

续表

资产	期末余额	年初余额	负债和所有者权益（或股东权益）	期末余额	年初余额
1 年内到期的非流动资产			其他应付款		
其他流动资产			1 年内到期的非流动负债		
流动资产合计			其他流动负债		
非流动资产			流动负债合计		
可供出售金融资产			非流动负债		
持有至到期投资			长期借款		
长期应收款			应付债券		
长期股权投资			长期应付款		
投资性房地产			专项应付款		
固定资产			预计负债		
在建工程			递延所得税负债		
工程物资			其他非流动负债		
固定资产清理			非流动负债合计		
生产性生物资产			负债合计		
油气资产			所有者权益（或股东权益）		
无形资产			实收资本（或股本）		
开发支出			资本公积		
商誉			减：库存股		
长期待摊费用			盈余公积		
递延所得税资产			未分配利润		
其他非流动资产			所有者权益（或股东权益）合计		
非流动资产合计					
资产合计			负债和所有者权益（或股东权益）合计		

2. 报告式资产负债表

报告式资产负债表格式如表 10 - 2 所示。

表 10-2 资产负债表（报告式）

资产		
流动资产	×××	
长期股权投资	×××	
固定资产	×××	
无形资产	×××	
递延资产	×××	
其他资产	×××	
资产合计		×××
负债		
流动负债	×××	
长期负债	×××	
负债合计	×××	
所有者权益		
实收资本	×××	
资本公积	×××	
盈余公积	×××	
未分配利润	×××	
所有者权益合计		×××

（三）资产负债表的用途

资产负债表的作用如下：

（1）反映企业的资产及其分布情况。

（2）表明企业所承担的债务及其偿还时间。

（3）反映企业净资产及其形成原因。

（4）反映企业财务发展趋势。

（四）资产负债表的内容

资产负债表也称资产负债表三要素，其内容包括资产、负债和所有者权益。它是按照规定的项目顺序，对企业某一特定日期的资产、负债、所有者权益加以适当地排列而成的。

1. 资产类项目

资产是指过去的交易或事项形成并由企业拥有或者控制的资源，预期会为企业带来经济效益的资源资产类项目，包括流动资产和非流动资产。

（1）流动资产。流动资产（Current Assets）是指企业可以在1年或者超过1年的一个营业周期内变现或运用的资产。

流动资产包括：货币资金（库存现金、银行存款、其他货币资金）、交易性金融资产、应收票据、应收账款、预付款项、应收利息、应收股利、其他应收款、存货、1 年内到期的非流动资产、其他流动资产。

（2）非流动资产。非流动资产（Non‑Current Asset）是指除流动资产之外的资产。

非流动资产包括：可供出售金融资产、持有至到期投资、长期应收款、长期股权投资、投资性房地产、固定资产、在建工程、工程物资、固定资产清理、生产性生物资产、无形资产、开发支出、商誉、长期待摊费用、递延所得税资产、其他非流动资产。

2. 负债类项目

负债是指企业过去的交易或事项形成的、预期会导致经济利益流出企业的现时义务。负债类项目包括流动负债和非流动负债。

（1）流动负债。流动负债是指将在 1 年或者长于 1 年的一个营业周期内偿付的债务。

流动负债包括：短期借款、交易性金融资产负债、应付票据、应付账款、预收款项、应付职工薪酬、应交税费、应付利息、应付股利、其他应付款、1 年内到期的非流动负债、其他流动负债。

（2）非流动负债。非流动负债是指偿还期在 1 年以上或者超过 1 年的一个营业周期以上的负债。

非流动负债包括：长期借款、应付债券、长期应付款、专项应付款、预计负债、递延所得税负债、其他非流动资产。

3. 所有者权益项目

所有者权益也称股东权益，是指所有者在企业资产中享有的经济利益。其计算公式为：

所有者权益＝资产－负债

所有者权益包括：实收资本（股本）、资本公积、库存股、盈余公积、未分配利润。

（五）资产负债表的编制方法

资产负债表的账户两方分别有"年初余额"和"期末余额"两栏。"年初余额"栏根据上年度资产负债表的"期末余额"填列。

值得注意的是，本年度每个月资产负债表的"年初余额"都是照填上年度的"期末余额"。不要将"年初余额"误以为是"期初余额"。资产负债表的编制方法如下：

1. 根据总账余额直接填列

根据总账余额直接填列就是直接将总账中的余额填列进资产负债表的相关项目如"应收票据"、"短期借款"、"实收资本"等项目。

2. 根据若干总账余额计算填列

根据若干总账余额计算填列就是集中反映某类会计信息，将分散在若干账户中的数据加总后填列在资产负债表的一个项目中。

例如，"固定资产"项目根据"固定资产"账户期末余额减去"累计折旧"和"固定资产减值准备"账户期末余额后填列。

3. 根据总账所属明细账的余额方向分析填列

根据总账所属明细账的余额方向分析填列就是为了更准确地报告企业的财务状况，对具有双重性质内容的总账内容进行分析，根据所属明细账的余额方向的具体内容的性质进行分别填列。

4. 根据账户余额内容分析填列

根据账户余额内容分析填列就是为了更准确地反映资产、负债的流动性，对相关非流动资产、非流动负债账户的余额进行分析，将其中符合流动资产或流动负债的部分分离出来并单独报告。

三、利润表

利润表也称收益表或损益表，是反映企业在一定会计期间经营成果的财务报表。下面来简要说明利润表的用途。

利润表属于一张动态表，在四大报表中其最能反映公司的获利结构，最容易判断出公司未来的发展趋势。

（一）利润表的结构

利润表的基本结构包括表头和表身两部分，利润表的结构如图 10-2 所示。

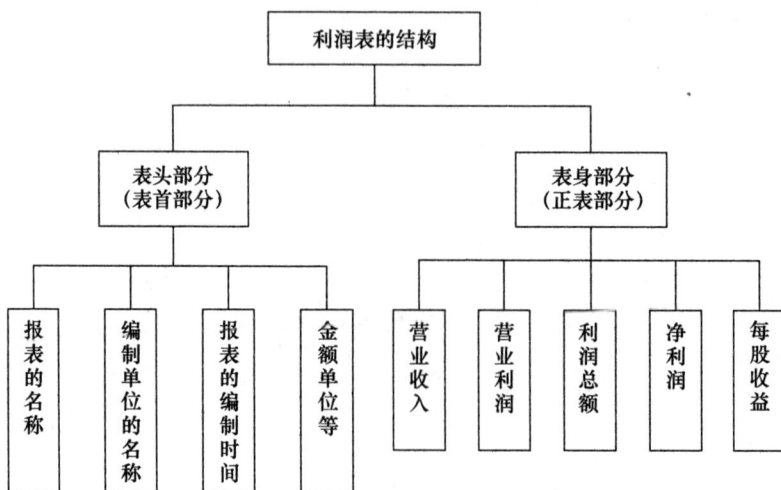

图 10-2　利润表的结构

（二）利润表的格式

1. 利润表的格式

利润表的格式主要有多步式利润表和单步式利润表两种。

（1）单步式利润表。利润表所描述的内容是收入、费用和利润之间的关系，可以一步到位地算出利润。

（2）多步式利润表。多步式利润表实际上是运用会计原则中的配比原则，即把收入和为了取得收入所支出的费用，按照管理的要求进行搭配，分步计算出利润。

2. 单步式利润表

单步式利润表的格式如表10-3所示。

表10-3　利润表（单步式）

编制单位：　年度　　　　　　　　　　　　　　　　　单位：元

项目	行次	本月数	本年累计
一、收入			
主营业务收入			
其他业务收入			
投资收益			
营业外收入			
……			
收入合计			
二、成本与费用			
主营业务成本			
营业税金及附加			
其他业务成本			
销售费用			
管理费用			
财务费用			
营业外支出			
所得税费用			
……			
成本与费用合计			
三、净利润			

3. 多步式利润表

（1）多步式利润表的含义及格式。多步式利润表是按照企业利润形成的主要环节，按照营业利润、利润总额和净利润三个层次来分步计算，以详细地揭示企业利润的形成过程。多步式利润表的格式如表10-4所示。

表 10 - 4　利润表（多步式）

编制单位：　年度　　　　　　　　　　　　　　　　　　　　　单位：元

项目	本期金额	上期金额
一、营业收入		
减：营业成本		
营业税金及附加		
销售费用		
管理费用		
财务费用		
资产减值损失		
加：公允价值变动损益（损失以"-"号填列）		
投资收益（损失以"-"号填列）		
其中：对联营企业和合营企业的投资收益		
二、营业利润（亏损以"-"号填列）		
加：营业外收入		
减：营业外支出		
其中：非流动资产处置净损失		
三、利润总额（亏损总额以"-"号填列）		
减：所得税费用		
四、净利润（净亏损以"-"号填列）		
五、每股收益		
（一）基本每股收益		
（二）稀释每股收益		

（2）计算公式。

1）营业利润 = 营业收入 - 营业成本 - 营业税金及附加 - 管理费用 - 销售费用 - 财务费用 - 资产减值损失 + 公允价值变动损益 + 投资收益

2）利润总额 = 营业利润 + 营业外收入 - 营业外支出

3）净利润 = 利润总额 - 所得税费用

注意：如果计算结果为负数，则表明亏损。

（三）利润表的作用

利润表是重要的财务报表，在企业的经营和管理中起着重要的作用。利润表的主要作用如下：

（1）解释、评价和预测企业的经营成果和获利能力。

（2）解释、评价和预测企业的偿债能力。

（3）据以做出经营决策。

（4）评价、考核管理人员的绩效。

（四）利润表的内容

为了更清楚地掌握企业的收入、费用和利润的相关情况，我们必须认识利润表。要想认识利润表首先就要清楚利润表中的内容。

1. 构成营业利润的各项要素

营业利润是企业的营业收入减去经营过程中相应的成本和费用后得出的。

构成营业利润的各项要素包括：营业收入、营业成本（扣减项）、营业税金及附加（扣减项）、销售费用（扣减项）、管理费用（扣减项）、财务费用（扣减项）、资产减值损失（扣减项）、公允价值变动损益、投资收益。

2. 构成利润总额（或亏损总额）的各项要素

利润总额（或亏损总额）是在营业利润（或营业亏损）的基础上，加上营业外收入的金额，扣减掉营业外支出后得到的。

构成利润总额（或亏损总额）的各项要素包括：营业利润、营业外收入、营业外支出（扣减项）。

3. 构成净利润（或净亏损）的各项要素

净利润（或净亏损）是在利润总额（或亏损总额）的基础上，将所得税费用扣除后得到的。所得税是企业整个环节中的最后一笔费用。

净利润是可以完全由企业分配的部分，是企业的纯粹所得。由于应收和应付款项的存在，会造成利润的一部分可能被应收账款等所占。因此，在查看净利润时，还要注意应收账款的数额。

（五）利润表的编制方法

按照我国企业利润表的格式内容，其编制方法如下：

（1）报表中的"本月数"栏反映各项目的本月实际发生额，应根据有关损益类账户的本月发生额填列。

（2）在编制中期报表时，应将"本月数"栏改为"上年同期数"栏，填列上年同期累计实际发生数。

（3）在编制年度报表时，应将"本月数"栏改为"上年数"栏，填列上年全年累计实际发生数。

（4）报表中"本年累计数"栏，反映各项目自年初起至报告期末止的累计实际发生数。

四、现金流量表

（一）现金流量表的含义

现金流量表是财务报表的三个基本报告之一，也叫账务状况变动表，所表达的是在一固定期间（通常是每月或每季）内，一家机构的现金（包含现金等价物）的增减变动情形。

根据惯例，现金等价物通常是指在 3 个月内到期的短期债券投资，至于企业持有的股票等权益性投资，由于其变现金额通常具有不确定性，因此不能作为现金等价物。

现金流量表中的现金和普通会计意义上的现金不同，现金流量表中的现金包括：

（1）库存现金。

（2）可以随时用于支付的存款。

（3）现金等价物。

库存现金和可以随时用于支付的存款，基本就是资产负债表。货币资金项目的内容，也就是相当于现金和银行存款的总额。但银行存款当中还存在一些不能随便动用的存款，例如保证金专项存款，这部分需要剔除。现金等价物是指持有期限短、流动性强、易于转换为已知金额现金、价值变动风险很小的投资。

（二）现金流量表的结构

现金流量表是企业重要的会计报表，其格式及表中的项目都有严格的规定，在我国新会计准则中，现金流量表的格式如图 10 - 3 所示。

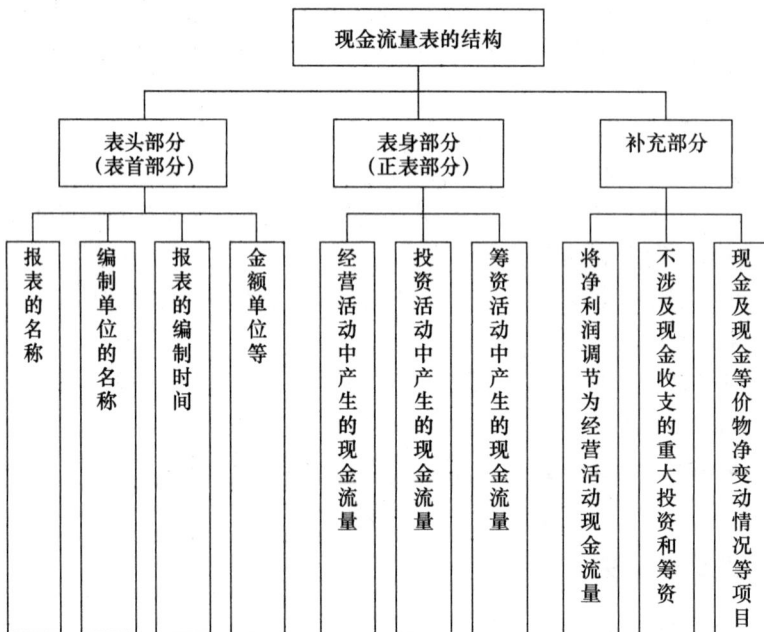

图 10 - 3 现金流量表的结构

（三）现金流量表的格式

1. 现金流量表的一般格式

现金流量表的一般格式如表10-5所示。

表10-5　现金流量表

编制单位：　　　　年度　　　　　　　　　　　　　　　　　单位：元

项目	本期金额	上期金额
一、经营活动产生的现金流量：		
销售商品、提供劳务收到的现金		
收到的税费返还		
收到的其他与经营活动有关的现金		
经营活动现金流入小计		
购买商品、接受劳务支付的现金		
支付给职工以及为职工支付的现金		
支付的各种税费		
支付的其他与经营活动有关的现金		
经营活动现金流出小计		
经营活动产生的现金流量净额		
二、投资活动产生的现金流量：		
收回投资所得到的现金		
取得投资收益所得到的现金		
处置固定资产、无形资产和其他长期资产所收回的现金净额		
收到的其他与投资活动有关的现金		
投资活动现金流入小计		
购建固定资产、无形资产和其他长期资产所支付的现金		
投资所支付的现金		
支付的其他与投资活动有关的现金		
投资活动现金流出小计		
投资活动产生的现金流量净额		
三、筹资活动产生的现金流量：		
吸收投资所收到的现金		
取得借款所收到的现金		
收到的其他与筹资活动有关的现金		

续表

项目	本期金额	上期金额
筹资活动现金流入小计		
偿还债务所支付的现金		
分配股利、利润和偿付利息所支付的现金		
支付的其他与筹资活动有关的现金		
筹资活动现金流出小计		
筹资活动产生的现金流量净额		
四、汇率变动对现金的影响		
五、现金及现金等价物净增加额		
加：期初现金及现金等价物余额		
期末现金及现金等价物余额		

2. 现金流量表补充资料格式

现金流量表补充资料格式如表 10-6 所示。

表 10-6　现金流量表补充资料格式

补充资料	本年金额	上年金额
1. 将净利润调节为经营活动现金流量：		
净利润		
加：资产减值准备		
固定资产折旧		
无形资产摊销		
长期待摊费用摊销		
待摊费用的减少（增加以"－"号填列）		
预提费用增加（减少以"－"号填列）		
处置固定资产、无形资产和其他长期资产的损失（收益以"－"号填列）		
固定资产报废损失（收益以"－"号填列）		
公允价值变动损失（收益以"－"号填列）		
财务费用（收益以"－"号填列）		
投资损失（收益以"－"号填列）		
递延所得税资产减少（增加以"－"号填列）		
递延所得税负债增加（减少以"－"号填列）		

续表

补充资料	本年金额	上年金额
存货的减少（增加以"－"号填列）		
经营性应收项目的减少（增加以"－"号填列）		
经营性应付项目的增加（减少以"－"号填列）		
其他		
经营活动产生的现金流量净额		
2. 不涉及现金收支的投资和筹资活动：		
债务转为资本		
1 年内到期的可转换公司债券		
融资租赁固定资产		
3. 现金及现金等价物净增加情况：		
现金的期末余额		
减：现金的期初余额		
加：现金等价物的期末余额		
减：现金等价物的期初余额		
现金及现金等价物净增加额		

3. 现金流量表的披露格式

（1）营业单位的披露格式。当期取得或处置子公司及其他营业单位的披露格式如表 10－7 所示。

表 10－7　当期取得或处置子公司及其他营业单位的披露格式

项目	金额
一、取得子公司及其他营业单位的有关信息	
1. 取得子公司及其他营业单位的价格	
2. 取得子公司及其他营业单位支付的现金和现金等价物	
减：子公司及其他营业单位持有的现金和现金等价物	
3. 取得子公司及其他营业单位支付的现金净额	
4. 取得子公司的净资产	
流动资产	
非流动资产	
流动负债	

续表

项目	金额
非流动负债	
二、处置子公司及其他营业单位的有关信息	
1. 处置子公司及其他营业单位的价格	
2. 处置子公司及其他营业单位收到的现金和现金等价物	
减：子公司及其他营业单位持有的现金和现金等价物	
3. 处置子公司及其他营业单位收到的现金净额	
4. 处置子公司的净资产	
流动资产	
非流动资产	
流动负债	
非流动负债	

（2）现金和现金等价物的披露格式。现金和现金等价物的披露格式如表 10-8所示。

表 10-8 现金和现金等价物的披露格式

项目	本期金额	上期金额
一、现金		
其中：库存现金		
可随时用于支付的银行存款		
可随时用于支付的其他货币资金		
可用于支付的存放于中央银行的款项		
存放同业款项		
拆放同业款项		
二、现金等价物		
其中：3 个月内到期的债券投资		
三、期末现金及现金等价物余额		
其中：母公司或集团内子公司使用受限制的现金和现金等价物		

（四）现金流量表的分类

现金流量是经济活动中现金及现金等价物的流入与流出量。根据企业经营中的活动性质不同，将其分为以下三类：

（1）经济活动中产生的现金流量。

（2）投资活动中产生的现金流量。

（3）筹资活动中产生的现金流量。

（五）现金流量表的作用

现金流量表在现代企业的经营和管理中起着重要的作用，其作为资产负债表和利润表的有力补充，具有以下四方面作用：

（1）反映企业的现金流量，评价企业未来产生现金净流量的能力。

（2）评价企业偿还债务、支付投资利润的能力，谨慎判断企业财务状况。

（3）分析净收益与现金流量间的差异，并解释差异产生的原因。

（4）通过对现金投资与融资、非现金投资与融资的分析，全面了解企业财务状况。

（六）现金流量表的内容

1. 经营活动中产生的现金流量

经营活动是指企业投资和筹资活动以外的所有交易或事项。经营活动在企业的经济活动中占有很重要的活动地位，其范围也很广。

企业的经营活动主要包括：销售商品、提供劳务、经营性租赁、购买商品、接受劳务、广告宣传、推销产品、缴纳税款。

2. 投资活动中产生的现金流量

投资活动是指企业在长期资产的购建和不包括在现金等价物范围内的投资及其处置活动。

投资活动产生的现金流量是指企业长期资产的购建和对外投资活动（不包括现金等价物范围的投资）的现金流入和流出量。

企业的投资活动主要包括：取得投资的现金流入、收回投资的现金流入、固定资产的购建和处置、无形资产的购建和处置、其他长期资产的购建和处置。

3. 筹资活动中产生的现金流量

筹资活动是指导致企业资本及债务规模和构成发生变化的活动。与资本有关的现金流入和流出项目，例如，借款、发行债券、发行股票、融资租赁等活动都属于筹资活动。

企业的筹资活动主要包括：吸收资本、发行股票、分配利润。

（七）现金流量表的编制方法

现金流量表是常见的几张主要财务报表中最为烦琐的，也是被人们认为最难的一张报表。现金流量表的编制方法一般有直接法和间接法两种。

在我国的《企业会计准则》（2006）中规定：现金流量表的正表应该采用直

接法进行编制，而间接法只适用于编制现金流量表中补充资料的第一类内容。编制现金流量表的基本公式：

本期现金收入 – 本期现金支出 = 现金期末结存 – 现金期初结存

1. 直接法

直接法是以营业收入为起点，利用与经营活动有关的相关账簿的明细记录进行项目金额的调整，计算出企业各项经营活动产生的现金流量，主要包括两种分类：T 型账户法和工作底稿法。

（1）T 型账户法。T 型账户法是以设立"现金及现金等价物"的 T 型账户的形式，来模拟会计分录。

"现金及现金等价物"的 T 型账户的记录方法与一般货币资金的记录方法相同，即借方记录相应现金流量的增加，贷方记录相应现金流量的减少，余额为该现金流量的净增加或净减少。

（2）工作底稿法。工作底稿法是以工作底稿为依托，以调整分录为工具的一种编制模式。工作底稿法的基本格式如表 10 – 9 所示。

表 10 – 9　现金流量表工作底稿　　　　　　单位：元

项目	期初余额		调整分录		期末余额	
	借方	贷方	借方	贷方	借方	贷方
资产负债表：						
货币资金						
交易性金融资产						
应收票据						
应收账款						
预付账款						
其他应收款						
存货						
≈≈≈≈≈						
投资性房地产						
固定资产						
在建工程						
无形资产						
递延资产						

续表

项目	期初余额		调整分录		期末余额	
	借方	贷方	借方	贷方	借方	贷方
≈≈≈≈≈≈						
短期借款						
应付票据						
≈≈≈≈≈≈						
应付职工薪酬						
应缴税费						
≈≈≈≈≈≈						
长期借款						
应付债券						
≈≈≈≈≈≈						
实收资本（或股本）						
资本公积						
盈余公积						
未分配利润						
本期发生额						
利润表：						
营业收入						
营业成本						
≈≈≈≈≈≈						
营业外收入						
营业外支出						
所得税费用						
净利润						
本期发生额						
现金流量表：						
经营活动产生的现金流量						
销售商品、提供劳务收到的现金						
收到的税费返还						

续表

项目	期初余额		调整分录		期末余额	
	借方	贷方	借方	贷方	借方	贷方
≈≈≈≈≈						
投资活动产生的现金流量						
收回投资收到的现金						
取得投资收益所收到的现金						
≈≈≈≈≈						
筹资活动产生的现金流量						
吸收投资收到的现金						
借款所得到的现金						
≈≈≈≈≈						

2. 间接法

间接法是计算经营活动现金净流量的一种方法，它是以净利润为起点，调整经济活动产生的现金流量的一种编制方法。间接法也称为调节法，是计算经营活动的现金流量的另一种方法。

间接法的优、缺点：

（1）优点：间接法相对于直接法能更好地显示净利润和经营活动的现金流量之间的关系。

（2）缺点：间接法不能反映经营活动各项目的现金流量，如来自客户的现金收入和其他现金收入等。

五、所有者权益变动表

所有者权益变动表是指反映构成所有者权益的各组成部分当期的增减变动情况的报表。当期损益、直接计入所有者权益的利得和损失以及与所有者（或股东，下同）的资本交易导致的所有者权益的变动，应当分别列示。

所有者权益变动表解释在某一特定时间内，股东权益如何因企业经营的盈亏及现金股利的发放而发生变化。

（一）所有者权益变动表的项目

所有者权益变动表的项目如下：

（1）净利润。

（2）直接计入所有者权益的利得和损失项目及其总额。

（3）会计政策变更和差错更正的累积影响金额。

（4）所有者投入资本和向所有者分配利润等。

（5）提取的盈余公积。

（6）实收资本或股本、资本公积、盈余公积、未分配利润的期初余额和期末余额及其调节情况。

所有者权益变动表以矩阵的形式列示：

（1）列示导致所有者权益变动的交易或事项，即所有者权益变动的来源对一定时期所有者权益的变动情况进行全面反映。

（2）按照所有者权益各组成部分（实收资本、资本公积、盈余公积、未分配利润和库存股）列示交易或事项对所有者权益各部分的影响。

（二）所有者权益变动表的格式

所有者权益变动表的格式如表 10-10 所示。

表 10-10　所有者权益变动表的格式

编制单位：　　　　　　　　　　（　　）年度　　　　　　　　　　单位：元

项目	本年金额						上年金额					
	实收资本（或股本）	资本公积	减：库存股	盈余公积	未分配利润	所有者权益合计	实收资本（或股本）	资本公积	减：库存股	盈余公积	未分配利润	所有者权益合计
一、上年末余额												
加：会计政策变更												
前期差错更正												
二、本年初余额												
三、本年增减变动金额（减少以"-"号填列）												
（一）净利润												
（二）直接计入所有者权益的利得和损失												
1. 可供出售金融资产公允价值变动净额												

项目	本年金额						上年金额					
	实收资本（或股本）	资本公积	减：库存股	盈余公积	未分配利润	所有者权益合计	实收资本（或股本）	资本公积	减：库存股	盈余公积	未分配利润	所有者权益合计
2. 权益法下被投资单位其他所有者权益变动的影响												
3. 与计入所有者权益项目相关的所得税影响												
4. 其他												
上述（一）和（二）小计												
（三）所有者投入和减少资本												
1. 所有者投入资本												
2. 股份支付计入所有者权益的金额												
3. 其他												
（四）利润分配												
1. 提取盈余公积												
2. 对所有者（或股东）的分配												
3. 其他												
（五）所有者权益内部结转												
1. 资本公积转增资本（或股本）												
2. 盈余公积转增资本（或股本）												
3. 盈余公积弥补亏损												
4. 其他												
四、本年末余额												

（三）所有者权益变动表的作用

所有者权益变动表的作用如下：

（1）所有者权益变动表是以利润中的净利润为起点，起到将利润表和资产负债表连接的作用，揭示利润表和资产负债表的相互关系。

（2）通过所有者权益变动表，报表使用者可以了解企业一定时期所有者权益的概况、所有者权益变动的原因以及相关变动因素对所有者权益的贡献程度。

（3）提供企业全面收益的信息，所有者权益变动表在一定程度上体现了企业综合收益。

（四）所有者权益变动表的内容

根据《企业会计准则》（2006）的规定，所有者权益变动表包含了有关所有者权益总量的增减变动信息和导致所有者权益变动总量及各项构成要素发生变动的一些结构性影响因素的信息。所有者权益变动表的内容如下：

（1）所有者权益各构成要素的期初余额。

（2）因会计政策变更或会计差错更正而产生的对所有者权益相关要素的累积影响金额。

（3）企业当期实现的净利润。

（4）其他综合收益，例如可供出售金融资产因公允价值而获得的资本利得或资本损失（引起资本公积变动）等。

（5）股东投入（或减少）资本的情况。

（6）利润分配情况。

（7）所有者权益各构成要素相互之间的转换金额。

（8）各构成项目的上期金额等。

第十一章　酒店纳税筹算管理

一、如何认知酒店企业纳税管理

酒店企业纳税管理是一项政策性很强的工作，必须指定专人负责。向国家税务机关缴纳税金一般应做好以下几方面的工作：

（一）办理税务登记

经工商管理部门批准开业、领取营业执照之日起 30 日内，酒店应持有关证件向当地税务机关办理税务登记。登记的内容包括纳税人名称、地址、法人代表、经济性质、企业形式、核算方式、经营方式、经营范围以及其他有关事项。主管税务机关审核后，发给税务登记证。

酒店办理税务登记后，发生转业、分设、合并、联营、歇业、停业、破产，以及其他需要改变税务登记的情况时，如改变经营方式、经营范围等，都应当在有关部门批准或宣告之日起 30 日内，向主管税务机关申报办理变更登记、重新登记或者注销登记。

酒店所属的跨地区的非独立经济核算的分支机构，应当在设立之日起 30 日内，向该分支机构所在地的税务机关申报办理注册登记。

（二）申报纳税鉴定

按规定办理税务登记的酒店应办理纳税鉴定，通过纳税鉴定可以帮助酒店经理和财务人员了解国家税收政策、法令，明确本单位应缴税种、税率、税额及缴纳时间等事项。

纳税鉴定是通过填写纳税鉴定申报表，向主管税务机关申报，主管税务机关依法对纳税人的纳税鉴定申报表进行认真的审核，确定其适用的税种、税目、税率、纳税坏节、计税依据、纳税期限和征收方式等，然后做出纳税鉴定书，交纳税人执行。

（三）办理纳税申报

酒店应按规定的期限进行纳税申报，纳税申报的具体内容，因税种不同而异，如酒店所得税的纳税申报，应写明本期销售收入、本期利润总额、适用税率、累计应纳税额、本期实际应纳税所得额等。因特殊情况不能按期办理纳税申报的，必须报税务机关酌情准予延期，并根据税务机关事先核定的纳税预缴税款，待申报后结算。酒店发生纳税义务超过税务机关核定的纳税期限 15 日，且未向税务机关申报纳税的，税务机关有权确定其应纳税额，并限期纳税。

（四）按期缴纳税金

税款的缴纳方式有自核自缴、预储扣税、支票缴税、现金缴税及定期定额征收等，酒店应严格执行由税务机关核定的各项税金的期限，及时足额地缴纳税金，做到月税月清、季税季清。如果发生欠税、偷税和骗税等违反税法的行为，税务机关除按规定限期追缴、加收滞纳金、处以罚款外，还要追究个人责任甚至法律责任。

（五）加强账务票证管理

《中华人民共和国税收征收管理法》第二十六条规定：纳税人必须按照国家财务会计法规和税务机关的规定，建立健全财务会计制度，配备人员办理纳税事项，并完整保存账簿、凭证、缴款书、完税证等纳税资料。酒店在遵循相关规定的同时，还应执行旅游、饮食服务企业会计制度，当酒店财务会计制度和具体的财务会计处理方法同《税收征收管理法》有抵触时，应当按照《税收征收管理法》的规定执行。

《中华人民共和国税收征收管理法》第二十八条规定：发票由税务机关统一管理，未经县级或者县级以上税务机关批准，任何单位、个人都不得自行印制、出售或者承印发票。酒店发票、账单只限于酒店使用，不得转让或转借，因发生转业、分设、联营、歇业、停业，以及改变隶属税务机关时，按税务机关的规定需要缴销或更换发票的，应在税务机关规定的时间内向批准印制发票的税务机关办理发票的缴销或更换手续，不准私自处理。一切使用发票、账单的酒店都必须接受税务机关的检查监督。

酒店必须建立必要的发票和账单的领、用、存管理制度，对发票和账单的申购、入库、发放、领用、结存、销毁、缴销等事项，均应设置专项账簿予以记录，并由专人负责。

（六）接受税务检查

税务机关对纳税单位和个人履行纳税义务的情况进行监督检查，是税务机关行使其职权，贯彻执行税收政策法令的一种经营性的业务工作，是税收征收管理的重要环节。酒店应主动接受税务检查，通过检查，促进酒店建立和健全财务管理制度，加强经济核算，提高经济效益。

二、酒店企业所得税理解与认知

（一）酒店企业所得税汇算清缴

1. 企业所得税汇算清缴相关规定

餐饮企业应当自年度终了之日起 5 个月内，向主管税务机关报送年纳税申报表，并汇算清缴，结清应缴应退企业所得税款。

分月或者分季预缴企业所得税时，应当按照月度或者季度的实际利润额缴纳；按照月度或者季度的实际利润额预缴有困难的，可以按照上一纳税年度应税所得额的月度或者季度平均额预缴纳，或者按照经税务机关认可的其他方法缴纳。预缴方法一经确定，该纳税年度内不得随意变更。

企业所得税汇算清缴程序：

（1）准备阶段。餐饮企业纳税人在办理年度企业所得税纳税申报前，对按规定需要报经税务机关审批或备案的事项，应按有关程序、时限及时办理。企业在纳税年度内享受企业所得税税收优惠，应按照国家和当地税务部门要求，在年度申报前，向主管税务机关提出书面申请或办理备案登记，按规定提交相关资料。企业在纳税年度内发生的资产损失，按照国家税务总局规定，须经税务机关审批后才能扣除的，应在年度终了后第 45 日内及时申报。企业因特殊原因不能按时申请审批的，经负责审批的税务机关同意后可适当延期申请。

（2）申报阶段。餐饮企业所得税年度申报可实行网上申报方式，统一使用税务机关提供的《企业所得税年度纳税申报表》。纳税人通过年度申报表的填报，向税务机关列示当年所发生的企业所得税涉税事项。年度申报表既是纳税人申报纳税、履行纳税义务的书面报告，也是税务机关据以征收、评估、检查企业所得税的重要资料。

2. 餐饮企业所得税一般账务处理

餐饮企业核算企业所得税主要通过"所得税费用"、"应交税费——应交所得税"等科目进行核算。企业按照税法规定计算应交的所得税，借记"所得税费用"等科目，贷记"应交税费——应交所得税"科目。支付所得税时，借记"应交税费——应交所得税"科目，贷记"银行存款"、"库存现金"等科目。企业因多计等原因退回的所得税，应当在实际收到时，冲减收到当期的所得税费用。企业收到退还的所得税，借记"银行存款"等科目，贷记"所得税费用"科目。

3. 餐饮企业所得税预缴、汇缴

（1）预缴所得税的基数。企业预缴的基数为"实际利润额"，而此前的预缴基数为"利润总额"。"实际利润额"为按会计制度核算的利润总额减除以前年度待弥补亏损以及不征税收入、免税收入后的余额，即按新规定，允许企业所得税预缴时，不但可以弥补以前年度的亏损，而且允许扣除不征税收入、免税收入。

（2）不征税收入的处理。对于税法上规定的不征税收入，在会计上可能作为损益计入了当期利润，按照规定，上述财税差异不属于暂时性差异，在未来期间无法转回，应该归为永久性差异，在所得税预缴或汇算清缴时，按照"调表不调账"的原则，企业应作纳税调减处理。

（3）免税收入的处理。对于免税收入，可能形成永久性差异（国债利息收入），也可能是暂时性差异（投资收益），企业应视具体情况进行分析。

【例 11－1】某餐饮公司 2014 年第一季度会计利润总额为 2000000 元，其中包括国债利息收入 50000 元，企业所得税税率为 25%，以前年度未弥补亏损 150000 元。企业"长期借款"账户记载：年初向建设银行借款 500000 元。年利率为 6%；向天天餐饮公司借款 100000 元，年利率为 10%，上述款项全部用于生产经营。另外，计提固定资产减值损失 50000 元。假设无其他纳税调整事项。该餐饮公司第一季度预缴所得税的数额确定和会计处理如下：

该餐饮公司预缴的基数为会计利润 2000000 元，扣除上年度亏损 200000 元以及不征税收入和免税收入 50000 元后，实际利润额为 1800000 万元。对于其他永久性差异，即题目中长期借款利息超支的 40000 元和暂时性差异（资产减值损失 50000 元），季度预缴时不作纳税调整，据此作会计分录为：

借：所得税费用　　　　　　　　450000

　　贷：应交税费——应交所得税　　450000（1800000×25%）

下月初缴纳企业所得税，作会计分录为：

借：应交税费——应交所得税　450000

　　贷：银行存款　　　　　　　　450000

年度预缴及汇算清缴处理，作会计处理：

（1）假设第二季度企业累计实现利润 2400000 元，第三季度累计实现利润 100000 元，第四季度累计实现利润 1100000 元，则每季度末作会计分录为：

第二季度末：

借：所得税费用　　　　　　　　150000

　　贷：应交税费——应交所得税　150000〔（2400000－1800000）×25%〕

下月初缴纳企业所得税，作会计分录为：

借：应交税费——应交所得税　150000

　　贷：银行存款　　　　　　　　150000

第三季度累计利润为亏损，不缴税也不作会计处理。

第四季度累计实现利润 1100000 元，税法规定应先预缴税款，再汇算清缴。由于第四季度累计利润小于以前季度（第二季度）累计实现的利润总额，暂不缴税也不作会计处理。

（2）经税务机关审核，假如该餐饮公司汇算清缴后全年应纳税所得额为 1200000 元，应缴企业所得税额为 300000 元，而企业已经预缴所得税额 350000

元。按照相关规定，主管税务机关应及时办理退税，或者抵缴下一年度应缴纳的税款。

一般情况下，税务机关为了减少税金退库的麻烦，实务中，大多将多预缴的上年度企业所得税抵缴下一年度应缴纳的税款。这种情况下，作会计分录为：

借：其他应收款——所得税退税款　　　　　　　50000
　　贷：以前年度损益调整——所得税费用　　　　　　　　50000

（3）假如 2014 年第一季度应预缴企业所得税为 150000 元，作会计分录为：

借：所得税费用　　　　　　　　　　　　　　150000
　　贷：应交税费——应交所得税　　　　　　　　　　　150000

下月初缴纳企业所得税，作会计分录为：

借：应交税费——应交所得税　　　　　　　　150000
　　贷：银行存款　　　　　　　　　　　　　　　　　100000
　　　　其他应收款——所得税退税款　　　　　　　　　50000

另外，企业应注意，按照《企业会计准则第 18 号——所得税》的规定，对于暂时性差异产生的对递延所得税的影响，应该按照及时性原则，在产生时立即确认，而非在季末或者年末确认，以上资产减值损失形成的暂时性差异，应该在计提时同时作以下会计分录：

借：递延所得税资产　　　　　　　　　　　　12500
　　贷：所得税费用　　　　　　　　　　　　　　　　　12500

（二）酒店企业弥补亏损所得税

1. 企业所得税弥补亏损的相关规定

税法所指亏损的概念，不是企业财务报表中反映的亏损额，而是企业财务报表中的亏损额经税务机关按税法规定核实调整后的金额。如果一个企业既有应税项目，又有免税项目，其应税项目发生亏损时，按照规定可以结转以后年度弥补的亏损，应是冲抵免税项目后的余额。此外，因纳税调整项目（弥补亏损、联营企业分回利润、境外收益、技术转让收益、治理"三废"收益、股息收入、国库券利息收入、国家补贴收入及其他项目）引起的企业应纳税所得额负数，不作年度亏损，不能用企业下一年度的应纳税所得额弥补。

（1）弥补亏损的时间期限为 5 年。税法规定，纳税人发生年度亏损的，可以用下一纳税年度的所得弥补；下一纳税年度的所得不足弥补的，可以逐年延续弥补，但是延续弥补期最长不得超过 5 年。

外资企业享受定期减免税收优惠是从获利年度开始计算的，其开始获利的年度，是指企业开始生产经营后第一个获得利润的纳税年度。企业开办初期有亏损的，可以依照税法规定逐年结转弥补，以弥补后有利润的纳税年度为开始获利年度。

（2）企业可以自行弥补亏损，不需要税务部门审批。企业用以后年度实现的利润弥补亏损时，需要税务机关审核才能进行。自从取消该审核项目后，纳税人在纳税申报时（包括预缴申报和年度申报）可自行计算并弥补以前年度符合条件的亏损。虽然审核取消，但税务机关将会着重加强检查和监督管理工作。

（3）预缴税款时可以直接弥补亏损。纳税人在纳税申报时（包括预缴申报和年度申报）可自行计算并弥补以前年度符合条件的亏损。外商投资企业和外国企业按照税法规定预缴季度企业所得税时，首先应当弥补企业以前年度所发生的亏损，弥补亏损后有余额的，再按其所适用的税率预缴季度企业所得税。

（4）企业改制重组后可以延续弥补亏损。为了鼓励一些企业改制重组，税收政策对一些符合规定条件的企业原来的亏损，可以由改制后的企业弥补。

企业免税合并时，经税务机关审核确认，被合并企业合并以前的全部企业所得税纳税事项由合并企业承担，以前年度的亏损如果未超过法定弥补期限的，可由合并企业继续按规定用以后年度实现的与被合并企业资产相关的所得弥补，具体按下列公式计算：

某一纳税年度可弥补被合并企业亏损的所得额＝合并企业某一纳税年度未弥补亏损前的所得额×被合并企业净资产公允价值/合并后合并企业全部净资产公允价值

企业免税分立中，经税务机关审核确认，被分立企业已分离资产相对应的纳税事项由接受资产的分立企业承继。被分立企业的未超过法定弥补期限的亏损额可按分离资产占全部资产的比例进行分配，由接受分离资产的分立企业继续弥补。

企业不论采取何种方式分立，如不经过清算程序，且分立前企业的股东继续全部或部分作为各分立后企业的股东，分立前企业的债权和债务，按法律规定的程序和分立协议的约定，由分立后的企业承继，凡分立后的企业依据有关法律规定仍为外商投资企业的，分立前企业尚未弥补的经营亏损，按分立协议的约定由分立后的各企业分担的数额，可在税法规定的亏损弥补年限的剩余期限内，由分立后的各企业逐年延续弥补。对于股权重组的企业，依有关法律规定仍为外商投资企业的或仍适用外商投资企业有关税收法律、法规的，在股权重组前尚未弥补的经营亏损，可以在税法规定的亏损弥补年限的剩余期限内逐年延续弥补。对于企业转让本企业或者受让另一企业的部分或全部资产（包括商誉、经营业务及清算资产），不影响转让、受让双方企业的存续性的，资产转让和受让双方在资产转让前后发生的经营亏损，各自在税法规定的亏损弥补年限内逐年弥补。

（5）汇总纳税成员企业可以相互弥补，但境外亏损不能由境内企业弥补。

内资企业所得税法方面，税法规定，成员企业在总机构集中清算年度发生的亏损，由总机构在年度汇总清算时统一盈亏相抵，并可按税法规定递延抵补，各成员企业均不得再用本企业以后年度的应纳税所得额进行弥补亏损。

外国企业合并申报缴纳所得税，所涉及的营业机构适用不同税率纳税的，应当合理地分别计算各营业机构的应纳税所得额，按照不同的税率缴纳所得税。如各营业机构有盈有亏，盈亏相抵后仍有利润的，应当按有盈利的营业机构所适用的税率纳税。发生亏损的营业机构应当以该营业机构以后年度的盈利弥补其亏损，弥补亏损后仍有利润的，再按该营业机构所适用的税率纳税；其弥补额应当按该亏损营业机构抵亏的营业机构所适用的税率纳税。外商投资企业和外国企业汇总或合并申报我国境内各分支机构或营业机构企业所得税时，当某些机构发生亏损，首先应用相同税率机构的盈利进行抵补；若没有相同税率机构的盈利，可用与亏损机构相近税率机构的盈利进行抵补。

税法规定，企业境外业务之间的盈亏可以互相弥补，但企业境内外之间的盈亏不得相互弥补。

（6）税务机关查补的所得额不能弥补亏损。内资企业所得税法规定，查补的应纳税所得额，应并入所属年度的应纳税所得中，按税法规定计算应补税额，但不得弥补以前年度亏损，不得作为计算公益、救济性捐赠税前扣除的基数。

企业经税务机关审查调减多报的年度亏损额后，当年实现获利的，应确定其为获利年度，按其经调整后的应纳税所得额计算缴纳所得税或开始计算定期减免税期；企业经税务机关审查确定的多报的年度亏损额，冲抵其以后年度应纳税所得额，造成实际少缴税款的，应计算补缴少缴的税款；造成推迟获利年度及定期减免税期的，应重新计算获利年度及定期减免税期。

（7）企业虚报亏损的要受到处罚。企业虚报亏损是指企业在年度企业所得税纳税申报表中申报的亏损数额大于按税收规定计算出的亏损数额。内外资企业所得税政策都规定，企业故意虚报亏损，在行为当年或相关年度造成不缴或少缴应纳税款的，按偷税处理；企业依法享受免征企业所得税优惠年度或处于亏损年度发生虚报亏损行为，且在行为当年或相关年度未造成不缴或少缴应纳税款的，按规定处以 5 万元以下罚款。

2. 餐饮企业弥补亏损所得税会计处理

【例 11 - 2】天天餐饮公司在 2011 ~ 2014 年每年的应税收益分别为：- 200 万元、80 万元、60 万元和 100 万元，企业所得税适用税率为 25%，假设无其他暂时性差异。其中，2011 年产生的 25 万元亏损，经综合判断能在 5 年内转回，确认可抵扣暂时性差异，即确认递延所得税资产。

（1）2011 年企业应税收益为亏损 200 万元，产生可抵扣的暂时性差异 50 万元，即确认递延所得税资产 25 万元，账务处理为：

  借：递延所得税资产   500000

    贷：所得税费用   500000

  （2）2012 年企业应税收益为盈利 80 万元，转回暂时性差异 20 万元，账务处理为：

  借：所得税费用   200000

    贷：递延所得税资产   200000

  （3）2013 年企业应税收益为盈利 60 万元，转回暂时性差异 15 万元，账务处理为：

  借：所得税费用   150000

    贷：递延所得税资产   150000

  （4）2014 年企业应税收益为盈利 100 万元，转回暂时性差异 15 万元，确认本年度应交税费 10 万元，账务处理为：

  借：所得税费用   250000

    贷：递延所得税资产   150000

      应交税费——应交所得税   100000

  （三）酒店企业查补所得税

  酒店企业在生产经营过程中，由于会计基础工作不规范或是违反法律法规，可能面临补缴企业所得税的问题。补缴企业所得税可以分为以下几个方面来进行账务处理：

  （1）如果是补交以前年度的所得税，不涉及调整相关的收入、成本，则可按以下步骤进行账务处理：

  1）作提取分录。

  借：以前年度损益调整

    贷：应交税费——应交所得税

  2）作结转分录。

  借：利润分配——未分配利润

    贷：以前年度损益调整

  3）作补交税金分录。

  借：应交税费——应交所得税

    贷：银行存款

  （2）如果是补交本年度的所得税，不涉及调整相关的收入、成本，则可按以下步骤进行账务处理：

  1）作提取分录。

借：所得税费用

　　贷：应交税费——应交所得税

2）作结转分录。

借：本年利润

　　贷：所得税费用

3）作补交税金分录。

借：应交税费——应交所得税

　　贷：银行存款

（3）如果是瞒报当年收入，也就是说会计账没有登记收入，则可按以下步骤进行账务处理：

1）补计收入。

借：应收账款（或银行存款等）

　　贷：主营业务收入

2）补作结转成本。

借：主营业务成本

　　贷：库存商品（或产成品）

三、酒店企业所得税纳税与筹划

（一）利用补贴收入进行纳税筹划

1. 补贴收入的规定

根据规定，对企业取得的由国务院财政、税务主管部门规定专项用途并经国务院批准的财政性资金，准予作为不征税收入，在计算应纳税所得额时从收入总额中减除。这里的财政性资金是指企业取得的来源于政府及其有关部门的财政补助、补贴、贷款贴息，以及其他各类财政专项资金，包括直接减免的增值税和即征即退、先征后退、先征后返的各种税收，但不包括企业按规定取得的出口退税款。

因此，如果酒店企业能从政府及其有关部门获取由国务院财政、税务主管部门规定专项用途并经国务院批准的财政性资金，就可以将该部分资金从酒店企业的计税收入中分离出去，从而达到节税的目的。

2. 补贴收入纳税筹划处理

【例11－3】天天餐饮公司获取税务部门返还的财政补贴2000000元，在其他收入进行核算时，该笔资金明确用于建筑环保项目。

天天餐饮公司在进行企业所得税申报时，如果不分离该笔收入，则该笔收入需要缴纳企业所得税（不考虑其他因素）为400000元（2000000×20%）。

　　天天餐饮公司在进行企业所得税申报时，如能从收入总额中分离该笔补贴资金，则该笔收入需要缴纳企业所得税（不考虑其他因素）为0。

　　由此可以看出，餐饮企业在经营过程中如能获取到财政、税务主管部门规定专项用途并经国务院批准的财政性资金，不仅可以解决企业流动资金不足的问题，而且可以达到节税的目的。

　　（二）利用存货进行纳税筹划

　　1. 存货的概述

　　存货是指企业在生产经营过程中为销售或者耗用而储存的各种资产，如库存商品、产成品、半成品、在产品以及各类材料、燃料、包装物、低值易耗品等。存货是资产负债表中的重要项目，也是利润表中用来确定构成主营业务成本的一项重要内容。如果多计期末存货成本，必然会降低本期销货成本，进而夸大本期收益。此外，本期期末存货成本的多计，又会增加下期期初存货成本，从而使下期的销货成本提高，降低下期的收益。如果相反，则会导致另一种结果。

　　2. 存货的计价方法

　　采用不同的计价方法，会产生不同的后果。企业应当采用先进先出法、加权平均法或者个别计价法确定发出存货的实际成本。因此，企业在选择计价方法时，应注意相关法律法规的约束。

　　（1）先进先出法。这种方法是以一个假定前提为原则的，即材料先入库则先发出。根据这一假定，企业对发出的材料和结存的材料进行计价。按照这一方法，企业材料成本按照其入库先后顺序进行计算，先入库的材料先计入成本。这种计算方法的好处是，企业期末存货因为都是最后进的货，成本会比较接近于市场价值，缺点是工作量比较大，计算起来非常麻烦。

　　（2）加权平均法。加权平均法又称全月一次加权平均法，即将每次进货的金额相加，得出一个总金额，再将每次进货的数量相加，得出一个总数量，两者相除，得到一个平均数，作为材料的成本。采用这种方法，比较简单，得到的是一个平均结果，对成本分摊较为折中。

　　（3）移动平均法。移动平均法又称移动加权平均法，可视为加权平均法的一个变种。这种方法就是在每次收到材料后，以本次购进材料的金额加上此前所有结余库存材料的总金额，除以现有总的存货量，作为现有库存材料的平均成本。这种方法得出的结果是最为客观的，但如果碰上习惯少批量多批次采购的企业，采用这种方法将会相当麻烦。

　　（4）个别计价法。个别计价法也称具体辨认法。这种方法在每次领用或发出材料时，按照其入库时的实际成本作为该材料的成本。此法在计算发出存货的成本和期末存货的成本比较合理、准确，但工作量较大。

（三）利用折旧进行纳税筹划

1. 折旧的计算方法

固定资产在使用过程中，因发生损耗而使价值减少，为了使固定资产由于损耗而减少的价值得到及时补偿，应按期间收入与费用配比原则，将其以折旧费用分期计入产品成本和费用，否则就会影响利润和应纳税额。固定资产折旧的计算方法很多，常用的折旧方法有以下几种：

（1）年限平均法。年限平均法是根据固定资产的原始价值扣除预计残值，按预计使用年限平均计提折旧的一种方法。年限平均法又称使用年限法、直线法，它将折旧均衡分配于使用期内的各个期间。因此，用这种方法所计算的折旧额，在各个使用年份或月份中都是相等的。其计算公式为：

固定资产年折旧额 = 原始价值 − 预计残值 + 预计清理费用预计使用年限

（2）工作量法。工作量法是根据实际工作量计提固定资产折旧额的一种方法。其计算公式为：

单位工作量的折旧额 = 固定资产原始价值 + 预计清理费用 − 预计残值应计折旧资产的预计总工作量

（3）加速折旧法。加速折旧法又称递减折旧费用法，指固定资产每期计提的折旧费用，在使用早期提得多，在后期则提得少，从而相对加快了折旧的速度。加速折旧有多种方法，主要有年数总和法和双倍余额递减法。

实行双倍余额递减法计提折旧的固定资产，应当在其固定资产折旧年限以前两年内，将固定资产净值平均摊销。

采用加速折旧法可使固定资产成本在使用期限中加快得到补偿。但这并不是指固定资产提前报废或多年折旧，因为不论采用何种方法计提折旧，从固定资产全部使用期间来看，折旧总额未变，因此对企业的净收益总额并无影响。但从各个具体年份来看，由于采用加速的折旧法，使应计折旧额在固定资产使用前期摊提较多而后期摊提较少，必然使企业净利润前期相对较少而后期较多。

2. 折旧方法对企业税收的影响

不同的折旧方法对纳税企业会产生不同的税收影响。

（1）不同的折旧方法对于固定资产价值补偿和折旧补偿时间会造成早晚不同。

（2）不同的折旧方法导致的年折旧额提取直接影响到企业利润额受冲减的程度，因而造成累进税制下纳税额的差异及比例税制下纳税义务承担时间的差异。

企业正是利用这些差异来比较和分析，以选择最优的折旧方法，进而达到最佳税收效益。

（3）从企业税负来看，在累进税率的情况下，采用年限平均法使企业承担的税负最轻，自然损耗法（即产量法和工作小时法）次之，快速折旧法最差。这是因为年限平均法使折旧平均摊入成本，有效地遏制某一年内的利润过于集中，适用较高税率；而别的年份利润又骤减。因此，纳税金额和税负都比较小、比较轻。相反，加速折旧法把利润集中在后几年，必然导致后几年承担较高税率的税负。但在比例税率的情况下，采用加速折旧法对企业更为有利。因为加速折旧法可使固定资产成本在使用期限内加快得到补偿，企业前期利润少、纳税少；后期利润多、纳税较多，从而起到延期纳税的作用。

（4）一般来说，企业采用加速折旧法可以在固定资产使用初期多计折旧，加大企业初期成本而减少利润，从而减轻了企业前期所得税负担，将企业缴纳所得税的时间大大推迟，因而企业可以提前取得部分现金净收入，促进资产的更新改造。企业推迟缴纳的所得税，可以视同政府提供的无息贷款，这对企业是有利的。但是，如果企业适用的所得税税率是超额累进税率，加速折旧法就不见得是最好的折旧方法。因为加速折旧使企业利润集中在后几年，使企业后几年的利润与前几年形成明显的差距，导致后几年必然要承担较高的税负，从而使企业纳税额增加，税负加重。此时若使用直线法，使企业摊入成本费用的年折旧额基本相等，能有效地遏制企业某几年利润过于集中，而其余年份利润骤减的现象，从而使纳税金额比较小、税负比较轻。至于用哪种方法更符合企业利益，要视企业的具体情况经过计算比较而确定。

（四）利用费用进行纳税筹划

1. 费用的相关规定

企业应在税法允许的范围内，充分列支费用、预计可能发生的损失，这样可以缩小税基，减少所得税。

（1）要使企业所发生的费用全部得到补偿。国家允许企业列支的费用，可使企业合理减少利润，企业应将这些费用列足，如按规定提足折旧费、职工福利费、教育费附加、工会经费等。否则，会减弱企业自身的生产能力，缴纳一些不需缴的税金。

（2）要充分预计可能发生的损失和费用。对于一些可预计的损失和费用，企业应以预提的方法提前计入费用。

（3）对于税法有列支限额的费用尽量不要超过限额。因为对超过的部分，税法不允许在税前扣除，要并入利润纳税。

以业务招待费的扣除规定为例，有关规定表明，企业发生的与生产经营活动有关的业务招待费支出，按照发生额的60%扣除，但最高不得超过当年销售（营业）收入的5‰。

在一般情况下，当企业的实际业务招待费大于销售（营业）收入的8.3‰时，超过部分60%的限额不能够充分利用，需要全部计税处理，超过部分每支付1000元，就会导致250元税金流出，也等于消费1000元却要付出1250元的代价。

当企业的实际业务招待费小于销售（营业）收入的8.3‰时，60%的限额可以充分利用，只需要对40%部分计税处理，等于消费1000元付出1100元的代价。

2. 费用节税的会计处理

【例11-4】天天餐饮公司2013年营业收入为10000000元，当年发生的与生产经营活动有关的业务招待费支出为100000元；2014年营业收入同样为10000000元，当年发生的与生产经营活动有关的业务招待费支出为50000元。则两年的应纳税所得额分别为：

2013年按照发生额的60%，可扣除业务招待费：$100000 \times 60\% = 60000$（元）

但最高不得超过：$10000000 \times 5‰ = 50000$（元）.

因此，2013年可扣除业务招待费为50000元。

需调增的应纳税所得额为：$100000 - 50000 = 50000$（元）

调增的应纳税所得额占实际的业务招待费支出的比例为：$5 \div 10 \times 100\% = 50\%$

2014年按照发生额的60%，可扣除业务招待费：$50000 \times 60\% = 30000$（元）

但最高不得超过：$10000000 \times 5‰ = 50000$（元）

因此，2014年可扣除业务招待费为30000元。

需调增的应纳税所得额为：$50000 - 30000 = 20000$（元）

调增的应纳税所得额占实际的业务招待费支出的比例为：$2 \div 5 \times 100\% = 40\%$

由此可见，当企业的实际业务招待费小于销售（营业）收入的8.3‰时，60%的限额可以充分利用，只需要对40%部分计税处理。在本例中，其平衡点是83000元（$10000000 \times 8.3‰$），即当年营业收入为10000000元时，其业务招待费支出尽量小于83000元，才能减少税负。

四、酒店企业其他税种纳税与计算

（一）酒店企业城市维护建设税及教育费附加纳税会计实务

1. 酒店企业城市维护建设税及教育费附加相关概述

（1）城市维护建设税纳税人。承担城市维护建设税纳税义务的单位和个人，原规定缴纳产品税、增值税、营业税的单位和个人为城市维护建设税的纳税人，经税制改革后，改为缴纳增值税、消费税、营业税的单位（不包括外商投资企业、外国企业和进口货物者）和个人为城市维护建设税的纳税人。

（2）城市维护建设税计税依据。计算城市维护建设税应纳税额的根据是：原规定以纳税人实际缴纳的产品税、增值税、营业税三种税的税额为计税依据。经税制改革后，改为以纳税人实际缴纳的增值税、消费税、营业税税额为计税依据。

（3）城市维护建设税税率。计算城市维护建设税应纳税额的法定比例。按纳税人所在地，分别规定为市区7%、县城和镇5%、其他地区1%，具体内容如表11－1所示。

表11－1　城市维护建设税税率

适用范围	税率	计税依据
市区	7%	实际缴纳的增值税、消费税、营业税税额
县城或镇	5%	实际缴纳的增值税、消费税、营业税税额
不在市区、县城或镇	1%	实际缴纳的增值税、消费税、营业税税额

注：①外商投资企业、外国企业暂不征收城市维护建设税。

②凡缴纳增值税、消费税、营业税的单位和个人都必须缴纳城市维护建设税。

③计算公式：应交城建税＝（实缴增值税＋实缴消费税＋实缴营业税）×适用税率。

（4）城市维护建设税的减免。城建税以"三税"的实缴税额为计税依据征收，一般不规定减免税，但针对下列情况可免征城建税：

1）海关对进口产品代征的流转税，免征城建税。

2）从1994年起，对三峡工程建设基金，免征城建税。

3）对中外合资企业和外资企业暂不征收城建税。

4）需特别注意：

a. 出口产品退还增值税、消费税的，不退还已纳的城建税。

b. "三税"先征后返、先征后退、即征即退的，不退还城建税。

（5）教育费附加的概述。教育费附加是发展地方性教育事业，扩大地方教育经费的资金来源，是对缴纳增值税、消费税、营业税的单位和个人征收的一种附加费。

凡缴纳增值税、消费税、营业税的单位和个人，均为教育费附加的纳费义务人（简称纳费人），但暂不包括外商投资企业和外国企业。凡代征增值税、消费税、营业税的单位和个人，亦为代征教育费附加的义务人。农业、乡镇企业，由乡镇人民政府征收农村教育事业附加，不再征收教育费附加。

（6）教育费附加征费范围和征收率。征费范围同增值税、消费税、营业税的征收范围相同。

教育费附加的征收率为3%。

（7）教育费附加的计算。

1）计费依据。

以纳税人实际缴纳的增值税、消费税、营业税的税额为计费依据。

2）计算公式为：

应纳教育费附加＝（实缴增值税＋实缴消费税＋实缴营业税）×3%

（8）教育费附加的征收管理。

1）纳费期限。

纳费人申报缴纳增值税、消费税、营业税的同时，申报、缴纳教育费附加。

2）其他规定。

a. 教育费附加由地方税务局负责征收，也可委托国家税务局征收。

b. 纳费人不按规定期限缴纳教育费附加，需处以滞纳金和罚款的，由县、市人民政府规定。

c. 海关进口产品征收的增值税、消费税不征收教育费附加。

（9）城市维护建设税、教育费附加税。

2. 酒店企业城市维护建设税及教育费附加纳税会计实务

（1）城市维护建设税会计科目的设置。为了核算城市维护建设税的应交及实交等情况，企业应设置"应交税费——应交城市维护建设税"科目，贷方登记应交的城市维护建设税，借方登记已缴纳的城市维护建设税，期末贷方余额为尚未缴纳的城市维护建设税。

（2）城市维护建设税的会计处理。

1）计算出应纳税额，编制会计分录如下：

借：营业税金及附加

　　贷：应交税费——应交城市维护建设税

2）实际缴纳税款时，编制会计分录如下：

借：应交税费——应交城市维护建设税

　　贷：银行存款

企业漏缴消费税、增值税、营业税被查补时，应同时补交城市维护建设税。补缴的消费税、增值税和营业税的税额应计入城市维护建设税的计税依据，但加收的滞纳金、罚款不能计入其计税依据。

由于城市维护建设税是以纳税人实际缴纳的增值税、消费税和营业税为计税依据计算征收的，因此，房地产开发公司在缴纳营业税的同时，还要以营业税为计税依据，缴纳城市维护建设税。

（3）教育费附加的会计处理。

1）会计科目。企业缴纳的教育费附加，通过"应交税费——应交教育费附加"科目核算。

2）教育费附加会计核算的主要会计分录。

计提时，编制会计分录如下：

借：营业税金及附加

　　贷：应交税费——应交教育费附加

上交教育费附加时，编制会计分录如下：

借：应交税费——应交教育费附加

　　贷：银行存款

餐饮公司在缴纳营业税的同时，还要以营业税为计税依据，缴纳教育费附加。

教育费附加的计算方法与城市维护建设税基本相同。

（二）酒店企业印花税纳税

1. 酒店企业印花税的相关概述

（1）印花税的概念。在中华人民共和国境内书立，领受《中华人民共和国印花税暂行条例》所列举凭证的单位和个人，都是印花税的纳税义务人，应当按照规定缴纳印花税。单位和个人是指国内各类企业、事业、机关、团体、部队以及中外合资企业、合作企业、外资企业、外国公司企业和其他经济组织及其在华机构等单位和个人。

应纳税凭证包括如下内容：

1）购销、加工承揽、建设工程承包、财产租赁、货物运输、仓储保管、借款、财产保险、技术合同或者具有合同性质的凭证。

2）产权转移书据。

3）营业账簿。

4）权利、许可证照。

5）经财政部确定征税的其他凭证。

（2）印花税的纳税人。中华人民共和国境内书立、领受本条例所列举凭证的单位和个人，都是印化税的纳税义务人，具体有以下四类：

1）立合同人。

a. 购销合同包括供应、预购、采购、购销结合及协作、调剂、补偿、易货等合同，按购销金额万分之三贴花。

b. 加工承揽合同包括加工、定做、修缮、修理、印刷、广告、测绘和测试等合同，按加工或承揽收入万分之五贴花。

c. 建设工程勘察设计合同包括勘察、设计合同，按收取费用万分之五贴花。

d. 建筑安装工程承包合同包括建筑、安装工程承包合同，按承包金额万分之三贴花。

e. 财产租赁合同包括租赁房屋、船舶、飞机、机动车辆、机械、器具和设备等合同，按租赁金额千分之一贴花，税额不足 1 元的，按 1 元贴花。

f. 货物运输合同包括民用航空运输、铁路运输、海上运输、内河运输、公路运输和联运合同，按运输费用万分之五贴花。单据作为合同使用的，按合同贴花。

g. 仓储保管合同包括仓储、保管合同，按仓储保管费用千分之一贴花。仓单或栈单作为合同使用的，按合同贴花。

h. 借款合同银行及其他金融组织和借款人（不包括银行同业拆借）所签订的借款合同，按借款金额万分之零点五贴花。单据作为合同使用的，按合同贴花。

i. 财产保险合同包括财产、责任、保证和信用等保险合同，按保险费收入千分之一贴花。单据作为合同使用的，按合同贴花。

j. 技术合同包括技术开发、转让、咨询和服务等合同，按所载金额万分之三贴花。

2）立账簿人。

营业账簿是指生产、经营用账册，记载资金的账簿，按实收资本和资本公积的合计金额万分之五贴花。

3）立据人。

产权转移书据是指单位和个人产权的买卖、继承、赠与、交换和分割等所立的书据，包括财产所有权和版权、商标专用权、专利权、专有技术使用权等转移书据，按所载金额万分之五贴花。

4）领受人。

权利、许可证照包括政府部门发给的房屋产权证、工商营业执照、商标注册证、专利证和土地使用证，其他账簿按件贴花 5 元。

（3）印花税的计税依据。印花税根据不同征税项目，分别实行从价计征和从量计征两种征收方式。

1）从价计征情况下计税依据的确定。

a. 各类经济合同，以合同上记载的金额、收入或费用为计税依据。

b. 产权转移书据以书据中所载的金额为计税依据。

c. 记载资金的营业账簿，以实收资本和资本公积两项合计的金额为计税依据。

2）从量计征情况下计税依据的确定。实行从量计征的其他营业账簿、权利和许可证照，以计税数量为计税依据。

（4）印花税的税率。现行印花税采用比例税率和定额税率两种税率。

比例税率有五档，即千分之一、千分之四、万分之五、万分之三和万分之零点五。

适用定额税率的是权利许可证照和营业账簿税目中的其他账簿，单位税额均为每件 5 元，具体内容如表 11 - 2 所示。

表 11 - 2 印花税税率表

税目	范围	税率	纳税义务人	说明
购销合同	包括供应、预购、采购、购销结合及合作、调剂、补偿、易货等合同	按购销金额万分之三贴花	立合同人	
加工承揽合同	包括加工、定做、修缮、修理、印刷、广告、测绘、测试等合同	按加工或承揽收入万分之五贴花	立合同人	
建设工程勘察设计合同	包括勘察、设计合同	按收到费用万分之五贴花	立合同人	
建筑安装工程承包合同	包括建筑、安装工程承包合同	按承包金额万分之三贴花	立合同人	
财产租赁合同	包括租赁房屋、船舶、飞机、机动车辆、机械、器具、设备等合同	按租赁金额千分之一贴花。税额不足1元的，按1元贴花	立合同人	
货物运输合同	包括民用航空运输、铁路运输、海上运输、内河运输、公路运输和联运的合同	按运输费用万分之一贴花	立合同人	单据作为合同使用的，按合同贴花
仓储保管合同	包括仓储、保管合同	按仓储保管费用千分之一贴花	立合同人	仓单或栈单作为合同使用的，按合同贴花
借款合同	银行及其他金融组织和借款人（不包括银行同业拆借）所签订的借款合同	按借款金额万分之零点五贴花	立合同人	单据作为合同使用的，按合同贴花

税目	范围	税率	纳税义务人	说明
财产保险合同	包括财产、责任、保证、信用等保险合同	按保险费收入千分之一贴花	立合同人	
技术合同	包括技术开发、转让、咨询、服务等合同	按所载金额万分之三贴花	立合同人	
产权转移书据	包括财产所有权和版权、商标专用权、专利权、专有技术使用权等转移书据	按所载金额万分之五贴花	立据人	
营业账簿	生产、经营用账册	记载资金的账簿，按实收资本和资本公积的合计金额万分之五贴花。其他账簿按件贴花5元	立账簿人	
权利、许可证照	包括政府部门发给的房屋产权证、工商营业执照、商标法注册证、专利证、土地使用证	按件贴花5元	领受人	

（5）应纳税额的计算。

1）按比例税率计算：

应纳税额＝计税金额×适用税率

2）按定额税率计算：

应纳税额＝凭证数量×单位税额

（6）免缴印花税。

1）已缴纳印花税的凭证的副本或者抄本。

2）财产所有人将财产赠给政府、社会福利单位、学校所立的书据。

3）经财政部批准免税的其他凭证。

4）国家指定的收购部门与村民委员会、农民个人书立的农副产品收购合同。

5）无息、贴息贷款合同。

6）外国政府或者国际金融组织向我国政府及国家金融机构提供优惠贷款所书立的合同。

（7）印花税的缴纳方法。印花税实行由纳税人根据规定自行计算应纳税额，购买并一次贴足印花税票的缴纳办法。

为简化贴花手续，应纳税额较大或者贴花次数频繁的，纳税人可向税务机关提出申请，采取以缴款书代替贴花或者按期汇总缴纳的办法。

（8）印花税票。印花税票是缴纳印花税的完税凭证，由国家税务总局负责监制。其票面金额以人民币为单位，分为壹角、贰角、伍角、壹元、贰元、伍元、拾元、伍拾元和壹佰元九种。

印花税票为有价证券。

印花税票可以委托单位或个人代售，并由税务机关付给5%的手续费，支付来源从实征印花税款中提取。

（9）印花税的违章处理。

1）在应纳税凭证上未贴或者少贴印花税票的，税务机关除责令其补贴印花税票外，可处以应补贴印花税票金额3~5倍的罚款。

2）对未按规定注销或划销已贴用的印花税票的，税务机关可处以未注销或者划销印花税票金额1~3倍的罚款。

3）纳税人把已贴用的印花税票揭下重用的，税务机关可处以重用印花税票金额5倍或者2000元以上10000元以下的罚款。

4）伪造印花税票的，由税务机关提请司法机关依法追究刑事责任。

（10）印花税的申报。凡印花税纳税申报单位均应按季进行申报，于每季度终了后10日内向所在地的地方税务局报送印花税纳税申报表。

只办理税务注册登记的机关、团体、部队、学校等印花税纳税单位，可在次年1月底前到当地税务机关申报上年税款。

印花税的纳税期限是在印花税应税凭证书立、领受时贴花完税的。对实行印花税汇总缴纳的单位，缴款期限最长不得超过1个月。

2. 餐饮企业印花税纳税

（1）餐饮企业印花税的计算。

1）经济合同应纳税额的计算。纳税人书立、领受的各种应纳印花税的经济合同和具有合同性质的凭证，都应根据合同的性质和规定的适用税率，计算应纳税额，自行购买印花税票，自行粘贴并注销，履行纳税手续。

经济合同和具有合同性质的凭证计算应纳税额的基本公式为：

应纳税额＝计税金额×适用税率

2）其他凭证的应纳税额的计算。应计征印花税的其他凭证主要是指营业账簿、产权转移书据和权利许可证照。

a. 营业账簿。营业账簿的印花税分别按资金账簿和其他账簿计征。

资金账簿应纳印花税的计算公式为：

应纳税额＝（实收资本＋资本公积）×0.5‰

其他账簿应纳印花税的计算公式为：

应纳税额＝账簿件数×单位税额

b. 产权转移书据应纳印花税的计算公式为：

应纳税额 = 产权转移书据的金额 × 0.5‰

c. 权利许可证照应纳印花税的计算公式为：

应纳税额 = 证照件数 × 单位税额

对同一凭证载有两个或两个以上经济事项的，如分别记载金额的，应分别按适用税率计算应纳税额，并按合计税额贴花。如未分别记载金额的，应按其中最高税率计算纳税。

（2）餐饮企业印花税会计处理。印花税是对书立、领受购销合同等凭证行为征收的税款，企业缴纳的印花税是由纳税人根据规定自行计算应纳税额以购买并一次贴足印花税票的方法缴纳的税款。一般情况下，企业需要预先购买印花税票，待发生应税行为时，再根据凭证的性质和规定的比例税率或者按件计算应纳税额，将已购买的印花税票粘贴在应纳税凭证上，并在每枚税票的骑缝处盖戳注销或者划销，办理完税手续。企业缴纳的印花税不会发生应付未付税款的情况，不需要预计应纳税金额，同时也不存在与税务机关结算或清算的问题。

企业缴纳的印花税不需要通过"应交税费"科目核算，可直接通过"管理费用"科目核算。缴纳印花税时应借记"管理费用"科目，贷记"银行存款"或"库存现金"科目。如果一次缴纳印花税税额较大，需要分期摊入成本费用的，可通过"预付账款"科目进行核算，即缴纳印花税时，应借记"预付账款"科目，贷记"银行存款"科目；分期摊销已缴纳的印花税时，应借记"管理费用"科目，贷记"预付账款"科目。

（3）餐饮企业印花税税务处理。

1）分开核算筹划法。同一凭证因载有两个或两个以上经济事项而适用不同税目税率，如分别记载金额的，应分别计算应纳税额，相加后按合计税额贴花；如未分别记载金额的，按税率高的计税贴花。

如 A 企业和 B 企业签订加工承揽合同，数额较大。由于加工承揽合同的计税依据是加工或承揽收入，而且这里的加工或承揽收入额是指合同中规定的受托方的加工费收入和提供的辅助材料金额之和，因此，双方签订一份购销合同，由于购销合同适用的税率为 0.3‰，比加工承揽合同适用的税率 0.5‰要低。

2）模糊金额筹划法。模糊金额筹划法是指当事人在签订数额较大的合同时，有意使合同上所载金额在能够明确条件下不最终确定。

税法规定，有些合同在签订时无法确定计税金额，如技术转让合同中的转让收入，是按销售收入的一定比例收取或按其实现利润多少进行分成的；财产租赁合同只是规定了月（天）租金标准而却无租赁期限的。对这类合同，可在签订时先按定额 5 元贴花，以后结算时再按照实际的金额计税，补贴印花。

（三）酒店企业车船税纳税

1. 酒店企业车船税的相关概述

车船税是指对在我国境内应依法到公安、交通、农业、渔业、军事等管理部门办理登记的车辆、船舶，根据其种类，按照规定的计税依据和年税额标准计算征收的一种财产税。

（1）车船税的纳税人。在中华人民共和国境内，车辆、船舶（以下简称车船）的所有人或者管理人为车船税的纳税人，应当依照规定缴纳车船税。车船是指依法应当在车船管理部门登记的车船；管理人是指对车船具有管理使用权，不具有所有权的单位；车船管理部门是指公安、交通、农业、渔业和军事等依法具有车船管理职能的部门。

（2）车船税的征税对象和范围。车船税的征税对象是车辆和船舶。在机场、港口以及其他企业内部场所行驶或者作业，并在车船管理部门登记的车船，应当缴纳车船税。

（3）车船税的适用税额。

1）载客汽车：划分为大型客车、中型客车、小型客车和微型客车4个子税目。其中，大型客车是指核定载客人数大于或者等于20人的载客汽车；中型客车是指核定载客人数大于9人且小于10人的载客汽车；小型客车是指核定载客人数小于或者等于9人的载客汽车；微型客车是指发动机汽缸总排气量小于或者等于1升的载客汽车。其税额具体标准如下：

大型客车：480~660元。

中型客车：420~660元。

小型客车：360~660元。

微型客车：60~480元。

凡发动机排气量小于或等于1升的载客汽车，都应按照微型客车的税额标准征收车船税。客货两用汽车按照载货汽车的计税单位和税额标准计征车船税。

2）三轮汽车是指在车辆管理部门登记为三轮汽车或者三轮农用运输车的机动车。

3）低速货车是指在车辆管理部门登记为低速货车或者四轮农用运输车的机动车。

4）专项作业车是指装置有专用设备或者器具、用于专项作业的机动车；轮式专用机械车是指具有装卸、挖掘和平整等设备的轮式自行机械。专项作业车和轮式专用机械车的计税单位为自重每吨，每年税额为16~120元。具体适用税额由省、自治区和直辖市人民政府参照载货汽车的税额标准在规定的幅度内确定。

客货两用汽车按照载货汽车的计税单位和税额标准计征车船税。

5）船舶。

净吨位小于或等于 200 吨的，每吨 3 元。

净吨位 201～2000 吨的，每吨 4 元。

净吨位 2001～10000 吨的，每吨 5 元。

净吨位 10001 吨及以上的，每吨 6 元。

拖船是指专门用于拖（推）动运输船舶的专业作业船舶。

拖船按照发动机功率每 2 马力折合净吨位 1 吨计算征收车船税。

核定载客人数、自重、净吨位、马力等计税标准，以车船管理部门核发的车船登记证书或者行驶证书相应项目所载数额为准。纳税人未按照规定到车船管理部门办理登记手续的，上述计税标准以车船出厂合格证明或者进口凭证相应项目所载数额为准；不能提供车船出厂合格证明或者进口凭证的，由主管地方税务机关根据车船自身状况并参照同类车船核定，具体内容如表 11－3 所示。

表 11－3　车船税税目税额

税目	子税目	计税单位	每年税额	备注
载客汽车	大型客车	每辆	540 元	包括电车
	中型客车	每辆	480 元	
	小型客车	每辆	420 元	
	微型客车	每辆	180 元	
载货汽车		按自重每吨	60 元	（1）包括半挂牵引车、挂车 （2）客货两用汽车按载货汽车的计税单位和税额标准计征
三轮汽车、低速货车		按自重每吨	72 元	
专项作业车		按自重每吨	60 元	
轮式专用机械车		按自重每吨	60 元	
摩托车		每辆	60 元	
船舶	净吨位小于或等于 200 吨	按净吨位每吨	3 元	船和非机动驳船分别按船舶税额的 50% 计算
	净吨位 201～2000 吨	按净吨位每吨	4 元	
	净吨位 2001～10000 吨	按净吨位每吨	5 元	
	净吨位 10001 吨及以上	按净吨位每吨	6 元	

（4）车船税的计税依据。

1）购买交强险时应当提供地方税务机关出具的本年度车船税完税凭证或免税证明，不能提供的，应当在购买交强险时按当地的车船税税额标准计算缴纳车船税。

2）拖船按发动机功率每2马力折合净吨位1吨计算征收车船税。

3）载客人数、自重、净吨位、马力等计税标准，以车船管理部门核发的车船登记证书或者行驶证书相应项目所载数额为准。

4）车辆自重尾数在0.5吨以下（含0.5吨）的，按照0.5吨计算；超过0.5吨的，按1吨计算。船舶净吨位尾数在0.5吨以下（含0.5吨）的不予计算，超过0.5吨的，按1吨计算。1吨以下的小型车船，一律按照1吨计算。

5）自重是指机动车的整备质量。

（5）车船税应纳税额的计算。车船税应纳税额的计算公式为：

应纳税额 = 年应纳税额 ÷ 12 × 应纳税月份数

1）特殊情况下车船税应纳税额的计算。

a. 购买短期交强险的车辆。

当年应缴 = 计税单位 × 年单位税额 × 应纳税月份数 ÷ 12

其中，应纳税月份数为交强险有效期起始日的当月至截止日期当月的月份数。

b. 已向税务机关缴税的车辆或税务机关已批准减免税的车辆。

减税车辆应纳税额 = 减税前应纳税额 × （1 - 减税幅度）

2）欠缴车船税的车辆补缴税款的计算。

a. 2007年1月1日前购置的车辆纳税人从购置时起一直未缴纳车船税的，保单中"往年补缴"项目的计算公式为：

往年补缴 = 2007年1月1日前按车船使用税或车船使用牌照税计算欠缴的税款 + 2007年1月1日后按车船税税额标准计算欠缴的税款

b. 2007年1月1日以后购置的车辆，纳税人一直未缴纳车船税的：

往年补缴 = 购置当年欠缴的税款 + 购置年度以后欠缴税款

其中：

购置当年欠缴的税款 = 计税单位 × 年单位税额 × 应纳税月份数 ÷ 12

购置年度以后欠缴税款 = 计税单位 × 年单位税额 × （本次缴税年度 - 车辆登记年度 - 1）

3）滞纳金计算。

每一年度欠税应加收的滞纳金 = 欠税金额 × 滞纳天数 × 0.05%

（6）车船税的减免税优惠。下列车船免征车船税：

1）非机动车船（不包括非机动驳船）。非机动车是指以人力或者畜力驱动的车辆，以及符合国家有关标准的残疾人机动轮椅车、电动自行车等车辆；非机动船是指自身没有动力装置，依靠外力驱动的船舶；非机动驳船是指在船舶管理部门登记为驳船的非机动船。

2）拖拉机指在农业（农业机械）部门登记为拖拉机的车辆。

3）捕捞、养殖渔船是指在渔业船舶管理部门登记为捕捞船或者养殖船的渔业船舶，不包括在渔业船舶管理部门登记为捕捞船或者养殖船以外类型的渔业船舶。

4）军队、武警专用的车船是指按照规定在军队、武警车船管理部门登记，并领取军用牌照、武警牌照的车船。

5）警用车船指公安机关、国家安全机关、监狱、劳动教养管理机关和人民法院、人民检察院领取警用牌照的车辆和执行警务的专用船舶。

6）按照有关规定已经缴纳船舶吨税的船舶。

7）依照我国有关法律和我国缔结或者参加的国际条约的规定应当予以免税的外国驻华使馆、领事馆和国际组织驻华机构及其有关人员的车船。

（7）车船税的申报和缴纳。

1）纳税期限。纳税义务发生时间为核发的车船登记证书或行驶证书记载日期当月；未办理登记手续的以购置发票开具时间当月作为车船税的纳税义务发生时间。车船税按年申报缴纳。

纳税人未按照规定到车船管理部门办理应税车船登记手续的，以车船购置发票所载开具时间的当月作为车船税的纳税义务发生时间。对未办理车船登记手续且无法提供车船购置发票的，由主管地方税务机关核定纳税义务发生时间。

购置的新车船，购置当年的应纳税额自纳税义务发生的当月起按月计算。

2）纳税地点。车船税是由地方税务机关负责征收。跨省、自治区、直辖市使用的车船，纳税地点为车船的登记地。缴纳车船税的单位应当向其机构所在地的地方税务机关申报缴纳车船税；缴纳车船税的个人，应当向其住所所在地的地方税务机关申报缴纳车船税。跨地、州、市（县）使用的车船，则应在车船登记地缴纳。

为了方便纳税人，严格车船税的征收管理，对于除拖拉机、军队武警专用车辆、警用车辆、外交车辆、省级政府规定免税的公交车辆以外的机动车，纳税人如果没有缴税，应当在购买机动车交通事故责任强制保险时按照当地的车船税税额标准计算缴纳车船税。

3）车船税的申报缴纳。

a. 车船的所有人或管理人未缴纳车船税的，使用人应当代为缴纳车船税。

b. 从事机动车交通事故责任强制保险业务的保险机构为机动车车船税的扣缴义务人，应当依法代收代缴车船税。

c. 扣缴义务人代收代缴车船税时纳税人不得拒绝。

d. 纳税人对扣缴义务人代收代缴税款有异议的，可以向纳税所在地的主管地方税务机关提出。

e. 购买交强险时缴纳车船税的，不再向地方税务机关申报纳税。

f. 扣缴义务人代收车船税时，应在保险单上注明已收税款的信息。除另有规定外，扣缴义务人不再给纳税人开具代扣代收税款凭证。纳税人如需要可到主管税务机关开具完税凭证。

g. 扣缴义务人应当及时解缴代收代缴的税款，并向地方税务机关申报。

h. 地方税务机关应当按照规定支付扣缴义务人代收代缴车船税的手续费。

（8）车船税其他管理规定。在一个纳税年度内，已完税的车船被盗抢、报废、灭失的，纳税人可以凭有关管理机关出具的证明和完税证明，向纳税所在地的主管地方税务机关申请退还自被盗抢、报废、灭失月份起至该纳税年度终了期间的税款。

已办理退税的被盗抢车船，失而复得的，纳税人应当从公安机关出具相关证明的当月起计算缴纳车船税。由扣缴义务人代收代缴机动车车船税的，纳税人应当在购买机动车交通事故责任强制保险的同时缴纳车船税。纳税人应当向主管地方税务机关和扣缴义务人提供车船的相关信息；拒绝提供的，按照《中华人民共和国税收征收管理法》有关规定处理。

减免车船税的车辆，纳税人在购买机动车交通事故责任强制保险时，应当向扣缴义务人提供地方税务机关出具的本年度车船税的完税凭证或者减免税证明。不能提供完税凭证或者减免税证明的，应当在购买保险时按照当地的车船税税额标准计算缴纳车船税，具体内容如表11-4所示。

2. 酒店企业车船税纳税会计实务

（1）餐饮企业车船税的相关规定。

1）缴纳车船税的单位，应当向其机构所在地的地方税务机关申报缴纳车船税；缴纳车船税的个人应当向其住所所在地的地方税务机关申报缴纳车船税。跨地、州、市（县）使用的车船，则应在车船登记地缴纳。

2）为了方便纳税人，严格车船税的征收管理，对于除拖拉机、军队武警专用车辆、警用车辆、外交车辆、省级政府规定免税的公交车辆以外的机动车，纳税人如果没有缴税，应当在购买机动车交通事故责任强制保险时按照当地的车船税税额标准计算缴纳车船税。

表11-4　车船税纳税申报表

税款所属时期：＿＿＿年＿＿＿月＿＿＿日至＿＿＿年＿＿＿月＿＿＿日　　　　　　金额单位：元

纳税人代码				微机代码	
纳税人名称				银行及账号	
类别	项目	计税单位	计税数量	单位税额	全年应纳税额
1	2	3	4	5	6＝4×5
应税项目					
类别	项目	计税单位	计税数量	单位税额	全年应纳税额
免税项目					
合计					

本纳税申报表是按照国家税法和税务机关规定填报的，我确信它是真实的、合法的。如有虚假，我愿承担一切法律责任。 法定代表人（业主）签名： 年　　月　　日	我单位（公司）现授权＿＿＿＿＿＿＿为本纳税人的代理申报人，其法定代表人电话＿＿＿＿＿＿＿，任何与申报有关的往来文件都可寄于此代理机构。委托代理合同号码： 授权人（法定代表人）签名： 年　　月　　日	本纳税申报表是按照国家税法和税务机关有关规定填报的，我确信它是真实、合法的。如有不实，我愿承担一切法律责任。 法定代表人签名： 代理人盖章： 年　　月　　日

3）车船税属于地方税，由地方税务机关负责征收管理。对于机动车，为了方便纳税人缴税，节约纳税人的缴税成本和时间，条例规定从事机动车交通事故责任强制保险业务的保险机构为车船税的扣缴义务人，在销售机动车交通事故责任强制保险时代收代缴车船税，并及时向国库解缴税款。

4）企业拥有的各种车辆必须按规定缴纳车船税。车船税目中的载客汽车划分为大型客车、中型客车、小型客车和微型客车4个子税目。其中，大型客车是指核定载客人数大于或者等于20人的载客汽车；中型客车是指核定载客人数大于9人且小于20人的载客汽车；小型客车是指核定载客人数小于或者等于9人的载客汽车；微型客车是指发动机汽缸总排气量小于或者等于1升的载客汽车。载客汽车各子税目的每年税额幅度如下：

  a. 大型客车：480～660元。

  b. 中型客车：420～660元。

  c. 小型客车：360～660元。

  d. 微型客车：60～480元。

  5）车船税应纳税额的计算公式。购置的新车船，购置当年的应纳税额自纳税义务发生的当月起按月计算，具体计算公式为：

应纳税额 = 年应纳税额 ÷ 12 × 应纳税月份数

  6）减免税规定。按照税法规定，对餐饮企业办的各类学校、医院、托儿所、幼儿园自用的车船，免征车船税。企业新购置的车船暂不使用，可暂不申报登记纳税。

  开始使用时，应于使用前依照规定申报办理纳税手续。企业内部行驶的车辆，不领取行车执照，也不上公路行驶的，可免缴车船税。

  按照规定，餐饮企业用于工程作业的专用汽车，如沥青洒布车、混凝土搅拌车、架线车、野外工程车等，各省、自治区、直辖市可根据具体情况分别规定征税或免税。企业缴纳车船税确实有困难的，可由省、自治区、直辖市人民政府确定，定期减征或者免征车船税。

  （2）餐饮企业车船税纳税会计处理。企业缴纳的车船税，应通过"应交税费——应交车船税"科目进行核算。该科目借方反映企业已经缴纳的车船税税额，贷方反映企业应缴纳车船税税额，余额在贷方表示企业应交而未交的车船税。

  1）月末，企业计算出应缴纳的车船使用税税额，编制会计分录如下：

  借：管理费用

    贷：应交税费——应交车船税

  2）按规定，车船税按年征收，分期缴纳，具体纳税期限由省、自治区、直辖市人民政府规定。企业在缴纳税款时，编制会计分录如下：

  借：应交税费——应交车船税

    贷：银行存款

  3）如果按当地政府规定，车船税实行分期缴纳，并且按企业核算要求需要按月分摊时，编制会计分录如下：

  借：预付账款

    贷：应交税费——应交车船税

  摊销时，编制会计分录如下：

借：管理费用

　　贷：预付账款

（四）酒店企业土地使用税纳税

1. 土地使用税纳税人

在城市、县城、建制镇、工矿区范围内使用土地的单位和个人，为城镇土地使用税的纳税义务人，应当依照《城镇土地使用税暂行条例》的规定缴纳土地使用税。

2. 土地使用税税额

土地使用税采用分级幅度固定税额。按照税法规定，土地使用税每平方米年税额如下：

（1）大城市为 0.5 ~ 10 元。

（2）中等城市为 0.4 ~ 8 元。

（3）小城市为 0.3 ~ 6 元。

（4）县城、建制镇、工矿区为 0.2 ~ 4 元。

现行的划分标准是市区及郊区非农业人口总计在 50 万以上的，为大城市；市区及郊区非农业人口总计在 20 万 ~ 50 万的，为中等城市；市区及郊区非农业人口总计在 20 万以下的，为小城市。

各省、自治区、直辖市人民政府应在上述所列税额幅度内，根据市政建设状况、经济繁荣程度等条件，确定所辖地区的土地使用税税额幅度。

各市、县人民政府应当根据实际情况，将本地区划分为若干等级，在省、自治区、直辖市人民政府确定的税额幅度内，制定相应的适用税额标准，报省、自治区、直辖市人民政府批准执行。

对经济落后地区土地使用税的适用税额，经省、自治区、直辖市人民政府批准，可以适当降低，但降低幅度不得超过上述规定最低税额的 30%。经济发达地区土地使用税的适用税额可以适当提高，但须报经财政部批准。

3. 土地免缴土地使用税

（1）国家机关、人民团体、军队自用的土地。

（2）由国家财政部门拨付事业经费的单位自用的土地。

（3）宗教寺庙、公园、名胜古迹自用的土地。

（4）市政街道、广场、绿化地带等公共用地。

（5）直接用于农、林、牧、渔业的生产用地。

（6）经批准开山填海整治的土地和改造的废弃土地，从使用的月份起免缴土地使用税 10 年。

（7）由财政部另行规定免税的能源、交通、水利设施用地和其他用地。

4. 新征用的土地缴纳土地使用税

（1）征用的耕地自批准征用之日起满 1 年时开始缴纳土地使用税。

（2）征用的非耕地自批准征用次月起缴纳土地使用税。

5. 土地使用税的计税依据

按照规定，土地使用税以纳税人实际占用的土地面积为计税依据。土地面积是指由省、自治区、直辖市人民政府确定的单位组织测定的土地面积。尚未组织测量，但纳税人持有政府部门核发的土地使用证书的，以证书确认的土地面积为准；尚未核发土地使用证书的，应由纳税人据实申报土地面积。

6. 土地使用税计算方法

土地使用税按纳税人实际占用的土地面积，依照规定的税额计算征收。

其计算公式为：

年应纳土地使用税税额 = 实际占用的土地面积 × 单位适用税额

月应纳土地使用税税额 = 年应纳土地使用税税额 ÷ 12

同一土地的土地使用权由几方共有的，由共有各方按照各自实际使用的土地面积的比例，分别计算其应缴纳的城镇土地使用税。

7. 土地使用税申报表（略）

（五）酒店企业契税纳税

1. 酒店企业契税的相关概述

契税是以所有权发生转移变动的不动产为征税对象，向产权承受人征收的一种财产税。应缴税范围包括土地使用权出售、赠与和交换、房屋买卖、房屋赠与和房屋交换等。

（1）契税的纳税人。在中华人民共和国境内转移土地、房屋权属，承受的单位和个人为契税的纳税人，应当依照《契税暂行条例》的规定缴纳契税。

土地、房屋权属是指土地使用权、房屋所有权。承受是指以受让、购买、受赠、交换等方式取得土地、房屋权属的行为。单位是指企业单位、事业单位、国家机关、军事单位和社会团体以及其他组织。

转移土地、房屋权属是指下列行为：

1）国有土地使用权出让，是指土地使用者向国家交付土地使用权出让费用，国家将国有土地使用权在一定年限内让与使用者的行为。

2）土地使用权转让，包括出售、赠与和交换。

土地使用权转让是指土地使用者以出售、赠与、交换或者其他方式将土地使用权转移给其他单位和个人的行为。土地使用权出售是指土地使用者以土地使用权作为交换条件，取得货币、实物、无形资产或者其他经济利益的行为。土地使用权赠与是指土地使用者将其土地使用权无偿转让给受赠者的行为。土地使用权交换是指土地使用者之间相互交换土地使用权的行为。土地使用转让不包括农村集体土地承包经营权的转移。

3）房屋买卖是指房屋所有者将其房屋出售，由承受者交付货币、实物、无形资产或者其他经济利益的行为。

4）房屋赠与是指房屋所有者将其房屋无偿转让给受赠者的行为。

5）房屋交换是指房屋所有者之间相互交换房屋的行为。

（2）契税的税率。契税税率为3%～5%。契税的适用税率是由省、自治区、直辖市人民政府在规定的幅度内按照本地区的实际情况确定，并报财政部和国家税务总局备案。

（3）契税的计税依据。

1）国有土地使用权出让、土地使用权出售、房屋买卖，为成交价格。

2）土地使用权赠与、房屋赠与，由征收机关参照土地使用权出售、房屋买卖的市场价格核定。

3）土地使用权交换、房屋交换，为所交换的土地使用权、房屋的价格的差额。

如果成交价格明显低于市场价格并且无正当理由的，或者所交换土地、房屋的价格的差额明显地不合理并且无正当理由的，由征收机关参照市场价格核定。

以划拨方式取得土地使用权，经批准转让给酒店企业的，其应补交的契税的计税依据为补缴的土地使用权出让费或者土地收益。

4）土地、房屋权属以下列四种方式转移的，视同土地使用权转让，房屋买卖或者房屋赠与征税。

a. 以土地房屋权属作价投资、入股。

b. 以土地、房屋权属抵债。

c. 以获奖方式承受土地、房屋权属。

d. 以预购方式或者预付集资建房款方式承受土地、房屋权属。

（4）契税的计算公式。

应纳税额＝计税依据×税率

应纳税额以人民币计算。转移土地、房屋权属以外汇结算的按照纳税义务发生之日中国人民银行公布的人民币市场汇率中间价折合成人民币计算。

1）国有土地使用权出让、土地使用权出售、房屋买卖，以成交价格为计税依据。

2）土地使用权赠与、房屋赠与，由征收机关参照土地使用权出售、房屋买卖的市场价格核定。

3）交换价格相等时，免征契税；交换价格不等时，由多交付货币、实物、无形资产或者其他经济利益的一方缴纳契税。

4）房屋附属设施征收契税的依据有以下两种：

a. 采取分期付款方式购买房屋附属设施土地使用权、房屋所有权的，应按合同规定的总价款计征契税。

b. 承受的房屋附属设施权属如为单独计价的，按照当地确定的适用税率征收契税；如与房屋统一计价的，适用与房屋相同的契税税率。

（5）契税的征税对象。土地增值税由出让方缴纳，契税由承让方缴纳。

1）土地使用权的出让，由承受方缴纳。

2）土地使用权的转让，除了考虑土地增值税，另由承受方缴纳契税。

3）房屋买卖分为以下三种：

a. 以房产抵债或实物交换房屋。

b. 以房产作投资或股权转让。

c. 买房拆料或翻建新房，应照章纳税。

4）房屋赠与。赠与方不缴土地增值税，但承受方应纳契税。

5）房屋交换。在契税的计算中，注意过户与否是一个关键点。

在税率设计上，契税采用幅度比例税率。目前，我国采用3%～5%的幅度比例，这是国家制定的政策，各省、自治区、直辖市在这个范围内可以自行确定各自的适用税率。

（6）契税的减、免征。

1）国家机关、事业单位、社会团体、军事单位承受土地、房屋用于办公、教学、医疗、科研和军事设施的，免征契税。

用于办公的土地、房屋是指办公室（楼）以及其他直接用于办公的土地、房屋。

用于教学的土地、房屋是指教室（教学楼）以及其他直接用于教学的土地、房屋。

用于医疗的土地、房屋指门诊部以及其他直接用于医疗的土地、房屋。

用于军事设施的土地、房屋包括以下五种：

a. 地上和地下的军事指挥作战工程。

b. 军用的机场、港口和码头。

c. 军用的库房、营区、训练场和试验场。

d. 军用的通信、导航、观测台站。

e. 其他直接用于军事设施的土地、房屋。

2）城镇职工按规定第一次购买公有住房的，免征契税。城镇职工按规定第一次购买公有住房的，是指县级以上人民政府批准，在国家规定标准面积以内购买的公有住房。超过国家规定标准面积的部分，仍应按规定缴纳契税。

3）因不可抗力灭失住房而重新购买住房的，酌情准予减征或者免征。不可抗力是指自然灾害、战争等不能预见、不能避免的，并不能克服的客观情况。

4）财政部规定的其他减征、免征契税的项目。经批准减征、免征契税的纳税人改变有关土地、房屋的用途，不再属于规定的减征、免征契税范围的，应当补缴已经减征、免征的税款。

5）土地、房屋被县级以上人民政府征用、占用后，重新承受土地、房屋权属的，是否减征或者免征契税，由省、自治区、直辖市人民政府确定。

6）纳税人承收荒山、荒沟、荒丘、荒滩土地使用权，用于农、林、牧、渔业生产的，免征契税。

7）依照我国有关法律规定以及我国缔结或者参加的双边和多边条约或者协定的规定应当予以免税的外国驻华使馆、领事馆、联合国驻华机构及其外交代表、领事官员和其他外交人员承收土地、房屋权属的，经外交部确认，可以免征契税。

纳税人符合减征或者免征契税规定的，应当在签订土地、房屋权属转移合同10日内，向土地、房屋所在地的契税征收机关办理减征或免征契税手续。

（7）契税的特殊税收优惠。

1）企业公司制改造。一般而言，承受一方如无优惠政策就要征契税，另外，要注意不征税与免税是两个不同的概念。

企业公司制改造中，承受原企业土地、房屋权属，免征契税。

2）企业股权重组。在股权转让中，单位、个人承受企业股权，企业土地、房屋权属不发生转移，不征收契税。

但在增资扩股中，如果是以土地使用权来认购股份，则承受方需缴契税。

国有、集体企业实施"企业股份合作制改造"，由职工买断企业产权，或向其职工转让部分产权，或者通过其职工投资增资扩股，将原企业改造为股份合作制企业的，对改造后的股份合作制企业承受原企业的土地、房屋权属，免征契税。

3）企业合并、分立。

a. 两个或两个以上的企业，依据法律规定、合同约定，合并改建为一个企业，对其合并后的企业承受原合并各方的土地、房屋权属，免征契税。

b. 企业依照法律规定、合同约定分设为两个或两个以上投资主体相同的企业，对派生方、新设方承受原企业土地、房屋权属，不征收契税。

4）企业出售。国有、集体企业出售，被出售企业法人予以注销，并且承受人妥善安置原企业30%以上职工的，对其承受所购企业的土地、房屋权属，减半征收契税；全部安置原企业职工的，免征契税。

5）企业关闭、破产。债权人承受关闭、破产企业土地、房屋权属以抵偿债务的，免征契税；对非债权人承受关闭、破产企业土地、房屋权属，凡妥善安置原企业30%以上职工的，减半征收契税；全部安置原企业职工的，免征契税。

6）房屋附属设施。对于承受与房屋相关的附属设施（如停车位、汽车库等）所有权或土地使用权的行为，按照契税法律、法规的规定征收契税；对于不涉及土地使用权和房屋所有权转移变动的，不征收契税。

7）继承土地、房屋权属。法定继承人继承土地、房屋权属，不征契税；非法定继承人应征收契税。

8）其他。经国务院批准实施债权转股权的企业，对债权转股权后新设立的公司承受原企业的土地、房屋权属，免征契税。

企业改制重组过程中，同一投资主体内部所属企业之间土地、房屋权属的无偿划转，不征收契税。

（8）契税的纳税时间。契税的纳税义务发生时间，为纳税人签订土地、房屋权属转移合同的当天，或者纳税人取得其他具有土地、房屋权属转移合同性质凭证的当天。

纳税人应当自纳税义务发生之日起10日内，向土地、房屋所在地的契税征收机关办理纳税申报，并在契税征收机关核定的期限内缴纳税款。纳税人办理纳税事宜后，契税征收机关应当向纳税人开具契税完税凭证。纳税人应当持契税完税凭证和其他规定的文件材料，依法向土地管理部门、房产管理部门办理有关土地、房屋的权属变更登记手续。纳税人未出具契税完税凭证的，土地管理部门、房产管理部门不予办理有关土地、房屋的权属变更登记手续。纳税人因改变土地、房屋用途应当补缴已经减征、免征契税的，其纳税义务发生时间为改变有关土地、房屋用途的当天。

（9）契税纳税申报表（略）。

2. 酒店企业契税纳税

（1）酒店企业契税的纳税人。契税是指在土地、房屋权属转移时，国家按照当事人双方签订合同以及所确定价格的一定比例，向承受权属者一次性征收的一种行为税。餐饮公司通过购买、受让、受赠、交换等方式取得土地使用权和房屋所有权时要缴纳契税。

按照税法规定，在我国境内转移土地、房屋权属（即土地使用权、房屋所有权），承受（指通过购买、受让、受赠、交换等方式取得土地使用权、房屋所有权）的单位和个人，为契税的纳税人。也就是说，通过购买、受让、受赠、交换等方式取得土地使用权、房屋所有权的单位和个人，是契税的纳税人。

酒店企业通过购买、受让、受赠、交换等方式取得土地使用权和房屋所有权的，就是契税的纳税人。

（2）酒店企业契税征税范围有以下几种：

1）土地使用权转移。

a. 国有土地使用权出让，即土地使用者向国家支付土地使用权出让金，国家将国有土地使用权在一定年限内让与土地使用者的行为。

b. 土地使用权转让，指土地使用者将其土地使用权转移给其他单位和个人的行为，包括出售（即有偿转让）、赠与（即无偿转让）和交换（土地使用者之间相互交换土地使用权）等，不包括农村集体土地承包经营权的转移。

2）房屋所有权转移。

a. 房屋买卖，即有偿转让房屋所有权的行为。

b. 房屋赠与，即将房屋所有权无偿转让给他人的行为。

按照规定，房屋赠与应有书面合同或者契约，并到餐饮管理部门或农村基层政权机关办理登记过户手续才能生效。

c. 房屋交换，即相互交换房屋的所有权的行为。

按照规定，房屋的使用者经房屋的所有者同意，通过变更租赁合同，办理过户手续，相互交换房屋的使用权，不征收契税。房屋的所有者之间通过签订交换契约，办理房屋产权变更手续，相互交换房屋的所有权，按规定应当办理契税手续。具体又可以分为两种情况：若双方交换价值相等，则免纳契税，应当办理免征契税手续；若价值不等，应就超出部分缴纳契税。

3）按照规定，下列六种方式视同土地使用权转让、房屋买卖或者房屋赠与。

a. 以土地、房屋作价投资、入股。企业以其土地使用权或者房屋所有权折价作为投资，应按有关规定办理产权变更登记手续，视同土地使用权转让或者房屋买卖，由承受方按规定缴纳契税。比如，A 企业以其拥有的土地使用权或者房屋所有权折价向 B 企业进行投资，则应由 B 企业按规定缴纳契税。

企业以购买股份方式取得对方企业的土地使用权和房屋所有权的，也应当视同土地使用权转让或者房屋买卖，由取得土地使用权或者房屋所有权的企业缴纳契税。比如，A 企业以购买股份的方式取得 B 企业的土地使用权或者房屋所有权，则应由 A 企业按规定缴纳契税。

b. 买房拆料或买房翻新。企业以买房拆料或买房翻新方式取得对方的土地使用权或者房屋所有权的，实际上都构成土地使用权转让或者房屋买卖，均应由购买的企业按规定缴纳契税。

c. 以土地、房屋权属抵债。按照规定，经当地政府和有关部门批准，以土地、房屋权属抵偿债务的，应当视同土地使用权转让或者房屋买卖，在办理产权过户手续时，由取得土地使用权或者房屋所有权的一方按规定缴纳契税。

d. 以实物交换土地、房屋权属。企业以其拥有的产品或者其他实物换取对方的土地使用权或者房屋所有权的，应当视同土地使用权转让或者房屋买卖，由企业按规定缴纳契税。

e. 以获奖方式承受房屋权属。以获奖方式承受房屋权属，其实质是接受赠与房屋，应当视同房屋赠与，应由获奖人按规定缴纳契税。

f. 以预购方式或者预付集资建房款方式承受土地、房屋权属。按照规定，以预购方式或者预付集资建房款方式承受土地、房屋权属的，应当视同土地使用权转让或者房屋买卖，由取得土地使用权或者房屋所有权的企业按规定缴纳契税。

（3）酒店企业契税减免税规定。按照规定，酒店企业原有的土地、房屋被县级以上人民政府征用、占用后，重新承受土地、房屋权属的，是否减征或者免征契税，由省、自治区、直辖市人民政府确定。按照规定，酒店企业重新承受土地、房屋权属按规定减征或者免征契税的，应当在签订土地、房屋权属转移合同后10日内，向土地、房屋所在地的契税征收机关书面提出减税或者免税申请，并提供有关证明材料。契税征收机关按规定审核后，办理减征或者免税手续。契税减税、免税的审批程序和办法，由省、自治区、直辖市征收机关具体确定。按照规定，代征单位不得办理减税或者免税手续。

（4）酒店企业契税的征收。

1）契税的纳税义务发生时间。按照规定，契税纳税义务发生时间，为纳税人签订土地、房屋权属转移合同的当天，或者纳税人取得其他土地、房屋权属转移合同性质凭据的当天。

2）纳税期限和纳税地点。契税征收机关为土地、房屋所在地的财政机关或地方税务机关，具体征收机关由各省、自治区、直辖市人民政府确定。

按照规定，纳税人应当自纳税义务发生之日起10日内，向土地、房屋所在地的契税征收机关办理纳税申报，并在契税征收机关规定的期限内缴纳税款。

3）纳税申报。企业应当按规定的期限向主管征收机关进行契税的申报。企业应当在契税征收机关核定的期限内缴纳税款。企业按规定缴纳契税后，主管征收机关应向企业开具契税完税凭证。企业应当持契税完税凭证和其他有关文件、资料，依法向土地管理部门、房产管理部门办理有关土地、房屋的权属变更登记手续；企业未出具契税完税凭证的，土地管理部门、房产管理部门将不予办理权属变更手续。

（5）餐饮企业契税纳税应注意以下五个方面：

1）以补偿征地款方式取得的房产。A企业征用属下土地与B企业合建商品房，并在商品房建成后，将其中一部分商品房产权以补偿征地款方式转移给居民

C。这种转移方式实质上是一种以征地款购买房产的行为，应依法缴纳契税。

2）抵押贷款购买商品房。购房人以按揭、抵押贷款方式购买房屋，当其从银行取得抵押凭证时，购房人与原产权人之间的房屋产权转移已经完成，契税纳税义务已经发生，必须依法缴纳契税。

3）出售或租赁房屋使用权。房屋使用权与房屋所有权是两种不同性质的权属。根据现行契税法规的规定，房屋使用权的转移行为不属于契税征收范围，不应征收契税。

4）城镇居民委托代建房屋。居民通过与房屋开发商签订"双包代建"合同，由开发商承办规划许可证、准建证、土地使用证等手续，并由委托方按地价与房价之和向开发商付款的方式取得房屋所有权，实质上是一种以预付款方式购买商品房的行为，应照章征收契税。

5）契税纳税人法律责任的规定。契税纳税人（以下简称纳税人）应在主管契税征收管理工作的财政机关或者地方税务机关（以下简称征收机关）核定的期限内缴纳税款。纳税人因有特殊困难，且不能按期缴纳税款的，经县以上征收机关批准，可以延期缴纳税款，但最长不得超过3个月，且同一纳税人在一个纳税年度内只能申请延期缴纳一次。在征收机关批准的期限内，不加收滞纳金。纳税人未按规定期限缴纳税款的，征收机关除责令限期缴纳外，从滞纳税款之日起，按日加收滞纳税款0.05‰的滞纳金。

（6）酒店企业契税的会计处理。对于企业取得的土地使用权，若是有偿取得的，一般应作为无形资产入账，相应地，为取得该项土地使用权而缴纳的契税，也应当计入无形资产价值。

契税一般不通过"应交税费"账户进行核算，而是直接计入有关资产的成本中。对于酒店企业来说，若是为进行餐饮而取得的土地使用权，相应缴纳的契税，应当计入开发成本中；若是为建造办公楼等自用而取得的土地使用权，相应缴纳的契税，应当计入无形资产价值中。同样，对于酒店企业承受房屋权属所应缴纳的契税，也应当视其用途确定是计入开发成本还是计入固定资产价值中。

第十二章　酒店财务分析管理

一、酒店财务分析概述

（一）酒店财务分析的含义

酒店财务分析是指运用财务报表数据以及其他经营管理类报表中的有关数据对酒店过去已发生的经营成果和财务状况，以及未来的发展前景所做的综合评价。通过这种分析评价，可以为酒店的财务决策、计划和控制提供服务，并调整经营实体的行为和活动，以此实现酒店经营管理的目标。

（二）财务分析的依据

财务分析的起点是财务报表。这里的财务报表包括对内财务报表和对外财务报表。

1. 对内财务报表

这些报表包括收入明细表、成本费用明细表、税金明细表以及酒店分部门利润表等，这些报表仅供内部交流之用。如某酒店 2015 年餐饮细分市场分析表，如表 12 - 1 所示。

表 12 - 1　2015 年餐饮细分市场分析表　　　　　　单位：元

项目	2014 年	占餐饮总收入的份额（％）	2015 年	占餐饮总收入的份额（％）	±％
餐饮总收入	2742543.9		3401719.5		24％
就餐总人数	23123		26392		14％
人均消费	118.6		128.8		9％
中餐厅	417745	15	504633.5	15	21％
就餐人数	3770		4184		11％
人均消费	110.8		120		8％
大堂酒吧	218312.2	8	291643.6	9	34％
就餐人数	3155		4396		39％
人均消费	69		66.3		-4％

续表

项目	2014 年	占餐饮总收入的份额（%）	2015 年	占餐饮总收入的份额（%）	±%
零点膳食	402932.5	15	623491.7	18	55%
就餐人数	2059		3217		56%
人均消费	195.6		195.8		0%
婚宴消费	563041.2	21	501142.8	15	−11%
就餐人数	3084		2103		−32%
人均消费	182.5		238		30%
自助餐	124485.2	5	167935.8	5	35%
就餐人数	935		1158		24%
人均消费	133		145		9%
会议	197484	7	440481.95	13	123%
早餐	471978	17	522809.3	15	11%
就餐人数	9182		10090		10%
人均消费	53.5		51.8		−3%

2. 对外财务报表

这些报表是依据《中华人民共和国会计法》、《企业会计准则》和《企业会计制度》的规定要求编报的、必须对外公布的报表。主要包括资产负债表、利润表和现金流量表。

除了上述财务报表以外，进行财务分析所需要的资料还包括日常核算资料（凭证、账簿），营销计划、生产计划等方面的资料，同行业其他企业发布的财务报告，专门机构出具的研究报告，本企业进行的调研报告等。如营销竞争对手分析报告、顾客满意度报告、员工满意度分析报告等。

（三）财务评价方法

酒店采用的财务评价方法有比较分析法、比率分析法、趋势分析法和因素分析法等。

1. 比较分析法

比较分析法是对两个或两个以上有关的可比数据进行对比，揭示差异和矛盾的分析方法。比较分析法是财务分析的基本方法，常见的比较分析方法有：

（1）按比较对象分类。

1）与本企业历史相比，即与不同时期指标相比，如与上年数相比，或与历史时期最好数相比，也称纵向分析。

2）与同类企业相比，即与行业平均数或竞争对手比较，也称横向比较。

3）与预算数相比，即将实际数与预算数比较，又称差异分析。

（2）按比较内容分类。

1）比较会计要素的总量。总量是指报表项目的总金额，如总资产、净资产、净利润等。总量比较主要用于时间序列分析，如研究利润的逐年变化趋势，看其增长潜力，有时也用于同行业比较，看企业在市场上的相对竞争地位。

2）比较结构百分比。即将财务报表中以某一项目为基础，分析其他各项目所占比重。如分析利润表时，以营业收入为基数，分析利润表其他各项目所占比重，通过结构百分比分析可以发现有显著问题的项目，并及时分析原因。

3）比较财务比率。将不同时期的财务比率进行比较，以反映其发展变化的情况，如比较上年与本年的资产负债率。

运用比较分析法时，指标的可比性非常关键。即选定的比较指标的口径必须相同，包括指标内容、计算方法、评价标准、时间单位、产生指标的不同企业的经营规模和业务范围等方面的一致性。

2. 比率分析法

比率分析法是通过计算各种比率指标来确定经济活动变动程度的分析方法。比率是相对数，采用这种方法，能够把某些条件下的不可比指标变为可比指标，以便于进行分析。

比率指标可以有不同的类型，主要有构成比率、效率比率、相关比率。

（1）构成比率。构成比率又称结构比率，它是某项财务指标的各组成部分数值占总体数值的百分比，反映部分与总体的关系，其计算公式为：

$$构成比率 = \frac{某个组成部分数额}{总体数额} \times 100\%$$

如能源费用占全部费用的比例、客房营收占总营收的比率等，同时可以分析营收、费用等项目的变化与整个经营情况变化的相互关系；又如酒店资产中的流动资产、固定资产和无形资产占资产总额的百分比，酒店负债中的流动负债和长期负债占负债总额的百分比，利用构成比率可以考察总体中某个部分的构成和安排是否合理，以便协调各项财务活动。

（2）效率比率。效率比率是某项财务活动中投入与收益的比例，反映投入与产出的关系。利用效率比率指标可以进行得失比较，考察经营成果，评价经济效益。比如，将利润总额项目与销售成本、销售收入、资本金等项目加以对比，可以计算出成本利润率、销售利润率以及资本金利润率指标，也可以从不同角度观察比较酒店获利能力的高低以及增减变化情况。

（3）相关比率。相关比率是以某个项目和与其他有关但又不同的项目加以对比所得的比率，反映有关经济活动的相互关系。利用相关比率，可以考察酒店有联系的相关业务安排是否合理，以保障运营活动得以顺利进行。比如，将流动资产与流动负债加以对比，计算出流动比率，据以判断酒店的短期偿债能力。

比率分析法的优点是计算简便，计算结果也较容易判断，但在具体运用中要注意以下几点：

1）对比项目的相关性。计算比率的子项和母项必须具有相关性，把不相关的项目进行对比是没有意义的。

2）对比口径的一致性。计算比率的子项和母项必须在计算时间、范围等方面保持口径一致。

3）衡量标准的科学性。运用比率分析，需要选用一定的标准与之对比，以便对酒店的财务状况做出评价。通常而言，科学合理的对比标准有：历史标准，如上期实际、上年同期实际、历史现金水平以及有典型意义时期的实际水平等；行业标准，如主管部门或行业协会颁布的技术标准、国内外同类酒店的先进水平、国内外同类酒店的平均水平等。

3. 趋势分析法

趋势分析法是比较分析法的延伸，是将两期或连续数期财务报告中的相同指标进行对比，确定其增减变动的方向、幅度，以说明企业财务状况和经营成果变动趋势的一种方法。采用这种方法，可以分析引起变化的主要原因、变动的性质，并预测企业未来的发展前景。

【例12-1】开立酒店2010~2014年营业收入和净利润金额如表12-2所示。

表12-2　开立酒店2010~2014年营业收入和净利润金额

会计年度：1月1日至12月31日

年份	2010	2011	2012	2013	2014
营业收入（万元）	5000	5500	5300	6200	7500
净利润（万元）	500	560	450	600	900

从表12-2中可以看出，开立酒店5年来的营业收入和净利润除了2012年的净利润下降外，其他年份均呈增长趋势。为了更直观地看出这种变化，我们以2010年作为基年，用其他年份的数字与其相比，则可以得出以下趋势的百分比，如表12-3所示。

表12-3 开立酒店2010~2014年营业收入和净利润趋势表

会计年度：1月1日至12月31日

年份	2010	2011	2012	2013	2014
营业收入（%）	100	110	106	124	150
净利润（%）	100	112	90	120	180

从表12-3中可以看出：5年内，开立酒店的营业收入和净利润都逐步增长，且净利润的增长幅度要超过营业收入的增长幅度，2014年的净利润比2001年增长了0.8倍，而营业收入仅增长了0.5倍。2012年营业收入比2010年略有增长但净利润下降明显。所以运用百分比来看趋势，不仅能清晰地看到总的趋势，而且能更精确地表明各年的变动幅度。应注意的是，对于基年的选择要有代表性，如果基年选择不当，情况异常，则以其为基数而计算的百分比趋势会造成判断失误或做出不准确的评价。

4. 因素分析法

因素分析法是依据分析指标与其影响因素的关系，从数量上确定各因素对分析指标影响和影响程度的一种方法。采用这种方法的出发点在于，当有若干因素对分析指标发生影响作用时，假定其他各个因素都无变化，需按顺序确定每个因素单独变化所产生的影响。因素分析法分为两种：一是连环替代法；二是差额分析法。

（1）连环替代法。连环替代法是将分析指标分解为各个可以计量的因素，并根据各个因素之间的依存关系，顺次用各因素的比较值替代基准值，据以测定各因素对分析指标的影响。

【例12-2】开立酒店拥有客房400间，2013年5月和2014年5月客房收入资料显示如表12-4所示，同比差异为42780元，请运用因素分析法分析是哪些因素引起2014年5月营业收入同比增加42780元。

表12-4 开立酒店2013年5月和2014年5月客房收入表

项目	2013年5月	2014年5月	差异
出租率（%）	78	80	2
名义房价（元/间·天）	125	120	-5
折扣率（%）	90	95	5
实际房价（元/间·天）	112.5	114	1.5
收入（元）	1088100	1130880	42780

分析步骤如下：

第一步，计算营业收入差额。

客房营业收入的计算公式为：

客房营业收入＝可供出售房间数×计算期天数×出租率×房价

2013 年客房营业收入为：$400 \times 31 \times 78\% \times 125 \times 90\% = 1088100$（元）

2014 年客房营业收入为：$400 \times 31 \times 80\% \times 120 \times 95\% = 1130880$（元）

两者差额＝$1130880 - 1088100 = 42780$（元）

第二步，以 2013 年客房营业收入计算公式为基础，逐项替代。

预计：$400 \times 31 \times 78\% \times 125 \times 90\% = 1088100$（1）

第一次替代：$400 \times 31 \times 80\% \times 125 \times 90\% = 1116000$（2）

第二次替代：$400 \times 31 \times 80\% \times 120 \times 90\% = 1071360$（3）

第三次替代：$400 \times 31 \times 80\% \times 120 \times 95\% = 1130880$（4）

第三步，分析各因素对营业收入的影响程度。

出租率变动影响$(2) - (1) = 1116000 - 1088100 = 27900$（元）

房价变动影响$(3) - (2) = 1071360 - 1116000 = -44640$（元）

折扣率变动影响$(4) - (3) = 1130880 - 1071360 = 59520$（元）

第四步，验证出租率、房价、折扣率三个因素共同影响客房营业收入增加 42780 元。

$42780 = 27900 + (-44640) + 59520$

由此可见，折扣率因素对客房收入影响最大，但同时酒店应注意房价的调整策略。

（2）差额分析法。差额分析法是连环替代法的一种简化形式，它是利用各个因素的比较值与基准值之间的差额，来计算各因素对分析指标的影响。

【例 12 - 3】以【例 12 - 2】为基本资料，运用差额分析法的计算结果为：

首先，出租率对收入的影响：

$400 \times 31 \times (80\% - 78\%) \times 125 \times 90\% = 27900$（元）

其次，名义房价对收入的影响：

$400 \times 31 \times 80\% \times (120 - 125) \times 90\% = -44640$（元）

再次，折扣率对收入的影响：

$400 \times 31 \times 80\% \times 120 \times (95\% - 90\%) = 59520$（元）

最后，验证出租率、房价、折扣率三个因素共同影响客房营业收入增加 42780 元。

$42780 = 27900 + (-44640) + 59520$

因素分析法既可以全面分析各因素对某一经济指标的影响，又可以单独分析某个因素对某一经济指标的影响，在财务分析中应用颇为广泛，但在应用这一方法时必须注意以下几点：

第一，因素分解的关联性。即确定构成经济指标的因素，必须是客观上存在着的因果关系，要能够反映形成该项指标差异的内在构成原因，否则就失去了其存在的价值。

第二，因素替代的顺序性。替代因素时，必须按照各因素的依存关系，排列成一定的顺序并依次替代，不可随意加以颠倒，否则就会得出不同的计算结果。通常，确定正确排列因素替代程序的原则是，按分析对象的性质，从诸因素相互依存关系出发，并使分析结果有助于分清责任。

第三，顺序替代的连环性。因素分析法在计算每个因素变动的影响时，都是在前一次计算的基础上进行的，并采用连环比较的方法确定因素变化影响结果。因为只有保持计算程序上的连环性，才能使各个因素影响之和等于分析指标变动的差异，以全面说明分析指标变动的原因。

第四，计算结果的假定性。由于因素分析法计算的各因素变动的影响数，会因替代计算顺序的不同而有差别，因而计算结果不免带有假定性，即它不可能使每个因素计算的结果都达到绝对的准确性。它只是在某种假定前提下的影响结果，离开了这种假定前提条件，也就不会是这种影响结果。为此，分析时应力求使这种假定是合乎逻辑的假定，是具有实际经济意义的假定。这样，计算结果的假定性才不至于妨碍分析的有效性。

二、酒店会计报表结构分析

酒店会计报表结构主要是指酒店对外提供的三张会计报表：资产负债表、利润表、现金流量表。它们是酒店整体经营情况的集中反映，酒店通过一定的分析方法解读财务报表进而掌握酒店的整体运营情况。

（一）资产负债总体结构分析

我国的资产负债表采用账户式结构，报表分为左右两方，左方列示资产项目，反映全部资产的分布及其存在形态；右方列示负债和所有者权益项目，反映全部负债和所有者权益的内容及构成情况。资产负债表左右两方平衡，资产总计等于负债和所有者权益的总计，即"资产＝负债＋所有者权益"。该分析在于了解酒店的资产结构、权益结构的整体情况。通常认为合理的结构存在一个良好的比例关系，如表 12 - 5 所示。

表12 -5　理想资产负债表

流动资产60%（速动资产30% ＋盘存资产30%）	负债40%（流动负债30% ＋长期负债10%）
固定资产40%	所有者权益60%
总计100%	总计100%

下面以开立酒店2014年12月31日资产负债表（简表）的内容，对资产结构分析、负债结构分析、所有者权益结构分析的具体运用加以说明。资料如表12-6所示。

表12-6　开立酒店资产负债表

2014年12月31日　　　　　　　　　　　　　　　单位：千元

资产	上年数	本年数	负债及所有者权益	上年数	本年数
流动资产：			流动负债：		
货币资金	8250	20240	短期借款	1700	22500
交易性金融资产	6000	6000	交易性金融负债		
应收票据	60	30	应付票据	300	200
应收账款	3200	3330	应付账款	5100	6400
预付账款			预收账款	2600	2730
其他应收款	2450	2500	应付职工薪酬	——	70
存货	3280	3160	应缴税费	900	1000
其中：原材料	1500	1580	应付利息	170	250
低值易耗品	900	948	应付股利		
其他	880	632	其他应付款	6000	6000
1年内到期的非流动资产			1年内到期的非流动负债		
流动资产合计	23240	35260	流动负债合计	16770	39150
非流动资产：			非流动负债：		
可供出售金融资产	800		长期借款	100	420
持有至到期投资			应付债券		
长期应收款			长期应付款		
长期股权投资	200	400	专项应付款		
投资性房地产			预计负债		
固定资产	94300	114000	递延所得税负债		
在建工程			非流动负债合计	100	420

续表

资产	上年数	本年数	负债及所有者权益	上年数	本年数
工程物资			负债合计	16870	39570
固定资产清理	—	—	所有者权益（或股东权益）：		
无形资产	230	210	实收资本（或股本）	30000	30000
商誉			资本公积	38000	38000
长期待摊费用	100	100	盈余公积	13000	15400
递延所得税资产			未分配利润	21000	27000
其他非流动资产			所有者权益合计	102000	110400
非流动资产合计	95630	114710			
资产总计	118870	149970	负债及所有者权益合计	118870	149970

1. 资产结构分析

资产结构分析是关注流动资产、固定资产占资产总额的比例。流动资产主要包括货币资金、应收账款和存货。

（1）货币资金。货币资金是流动性最强的资产，它反映了酒店对即期债务的偿还能力的强弱，表示酒店支配资金的灵活性有多大。

（2）应收账款。应收账款的变动反映了酒店的信用政策和应收账款管理水平的高低。对于债务人而言，希望应收账款的政策较为宽松为好，而投资者希望酒店采用较为严格的信用政策。

（3）存货。存货反映了酒店资产管理能力的高低，加速存货周转与使用可以降低呆滞存货的产生。此外，存货的性质对存货的价值也会产生较大的影响，如蔬菜类、肉类等容易腐烂变质，而金银、钻石、工艺品等会受到市场价格波动的影响。所以，在分析存货时，要结合存货的性质和价格加以分析。

（4）固定资产。固定资产是酒店长期持有并随着时间推移价值逐渐损耗的资产，反映在报表中的固定资产是以净额列示的，如果高估折旧，则固定资产数值降低，若低估固定资产，则固定资产数值增高。同时固定资产所占资产比重太高将影响企业的资金使用效率，当企业一旦出现财务困难或倒闭时，企业只能以低于账面价值出售固定资产，所以酒店对于固定资产的折旧及价值计量应予以适时调整。

2. 负债结构分析

负债结构分析是关注流动负债、长期负债及其中各项目占负债总额或资产总额的比率。

（1）流动负债。流动负债主要包括短期借款、应付账款和未缴税金等。

短期借款的一般期限在 3 个月以内，通过借入短期资金有助于增加酒店的业务活动，满足日常经营资金的需求，但同时面临偿还短期债务的压力，若到期债务无法偿还，则面临着被起诉的风险。所以，短期借款金额越高，作为投资者在研究酒店偿债能力时越要引起重视。

酒店可以利用赊购来购买商品、原材料、物料用品等，以利用商业信用获得短期融资，但是应付账款的增加，表明酒店有更多的债务需要偿还，投资者应结合市场情况分析酒店偿债能力。当然应付账款的减少，可能说明酒店在与供应商的议价能力方面在减弱，这种情况的出现对于酒店而言是不利的。

酒店可以利用税务筹划合理避税，少缴税。但是无论如何企业应按时缴纳税金，在酒店面临需要偿付的款项中，这是需要最先支付的款项，不然企业将面临被罚款的风险。未缴税金越多，说明酒店无力偿还所欠税款，对于投资者而言应立即采取适当的行动，保全已有的投资款。

（2）长期负债。长期负债是指超过 1 年期限以上需要偿还的债务，主要包括长期借款、应付债券等。报表使用者可以从会计报表附注中仔细查阅有关长期负债的披露信息，如长期负债的性质、期限、利率及偿还方式等。长期负债的结构对酒店的财务有较大影响，许多企业发生财务困难而面临倒闭，往往是由对长期负债的处理不当而造成的。

3. 所有者权益结构分析

所有者权益的组成部分是股本（或实收资本）、盈余公积、资本公积和未分配利润。所有者权益的大小反映了股东实力的强弱，其数额越大，即占资产总额的比例越高，则说明企业资本实力越雄厚，具有较强的竞争力，对于企业的债权人而言债务保障系数也越高。

对资产负债表的分析，是要维持平衡资产、负债、所有者权益之间的合理比例，如果企业负债比例过小，说明企业经营过于保守，可以适当地举债，以降低资金成本；如果负债比例过高，为了降低风险，可以适当增加权益筹资。

在开立酒店 2014 年 12 月 31 日资产负债表中，我们将资产负债表中项目根据上述三个层面的内容建立相关比率，如表 12-7 所示。

表 12-7 开立酒店 2014 年资产结构计算表

速动资产	32100	21.4%	流动负债	39150	26.1%
流动资产	35260	23.5%	非流动负债	420	0.3%
非流动资产	114710	76.5%	负债合计	39570	26.4%
			所有者权益	110400	73.6%
资产合计	149970	100%	负债和所有者权益合计	149970	100.0%

表 12 – 7 显示了开立酒店 2014 年资产结构有些不合理，一是非流动资产所占比重高达 76.5%，二是流动资产小于流动负债。企业未来将面临较大的偿还短期债务压力，但是企业的资产负债率仅为 26.4%，在安全范围内。

（二）利润表结构分析

利润表是反映企业在一定会计期间经营成果的会计报表。利润表必须充分反映企业经营业绩的主要来源和构成，有助于使用者判断净利润的质量和风险，也有助于使用者预测净利润的持续性，从而做出正确的决策。

我国的利润表采用多步式格式，分为主营业务收入、主营业务利润、营业利润、利润总额和净利润五个步骤，反映净利润的形成过程。利润的分步计算过程以及利润的形成与企业基本活动的关系如表 12 – 8 所示。

表 12 – 8　利润表项目和企业的基本活动关系

利润表项目	企业的基本活动
一、主营业务收入	主要经营活动产生的收入
减：主营业务成本	主要经营活动的直接支出
主营业务税金及附加	主要经营活动的直接支出
二、主营业务利润	主要经营活动毛利
加：其他业务利润	次要经营活动毛利
减：营业费用	经营活动费用
管理费用	经营活动费用
息税前利润（在正式对外提供的报表中不列示）	全部经营活动形成的利润
财务费用	筹资活动产生的费用
三、营业利润	全部经营活动形成的利润（扣除利息后）
资产减值损失	非经营活动损失
加：公允价值变动收益	非经营活动收益
投资收益	投资活动收益
加：营业外收入	投资和其他非经营活动收益
减：营业外支出	投资和其他非经营活动损失
四、利润总额	全部活动净利润（未扣除政府所得）
减：所得税费用	全部活动费用（政府所得）
五、净利润	全部活动净利润（所有者所得）

利润表中以营业利润为分界，划分为经营活动利润和非经营活动利润，主营业务利润是经营活动利润的主要来源，如果发现其他业务利润高于主营业务利润

时，说明企业经营方向发生了大的改变，应当引起重视。另外，营业费用、管理费用、财务费用三项费用是经营利润的抵减项目，企业应严格加以管理，使费用控制保持在合理范围内波动。非经营活动利润是企业正常运营之外获得的收益，且是偶然发生的，因此它并不能给企业带来持续的收益。

在进行利润表分析时，可以将利润表中每个项目的实际金额除以营业收入总额，计算出各项目占总收入的百分比，以此了解各项收入和费用的组成结构是否合理、营业成本及其他经营费用增减的原因、企业利润变动的原因。

【例 12 - 4】我们对开立酒店 2014 年的利润表（见表 12 - 9）简化为以营业收入为基数的百分比结构分析表，通过与 2013 年数字比较，分析酒店利润变化情况，简化后的利润表如表 12 - 10 所示。

表 12 - 9 开立酒店利润表

（2014 年 12 月）   单位：千元

项目名称	上年数	本年数
一、主营业务收入	136800	127000
客房	87600	81600
餐饮	36200	33400
其他	13000	11000
减：主营业务成本	18000	17500
客房	1350	1050
餐饮	12100	11700
其他	4550	4750
减：主营业务税金及附加	7250	5800
二、主营业务利润	111550	103700
加：其他业务利润		
减：营业费用	50800	45700
管理费用	25800	33000
财务费用	2900	4500
三、营业利润	32250	20500
加：投资收益	25	8
营业外收入	250	130
减：营业外支出	200	350
四、利润总额	32325	20288
减：所得税	8081	5072
五、净利润	24244	15216

表 12 – 10　以营业收入为基数简化后的开立酒店 2014 年利润表

项目名称	上年数	本年数	差异
一、主营业务收入	136800 千元	127000 千元	– 7%
客房	64%	65%	1%
餐饮	26%	26%	0%
其他	10%	9%	– 1%
减：主营业务成本	13%	14%	1%
客房	1%	1%	0%
餐饮	9%	9%	0%
其他	3%	4%	1%
减：主营业务税金及附加	5%	5%	0%
二、主营业务利润	82%	82%	0%
加：其他业务利润	0%	0%	0%
减：营业费用	37%	36%	– 1%
管理费用	19%	26%	7%
财务费用	2%	4%	2%
三、营业利润	24%	16%	– 8%
加：投资收益	0%	0%	0%
营业外收入	0%	0%	0%
减：营业外支出	0%	0%	0%
四、利润总额	24%	16%	– 8%
减：所得税	6%	4%	– 2%
五、净利润	18%	12%	– 6%

　　从表 12 – 10 中可见，2014 年酒店营业收入比 2013 年下降 7% ，收入结构中客房、餐饮及其项目变化不大，但是由于物价上升、人工成本上升等原因引起主营业务成本同比上升了 1% ，管理费用同比增长了 7% ，从而导致酒店净利润下降 6% 。说明酒店的获利能力在逐步减弱，应在不断优化产品、创新产品、严格控制成本费用的基础上挖掘企业盈利的潜力。

　　（三）现金流量表结构分析

　　现金流量表是指反映企业在一定会计期间现金和现金等价物流入、流出的报表。现金流量表划分为经营活动、投资活动和筹资活动三个部分。通过现金流量表分析，报表使用者能够了解和评价企业获得现金和现金等价物的能力、企业偿债能力、支付能力和周转能力，并据以预测企业未来现金流量，分析企业投资和理财活动对经营成果和财务状况的影响，为决策提供有力的依据。表 12 – 11 反映了现金流量表与企业基本活动的关系。

表 12 – 11　现金流量表与企业基本活动的关系

现金流量表项目	企业基本活动
一、经营活动现金流量净额	
经营活动现金流入	会计期间经营活动引起的现金流量
经营活动现金流出	
二、投资活动现金流量净额	
投资活动现金流入	会计期间投资活动引起的现金流量
投资活动现金流出	
三、筹资活动现金流量净额	
筹资活动现金流入	会计期间筹资活动引起的现金流量
筹资活动现金流出	

1. 经营活动产生的现金流量分析

一般情况下，酒店经营活动产生的现金流量越大，说明企业资金周转越快，有较多的资金可以用于投资或偿还债务，经营风险较小。反之，说明企业资金周转面临困难，经营风险较大。

经营现金净流量越大，并非说明企业经营业绩越好。这是因为：

（1）经营流量的大小与企业的净利润不成正比例关系，即企业净利润越大，不能说明当期企业经营现金净流量越大。如酒店收回客户上年所欠货款，导致本年度现金流入大幅度增加。

（2）经营现金流量受企业经营方针影响。如酒店采用薄利多销方式，提高了营业收入规模，增加了现金流量，但是企业整体盈利能力却在下降。

（3）经营现金流量信息容易被粉饰。如酒店将应计入本期管理费用的项目列示在固定资产项目中，从而虚增了投资活动产生的现金流出量。

所以，在进行经营活动现金流量分析时，应结合利润表和资产负债表中的具体项目及其他相关信息进行综合评价，以此对企业经营活动做出正确评价。

2. 投资活动产生的现金流量分析

当企业扩大规模或者开发新的利润增长点时，投资活动产生的现金流出量远高于投资活动产生的现金流入量，此时投资活动的净现金流量表现为负数，如果企业投资项目具有可行性，则前期的巨额投资将在项目运营期间内逐步得到补偿，即在未来产生的现金流量用于偿还债务。反之，如果投资项目缺乏科学论证，则企业的巨额投资将无法收回，从而拖累企业的经营，成为企业创利的负担。

3. 筹资活动产生的现金流量分析

在企业创办初始，筹资活动产生的现金流入量远大于现金流出量，企业面临着一定的偿债风险，但是如果筹资现金净流入量主要来源于权益筹资，则企业不仅没有偿债风险，反而说明企业资本实力雄厚。因此在分析企业筹资现金流量时，应将筹资来源的方式及构成进行细分，如果负债筹资比例高，说明财务风险高；如果权益筹资比例高，说明财务风险较低。企业应该保持最佳的资本结构来降低财务风险。

【例12－5】按照现金流入量和现金流出量，我们对开立酒店2014年的现金流量表（见表12－12）进行结构分析，简化后的报表如表12－13所示。

表12－12　开立酒店现金流量表

2014年12月31日　　　　　　　　　　　　　　单位：千元

项目名称	本年数
一、经营活动产生的现金流量	
销售商品、提供劳务收到的现金	106522
收到的税费返还	0
收到的其他与经营活动有关的现金	10
现金流入小计	106532
购买商品、接受劳务支付的现金	47500
支付给职工以及为职工支付的现金	34600
支付的各项税费	9830
支付的其他与经营活动有关的现金	8000
现金流出小计	99930
经营活动产生的现金流量净额	6602
二、投资活动产生的现金流量	
收回投资所收到的现金	200
取得投资收益所收到的现金	8
处置固定资产、无形资产、其他资产收到的现金净额	130
收到的其他与投资活动有关的现金	
现金流入小计	338
购建固定资产、无形资产、其他资产支付的现金	300

续表

项目名称	本年数
投资所支付的现金	800
支付的其他与投资活动有关的现金	350
现金流出小计	1450
投资活动产生的现金流量净额	−1112
三、筹资活动产生的现金流量	
吸收投资收到的现金	
借款所收到的现金	25000
收到的其他与筹资活动有关的现金	
现金流入小计	25000
偿还债务所支付的现金	1400
分配股利利润或偿付利息支付的现金	4500
支付的其他与筹资活动有关的现金	
现金流出小计	18500
筹资活动产生的现金流量净额	6500
四、汇率变动对现金的影响	
五、现金及现金等价物增加净额（B）	11990
加：现金及现金等价物期初余额	14250
现金及现金等价物期末余额	26240

表 12−13　现金流量构成情况表　　　　　单位：千元

项目	金额	比重（%）	项目	金额	比重（%）
经营活动现金流入	106532	80.80	经营活动现金流出	99930	83.40
投资活动现金流入	338	0.30	投资活动现金流出	1450	1.20
筹资活动现金流入	25000	19.00	筹资活动现金流出	18500	15.40
现金总流入	131870	100.00	现金总流出	119880	100.00

从表 12−13 中可见，开立酒店 2014 年现金流入和现金流出结构较为合理，经营活动产生的现金净流量占当期现金及现金等价物增加额比重为 55.1%，这说明企业的各项经营活动处于正常状态，财务风险较低。

三、酒店财务比率分析

酒店财务比率分析主要有以下四个方面的内容，分别衡量酒店的盈利能力、偿债能力、营运能力、发展能力，以上四个方面内容相互联系、互相补充，对酒店的财务状况、经营成果、现金流量以及市场发展前景进行了全年的描述和综合分析，以满足不同使用者的需要。

（一）酒店盈利能力分析

盈利能力是指酒店获取利润的能力，也称为酒店的资金或资本增值能力，通常表现为一定时期内酒店收益的多少及其水平高低。盈利能力是企业各利益相关者都关心的问题，同时也是酒店经营成败的关键。反映酒店盈利能力的指标包括三方面：一是反映经营盈利能力的指标，包括营业毛利率、营业净利率、成本费用利润率；二是反映资产盈利能力的指标，包括总资产净利率、净资产收益率、资本收益率；三是反映市场价值能力的指标，包括每股收益、市盈率和市净率。

1. 经营盈利能力分析

表 12 - 14　营业毛利率

定义	是主营业务毛利占主营业务收入的比率，指标主要反映了企业主营业务产品的获利能力
计算公式	营业毛利率 =（主营业务毛利额÷主营业务收入）×100% 其中，主营业务毛利额 = 主营业务收入 - 主营业务成本
评价及运用	营业毛利率用以反映酒店 1 元营业收入中含有多少毛利额，它是净利润的计算基础。指标值越高，说明酒店控制各项支出的能力越强。该指标的变动除了受营业收入和营业成本的变动影响外，还受到外界经济环境的变动、企业竞争力和行业等因素的影响，因此，在分析时要结合内外因素一起考虑

表 12 - 15　营业净利率

定义	是用于衡量酒店营业收入赚取净利润的能力，它是净利润与主营业务收入的比率
计算公式	营业净利率 =（净利润÷主营业务收入）×100%
评价及运用	该指标反映 1 元的主营业务收入带来的净利润有多少，体现了主营业务收入的收益水平，是评价酒店经济效益的主要指标，指标越高，说明企业通过销售获得利润的能力越强，通过营业毛利率和营业净利率的结合分析，不仅可以评价酒店获利的情况，也可以反映酒店对期间费用的控制，但要注意有时营业净利率高于营业毛利率，这是因投资收益的贡献而形成的

表 12 – 16 成本费用利润率

定义	是用于衡量酒店营业成本费用支出的经济效益，它是净利润与酒店成本费用总额的比率
计算公式	成本费用利润率 =（净利润 ÷ 成本费用总额）×100% 其中，成本费用总额包括主营业务成本、主营业务税金及附加、期间费用
评价及运用	该指标表明酒店每投入 1 元的成本费用可以创造的利润净额。在相同的成本费用的投入情况下，该指标越高，说明酒店能实现更多的利润，也说明企业内部管理及成本费用控制能力较强

表 12 – 17　开立酒店经营盈利能力指标计算

计算项目名称	2014 年列示/计算金额 （千元）	数据来源（均为本年数）
主营业务收入	127000	表 12 – 9 利润表"主营业务收入"
主营业务成本	17500	表 12 – 9 利润表"主营业务成本"
营业毛利率	86.22%	=［（127000 – 17500）÷127000］×100%
主营业务税金及附加	5800	表 12 – 9 利润表"主营业务税金及附加"
期间费用之和	83200	表 12 – 9 利润表"营业费用"、"管理费用"、"财务费用"
成本费用总额	89000	= 5800 + 83200
净利润	15216	表 12 – 9 利润表"净利润"
营业净利率	11.98%	=（15216 ÷ 127000）×100%
成本费用利润率	17.10%	=（15216 ÷ 89000）×100%

2. 资产盈利能力分析

表 12 – 18　总资产净利率

定义	是净利润与总资产平均余额的比率，反映了酒店运用全部资产获利能力的水平
计算公式	总资产净利率 =（净利润 ÷ 总资产平均额）×100% 其中，总资产平均额 =（期初总资产 + 期末总资产）÷2
评价及运用	该指标反映酒店利用 1 元资产获得多少净利润，是衡量酒店运用总资产的获利能力，该指标越高，说明酒店资产的利用效率越高，成本费用的控制水平较高，整个酒店的获利能力较强，经营管理水平较高

表 12 – 19　净资产收益率

定义	又称股东权益收益率，是净利润与平均所有者权益（或股东权益）的比率，用于衡量酒店运用自有资本的效率
计算公式	总资产净利率 =（净利润÷平均所有者权益）×100% 其中，所有者权益平均额 =（期初所有者权益 + 期末所有者权益）÷2
评价及运用	这是投资者最为关心的指标。它反映酒店每投入 1 元获得净利润多少。指标值越大，说明所有者投入资本获得报酬越高。同时该指标也是酒店经营管理业绩的综合体现，从另外一个角度反映企业管理者利用财务杠杆的水平

表 12 – 20　资本收益率

定义	是净利润与平均资本的比率，用于反映酒店资本获得收益的能力
计算公式	资本收益率 =（净利润÷平均资本）×100% 其中，平均资本 =［（实收资本年初数 + 资本公积年初数）+（实收资本年末数 + 资本公积年末数）］÷2
评价及运用	资本收益率越高，说明酒店运用自有资本获得较高的经济收益，投资者的风险较小。酒店经营管理者需要借助该指标对筹资决策进行选择，当资本收益率高于债务资金成本率时，适度举债经营是有利的；反之，当资本收益率低于债务资金成本率时，高额的债务会给企业经营带来极大的风险，甚至会损害投资者的利益

表 12 – 21　开立酒店资产盈利能力指标计算

计算项目名称	2014 年列示/计算金额 （千元）	数据来源
净利润	15216	表 12 – 9 利润表本年数 "净利润"
期初总资产	118870	表 12 – 6 资产负债表上年数 "资产合计"
期末总资产	149970	表 12 – 6 资产负债表本年数 "资产合计"
平均资产总额	134420	=（118870 + 149970）÷2
总资产净利率	11.32%	=（15216÷134420）×100%
期初所有者权益总额	102000	表 12 – 6 资产负债表上年数 "所有者权益合计"
期末所有者权益总额	110400	表 12 – 6 资产负债表本年数 "所有者权益合计"
所有者权益平均额	106200	=（102000 + 110400）÷2
净资产收益率	14.33%	=（15216÷106200）×100%
实收资本年初数	30000	表 12 – 6 资产负债表上年数 "实收资本"
实收资本年末数	30000	表 12 – 6 资产负债表本年数 "实收资本"

计算项目名称	2014 年列示/计算金额（千元）	数据来源
资本公积年初数	38000	表 12-6 资产负债表上年数"资本公积"
资本公积年末数	38000	表 12-6 资产负债表本年数"资本公积"
平均资本	68000	= 30000 + 38000
资本收益率	22.38%	= （15216 ÷ 68000）× 100%

（二）市场价值能力分析

表 12-22　每股收益

定义	又称每股盈余，是指净利润与发行在外普通股股数的比值，它是综合反映酒店获利能力的重要指标
计算公式	每股收益 = 净利润 ÷ 发行在外普通股股数 其中，如企业发行优先股，则应将优先股股利从净利润中扣除；发行在外的普通股股数应采用加权平均数计算
评价及运用	该指标表明普通股每股能分得的净利润，越高说明企业盈利能力越强。每股收益的数据来自资产负债表和利润表，能较好地反映企业的财务状况和经营成果，具有引导投资及评价不同公司业绩的作用，是上市公司评价企业盈利能力的核心指标

【例 12-6】青岛海尔股份有限公司 2012 年实现净利润 36944 万元，当年没有优先股。年初企业发行在外的普通股股数为 79764.8282 万股，当年 7 月 6 日实施转送股方案，即转送 39882.4141 万股，截至 2012 年末发行在外的普通股股数为 119647.2423 万股，请计算 2012 年末的每股收益。

该年度发行在外的普通股股数 = 79764.8282 +（39882.4141 × 6）/12 = 99706.0352（万股）

每股收益 = 36944 ÷ 99706.0352 = 0.37（元）

表 12-23　市盈率

定义	是每股市价与普通股每股收益的比率，是用于衡量股价高低和企业盈利能力的指标
计算公式	市盈率 = 普通股每股市价 ÷ 普通股每股收益
评价及运用	该指标说明投资者要取得 1 元的收益，需要投资多少钱。一般情况下，市盈率越高说明股票的市价越高，投资者认为企业发展前景较好，投资者愿意出高价购买股票，反之，发展前景暗淡的公司，投资者追捧者较少。在利用市盈率评价企业盈利能力时，最好能比较一个企业连续几年的市盈率，这样能更好地评价企业盈利的稳定性和潜在的发展能力；同时，把多个企业的市盈率进行对比，判断股票市场价对投资者是否有吸引力

表 12 - 24　市净率

定义	是每股市价与每股净资产的比值
计算公式	市净率＝每股市价÷每股净资产 其中，每股净资产＝净资产÷发行在外普通股股数，净资产包括酒店实收资本、资本公积、盈余公积、未分配利润项目的合计
评价及运用	市净率用来反映公司净资产的获利能力，当每股市价＞每股净资产时，表明公司资产质量好，公司发展有潜力；反之，当每股市价＜每股净资产时，即市净率＜1，说明公司资产质量不好，无发展潜力。一般当市净率为 3 时，可树立公司良好的形象

【例 12 - 7】假定开立酒店 2014 年 12 月累计发行在外的普通股股数为 5200 万股，12 月 31 日每股市价为 18.20 元，企业未发行优先股，试着计算该企业市场价值能力指标。

表 12 - 25　开立酒店市场价值能力指标计算

计算项目名称	2014 年列示/计算金额（千元）	数据来源
净利润	15216	表 12 - 9 利润表本年数"净利润"
发行在外的普通股股数	5200 万股	【例 12 - 7】所给数据
每股收益	0.29 元	＝15216000÷52000000
普通股每股市价	18.20 元	【例 12 - 7】所给数据
市盈率	62.76 倍	＝18.20÷0.29
净资产合计	110400	表 12 - 6 资产负债表本年数"所有者权益"
每股净资产	2.12	＝110400000÷52000000
市净率	8.58 倍	＝18.20÷2.12

（三）酒店偿债能力分析

偿债能力是酒店对各种到期债务偿付的能力。该指标反映了酒店财务状况的好坏，由于经营的需要，酒店在经营过程中需要承担一定的负债。无论是酒店管理者、投资者、债权人都非常关心这一指标。偿债能力分析包括短期偿债能力和长期偿债能力。

1. 短期偿债能力

短期偿债能力是指酒店用流动资产偿还流动负债的现金保障程度，也是衡量酒店变现支付能力的强弱指标，主要有流动比率、速动比率、现金流动负债比率。

表 12 - 26　流动比率

定义	是流动资产与流动负债的比值，反映了酒店 1 元流动负债有多少流动资产作为偿付的保证
计算公式	流动比率＝流动资产÷流动负债
评价及运用	该比率越高，说明企业偿债能力越强，通常流动比率为 2:1 较好。但是比率过高，说明企业资金的利用上存在一定的不足，当然这需要结合酒店的经营特点和具体情况以及会计报表附注综合分析，了解酒店的资金使用效率和筹资成本对酒店盈利能力的影响；该比率过低，说明酒店可能在资金周转上存在问题，难以及时偿付到期债务

表 12 - 27　速动比率

定义	是速动资产与流动负债的比值，用于衡量企业流动资产中可以立即变现用于偿还流动负债的能力
计算公式	速动比率＝［（流动资产－存货等）＋流动负债］×100% 其中，速动资产是流动资产扣除存货后的数额
评价及运用	该比率越高，表明酒店偿还流动负债的能力越强，在速动资产中减去了变现能力较差且不稳定的存货等项目，所以速动比率比流动比率更能反映流动负债偿还的安全性和稳定性。一般而言，该比率 1:1 较好。低于 1，表明酒店的支付能力存在不足；高于 1，说明酒店有足够的资金偿付短期债务，但是如果速动资产中有较多的不能盈利的现款和应收账款，则说明企业的短期偿债能力仍然不高

表 12 - 28　现金流动负债比率

定义	是现金及现金等价物与流动负债的比值，反映企业立即偿还到期债务的能力。这里的现金及现金等价物是指货币资金和短期投资净额之和，其特点是可以随时变现
计算公式	现金流动负债比率（又称现金比率） ＝［（货币资金＋短期投资净额）÷流动负债］×100%
评价及运用	该指标反映酒店即时付现的能力，从稳健角度考虑，现金流动负债比率是评价酒店短期偿债能力的最佳指标。一般而言，该指标数值越大，说明酒店即时还债能力越强

表 12 – 29　开立酒店短期偿债能力指标计算

计算项目名称	2014 年列示/计算金额（千元）	数据来源
流动资产	35260	表 12 – 6 资产负债表"流动资产合计"
流动负债	39150	表 12 – 6 资产负债表"流动负债合计"
流动比率	0.90	= 35260 ÷ 39150
存货	3160	表 12 – 6 资产负债表"存货"
1 年内到期的非流动资产	0	表 12 – 6 资产负债表"1 年内到期的非流动资产合计"
速动资产	32100	= 35260 – 3160 – 0
速动比率	0.82	= 32100 ÷ 39150
货币资金	20240	表 12 – 6 资产负债表"货币资金"
交易性金融资产	6000	表 12 – 6 资产负债表"交易性金融资产"
现金及现金等价物	26240	= 20240 + 6000
现金流动负债比率	0.67	= 26240 ÷ 39150

2. 长期偿债能力

长期偿债能力是酒店偿还长期债务的现金保障程度，长期债务是指偿还期限在 1 年或者超过 1 年的一个营业周期以上的负债，包括长期借款、应付债券与长期应付款等。衡量长期偿债能力的指标有：资产负债率、权益乘数、产权比率、已获利息倍数。

表 12 – 30　资产负债率

定义	是负债总额与资产总额的比值，也称为债务比率，用于反映企业总资产中借债筹资的比重，可用来衡量企业负债水平的高低情况
计算公式	资产负债率 =（负债总额 ÷ 资产总额）× 100%
评价及运用	该指标反映在总资产中有多大比例是通过借债来筹资的，有多少是通过权益筹资的。一般认为，资产负债率的适宜水平是 40% ~60%。对于不同类型的企业该比率未必是越低越好。如对于经营风险低的企业，为增加股东收益可选择较高的资产负债率。另外，对于不同的报表使用者，对资产负债率有不同的偏好：对债权人而言，资产负债率越低越好；对所有者来说，资产负债率越高越好；对经营者来说，资产负债率越高经营风险越大；资产负债率太低，无法获得财务杠杆收益

表 12 - 31　权益乘数

定义	是资产总额与所有者权益（股东权益）总额之比，表明企业的负债程度情况
计算公式	权益乘数＝资产总额÷所有者权益总额
评价及运用	权益乘数越大，表明企业的负债程度越高，股东投入的资本在资产中所占比重越小，企业财务风险较大；反之，权益乘数越小，企业财务风险越低，对债权人利益有较大的保障

表 12 - 32　产权比率

定义	产权比率是负债总额与所有者权益总额之比，反映债权人提供的资本与所有者提供的资本之间的比例关系，也反映债权人资金受所有者权益的保障程度
计算公式	产权比率＝负债总额÷股东权益总额
评价及运用	产权比率表明1元股东权益中有多少借入的债务数额。酒店所有者希望借入较多的负债，以使用财务杠杆获得更多的回报，即该比率越高越好；而债权人倾向于较低的产权比率，当负债不变，股东权益增加时，债权人的风险相应会降低

表 12 - 33　已获利息倍数

定义	利息倍数是息税前利润与利息费用之比。该指标从利息偿付能力来测试酒店的长期偿债能力
计算公式	已获利息倍数＝息税前利润÷利息费用 其中，息税前利润＝净利润＋利息费用＋所得税
评价及运用	已获利息倍数指标反映酒店偿付债务利息的能力，表明1元债务利息有多少元息税前收益作保障，该指标越高，表明酒店的债务偿还就越有保障。因企业所处的行业不同，利息偿付倍数有所不同，一般认为合理的比率是3:1

　　以上是根据财务报表计算得出的影响酒店长期偿债能力的指标，还有一些因素也影响酒店长期偿债能力，如酒店经常发生的、大量的经营租赁业务，酒店对外担保存在的潜在长期负债，未决诉讼可能存在的偿付风险。因此，在评价酒店长期偿债能力时应考虑这些因素的潜在影响。

表 12 - 34　开立酒店长期偿债能力指标计算

计算项目名称	2014 年列示/计算金额（千元）	数据来源
资产总额	149970	表 12 - 6 资产负债表本年数"资产合计"

计算项目名称	2014 年列示/计算金额 （千元）	数据来源
负债总额	39570	表 12 - 6 资产负债表本年数"负债合计"
资产负债率	26.39%	=（39570÷149970）×100%
所有者权益总额	110400	表 12 - 6 资产负债表本年数"所有者权益合计"
权益乘数	1.36 倍	=149970÷110400
平均资产总额	134420	表 12 - 21 开立酒店资产盈利能力指标计算
平均所有者权益总额	106200	表 12 - 21 开立酒店资产盈利能力指标计算
平均权益乘数	1.25 倍	=134420÷106200
产权比率	0.36 倍	=39570÷110400
利息费用	4500	表 12 - 9 利润表本年数"财务费用"
所得税	5072	表 12 - 9 利润表本年数"所得税"
净利润	15216	表 12 - 9 利润表本年数"净利润"
息税前利润	24788	=4500+5072+15216
已获利息倍数	5.51	=24788÷4500

（四）酒店营运能力分析

营运能力反映了酒店资金周转状况，对此进行分析，能了解酒店的经营状况及管理水平的高低。资金周转良好，说明酒店的经营管理水平高，资金利用效率高。反之说明酒店资金利用效率低，资金在采购、生产、加工、销售各环节中需要加强管理。评价酒店营运能力的财务比率根据资产的流动速度从流动资产周转、固定资产周转、总资产周转三个方面进行分析。

1. 流动资产周转分析

流动资产周转率是评价酒店流动资产管理能力水平高低的指标，包括应收账款周转率、存货周转率、流动资产周转率。

表 12 - 35　应收账款周转率

定义	是酒店一定时期的赊销收入净额与应收账款和应收票据平均余额的比率，用于衡量企业应收账款流动程度的指标
计算公式	应收账款周转率＝赊销收入净额÷应收账款和应收票据平均余额 其中，赊销收入净额＝营业收入－现销收入－（销售退回＋销售折扣＋销售折让） 应收账款和应收票据平均余额＝（期初应收账款＋应收票据净额＋期末应收账款＋应收票据净额）÷2

评价及运用	应收账款周转率用来衡量酒店变现能力的高低，该指标越大，说明酒店应收账款回收速度越快，资产流动性越大，同时，还可以减少收账费用和坏账损失，相对能增加酒店流动资产的投资收益。在计算中，因为赊销收入净额数据较难从财务报表中得到，所以通常用营业收入净额来代替。为了更加直观地了解应收款项回收所需的天数，可计算应收账款周转天数指标，即应收账款周转天数 = 360 ÷ 应收账款周转率，周转天数越少，说明酒店应收款项的回收速度越快

表 12 - 36 存货周转率

定义	是酒店一定时期内的营业成本与平均存货余额的比率，用于反映存货的周转速度，即存货的流动性及存货资金占用量是否合理，促使企业在保证生产经营连续性的同时，提高资金的使用效率，增强企业的短期偿债能力
计算公式	存货周转率 = 营业成本 ÷ 平均存货余额 其中，平均存货余额 = （期初存货 + 期末存货）÷2
评价及运用	存货周转率越高，说明酒店销售工作成绩越显著，存货管理有效，占用资金较少，获利机会较多；反之，存货周转率越低，说明酒店销售能力越不足，市场拓展有困难，存货积压，资金占用严重。但是该指标过高可能说明酒店缺乏资金，无法保证足够存货支持正常运营；指标过低，说明酒店采购批量太小，采购频率太高，增加采购成本。为了更直观地了解酒店存货管理水平，可计算存货周转天数指标，即存货周转天数 = 360 ÷ 存货周转率，周转天数越少，说明酒店存货销售和管理情况较好

表 12 - 37 流动资产周转率

定义	是营业收入净额与流动资产平均余额的比率，用于反映企业全部流动资产的利用效率
计算公式	流动资产周转率 = 销售收入净额 ÷ 流动资产平均余额 其中，流动资产平均余额 = （期初流动资产 + 期末流动资产）÷2
评价及运用	流动资产周转率越高，说明酒店以相同的流动资产完成的周转额越多，流动资产利用效果就越高，同时节约了流动资金，增强了酒店的盈利能力；该比率越低，说明酒店资产利用效率不佳

表 12 - 38 开立酒店流动资产周转能力指标计算

计算项目名称	2014 年列示/计算金额 （千元）	数据来源
营业收入净额	127000	表 12 - 9 利润表本年数 "主营业务收入"
期初应收账款	3200	表 12 - 6 资产负债表上年数 "应收账款"

续表

计算项目名称	2014 年列示/计算金额 （千元）	数据来源
期末应收账款	3330	表 12 – 6 资产负债表本年数"应收账款"
期初应收票据	60	表 12 – 6 资产负债表上年数"应收票据"
期末应收票据	30	表 12 – 6 资产负债表本年数"应收票据"
应收款项平均余额	3310	＝（3200＋3330＋60＋30）÷2
应收账款周转率	38.37 次	＝127000÷3310
应收账款周转天数	9.38 天	＝360÷38.37
营业成本	17500	表 12 – 9 利润表本年数"主营业务成本"
期初存货	3280	表 12 – 6 资产负债表上年数"存货"
期末存货	3160	表 12 – 6 资产负债表本年数"存货"
平均存货余额	3220	＝（3280＋3160）÷2
存货周转率	54.3 次	＝17500÷322
存货周转天数	66.30 天	＝360÷5.43
期初流动资产	23240	表 12 – 6 资产负债表上年数"流动资产"
期末流动资产	35260	表 12 – 6 资产负债表本年数"流动资产"
流动资产平均余额	29250	＝（23240＋35260）÷2
流动资产周转率	4.34 次	＝127000÷29250

2. 固定资产周转分析

固定资产周转是评价酒店固定资产管理能力水平高低的指标，包括固定资产周转率、固定资产周转天数、平均固定资产净值。

表 12 – 39　固定资产周转率

定义	是销售收入净额与固定资产平均余额的比率，用于衡量企业对固定资产的利用效率
计算公式	固定资产周转率 ＝ 销售收入净额 ÷ 固定资产平均余额 其中，固定资产平均余额 ＝（期初固定资产 ＋ 期末固定资产）÷2
评价及运用	该指标表示 1 元销售收入需要的固定资产是多少。固定资产周转率越高，表明固定资产使用效益越高，也说明酒店固定资产投资得当，能够发挥作用。如果固定资产周转率与同行业平均水平相比偏低，则说明企业对固定资产的利用率较低，可能会影响企业的获利能力

表 12 - 40　开立酒店固定资产周转能力指标计算

计算项目名称	2014 年列示/计算金额（千元）	数据来源
营业收入净额	127000	表 12 - 9 利润表本年数"主营业务收入"
期初固定资产净值	94300	表 12 - 6 资产负债表上年数"固定资产"
期末固定资产净值	114000	表 12 - 6 资产负债表本年数"固定资产"
固定资产平均余额	104150	＝（94300 + 114000）÷2
固定资产周转率	1.22 倍	＝127000÷104150
固定资产周转天数	295.08 天	＝360÷1.22

3. 总资产周转分析

表 12 - 41　总资产周转率

定义	是销售收入净额与总资产平均余额的比率
计算公式	总资产周转率＝销售收入净额/总资产平均余额 其中，总资产平均余额 ＝（期初总资产 + 期末总资产）÷2
评价及运用	总资产周转率越高，说明酒店全部资产经营效率好，取得较高的销售收入；反之比率过低，说明酒店全部资产的经营效率不佳，同时该指标也反映了酒店获利能力的高低

为了能更直观地说明酒店总资产的管理水平，可以计算总资产周转天数，即：

总资产周转天数 =360/总资产周转率

总资产周转天数越短，说明酒店资产利用效率越高，其资产的盈利性越强。一般情况下，如果应收账款、存货、固定资产的周转速度加快，则总资产的周转速度也会相应的提高。

表 12 - 42　开立酒店总资产周转能力指标计算

计算项目名称	2014 年列示/计算金额（千元）	数据来源
营业收入净额	127000	表 12 - 9 利润表本年数"主营业务收入"
期初总资产	118870	表 12 - 6 资产负债表上年数"资产合计"
期末总资产	149970	表 12 - 6 资产负债表本年数"资产合计"
总资产平均余额	134420	＝（118870 + 149970）÷2
总资产周转率	0.95	＝127000÷134420
总资产周转天数	378.95 天	＝360÷0.95

（五）酒店发展能力分析

发展能力是酒店在从事经营活动过程中所表现出的增长能力，如盈利的持续增长、生产规模的扩大、市场竞争力的增强等。评价酒店发展能力需从盈利增长能力、资产增长能力、资本增长能力三个方面进行分析。

1. 盈利增长能力分析

盈利增长能力指标包括营业收入增长率、净利润增长率、营业利润增长率、营业收入3年平均增长率。

表 12-43　营业收入增长率

定义	是酒店本年营业收入增长额与上年营业收入总额的比率，是评价企业成长状况和发展能力的重要指标
计算公式	营业收入增长率＝（本年营业收入增长额÷上年营业收入总额）×100%
评价及运用	该指标大于0，说明酒店本年营业收入有增长，指标越高，表明增长速度越快，酒店未来发展前景越好；若指标小于0，则说明酒店获取收入的能力在下降，未来发展前景不好，也可能是市场不景气或产品服务质量不佳等方面存在问题

表 12-44　净利润增长率

定义	是酒店本年净利润增长额与上年净利润的比率，用于衡量企业发展能力
计算公式	净利润增长率＝（本年净利润增长额÷上年净利润总额）×100%
评价及运用	该指标越高，说明企业经营效益越好，发展潜力越大，当然在计算该指标时，不同企业因为享受的所得税税率不同，而导致净利润增长率指标的变动，对此应做具体分析，不能简单地做判断

表 12-45　营业利润增长率

定义	是酒店本年营业利润增长额与上年营业利润的比率，也是衡量企业经营效益的指标，反映了在不考虑非经营利益所得情况下，酒店管理者通过经营获得利润的能力以及未来发展能力
计算公式	营业利润增长率＝本年营业利润增长额÷上年营业利润总额
评价及运用	营业利润增长率越高说明酒店产品适销对路，盈利能力强，未来发展前景广阔；如果指标值太低，企业要考虑调整产品结构，以扩大市场规模，提升盈利能力以获得长期发展能力

表 12 - 46　营业收入 3 年平均增长率

定义	是酒店营业收入连续 3 年的增长情况，反映了企业的持续发展趋势和市场扩张能力，也能衡量上市公司的持续盈利能力
计算公式	$\text{营业收入 3 年平均增长率} = \left(\sqrt[3]{\dfrac{\text{本年营业收入总额}}{\text{3 年前营业收入总额}}} - 1 \right) \times 100\%$
评价及运用	营业收入 3 年平均增长率指标能反映企业的主营业务增长趋势和稳定程度，说明酒店的持续发展态势和市场扩张能力强弱，以避免因少数年份业务波动而对企业发展潜力做出错误判断。一般而言，该指标越高，说明企业的市场扩张能力越强。分析该指标时应注意：导致增长的因素是主营业务还是临时投资，以防止利用非主营利润的提升掩盖企业持续发展的不足

【例 12 - 8】开立酒店 2011 年的营业收入总额为 9800 万元，其他资料见相关会计报表，试计算企业盈利增长能力指标。

表 12 - 47　开立酒店盈利增长能力指标计算

计算项目名称	2014 年列示/计算金额（千元）	数据来源
本年营业收入	127000	表 12 - 9 利润表本年数"主营业务收入"
上年营业收入	136800	表 12 - 9 利润表上年数"主营业务收入"
本年营业收入增长额	-9800	= 127000 - 136800
营业收入增长率	-7.160%	= （-9800÷136800）×100%
本年净利润	15216	表 12 - 9 利润表本年数"净利润"
上年净利润	24244	表 12 - 9 利润表上年数"净利润"
净利润增长额	-9028	= 15216 - 24244
净利润增长率	-37.24%	= （-9028÷24244）×100%
本年营业利润	20500	表 12 - 9 利润表本年数"净利润"
上年营业利润	32250	表 12 - 9 利润表上年数"净利润"
营业利润增长额	-11750	= 20500 - 32250
营业利润增长率	-36.43%	= （-11750÷32250）×100%
3 年前营业收入	98000	【例 12 - 8】所给数据
营业收入 3 年平均增长率	133.44%	$= \left(\sqrt[3]{\dfrac{127000}{98000}} - 1 \right) \times 100\%$

2. 资产增长能力分析

资产增长能力反映企业资产规模扩张能力，常用指标为总资产增长率。

表 12 – 48　总资产增长率

定义	是本年总资产增长额与年初资产总额的比率，衡量本期资产规模的增长情况
计算公式	总资产增长率 = 本年总资产增长额 ÷ 年初资产总额
评价及运用	总资产增长率越高，说明企业一定时期内资产经营规模扩张的速度越快，但要注意，资产规模扩张的质量和数量的关系，不能为追求数量的增长而忽略了企业后续发展能力的积淀

3. 资本增长能力分析

资本增长能力反映企业资本保值及积累能力，常用指标为资本积累率、资本保值增值率和资本 3 年平均增长率。

表 12 – 49　资本积累率

定义	是本年股东权益增长额与年初股东权益总额的比率，反映企业本年资本的积累能力，是用于衡量企业发展潜力的重要指标
计算公式	资本积累率 = 本年股东权益增长额 ÷ 年初股东权益总额
评价及运用	该指标说明了酒店当年资本的积累能力，投资者投入企业资本的保值性和增值能力，指标值越高，说明酒店资本积累越多，企业资本保值性越强，应对风险和企业持续发展能力越大，如该指标为负值，说明企业资本出现流失，应引起重视

表 12 – 50　资本保值增值率

定义	是期末股东权益总额与期初股东权益总额的比率，反映企业资本的运营效益和安全状况
计算公式	资本保值增值率 = 期末股东权益总额 + 期初股东权益总额
评价及运用	当资本保值增值率为 1 时，说明酒店资产保值；当指标大于 1 时，说明酒店资产增值，所有者权益增长快，债权人的债务有保障，企业发展潜力大；当指标小于 1 时，说明酒店资产发生减值，债权人面临企业资不抵债的风险

表 12 – 51　资本 3 年平均增长率

定义	资本 3 年平均增长率表示企业资本连续 3 年的积累情况，在一定程度上反映了企业的持续发展水平和发展趋势
计算公式	资本 3 年平均增长率 = $\left(\sqrt[3]{\dfrac{年末所有者权益总额}{3\ 年前所有者权益总额}} - 1\right) \times 100\%$ 其中，3 年前年末所有者权益指企业 3 年前的所有者权益年末数。数据取值于 3 年前"资产负债表"

评价及运用	该指标越高，说明企业所有者权益获得的保障程度越高，企业可以长期使用的资金越充足，抗风险和持续发展的能力越强。通过该指标可以看出企业资本积累或资本扩张的历史发展状况，以及企业未来发展趋势是否稳定

【例 12 - 9】开立酒店 2011 年的所有者权益年末总额为 7510 万元，其他资料见相关会计报表，试计算企业资产、资本增长能力指标。

表 12 - 52　开立酒店资产、资本增长能力指标计算

计算项目名称	2014 年列示/计算金额 （千元）	数据来源
年初资产总额	118870	表 12 - 6 资产负债表本年数"资产合计"
年末资产总额	149970	表 12 - 6 资产负债表上年数"资产合计"
本年资产增长额	31100	= 149970 - 118870
总资产增长率	26.16%	= （31100 ÷ 118870）× 100%
年初股东权益总额	102000	表 12 - 6 资产负债表上年数"所有者权益合计"
年末股东权益总额	110400	表 12 - 6 资产负债表本年数"所有者权益合计"
股东权益增长额	8400	= 110400 - 102000
资本积累率	8.24%	= （8400 ÷ 102000）× 100%
资本保值增值率	1.08	= 110400 ÷ 102000
3 年前股东权益总额	75100	【例 12 - 9】所给数据
资本 3 年平均增长率	111.14%	$= (\sqrt[3]{\dfrac{110400}{75100}} - 1) \times 100\%$

（六）酒店财务比率的综合评价

根据前述计算，开立酒店 2014 年末各项财务指标计算结果汇总如表 12 - 53 所示。假定当期国际（或行业）公认的相关比率标准为：流动比率 2:1；速动比率 1:1；营业周期 50 天。结合盈利能力、偿债能力、营运能力和发展能力四方面财务比率做如下分析：

表 12 – 53　开立酒店 2014 年末各项财务指标计算结果汇总表

类型		指标名称	数值
一、酒店盈利能力分析	经营能力指标	营业毛利率	86.22%
		营业净利率	11.9%
		成本费用利润率	17.10%
	资产盈利能力指标	总资产净利率	11.32%
		净资产收益率	14.33%
		资本收益率	22.38%
	市场价值能力指标	每股收益	0.29 元
		市盈率	62.76 倍
		市净率	8.58 倍
二、酒店偿债能力分析	短期偿债能力指标	流动比率	0.90
		速动比率	0.82
		现金流动负债比率	0.67
	长期偿债能力指标	资产负债率	26.39%
		权益乘数	1.36 倍
		产权比率	0.36 倍
		已获利息倍数	5.51
三、酒店营运能力分析	流动资产周转能力指标	应收账款周转率	38.37 次
		应收账款周转天数	9.38 天
		存货周转率	5.43 次
		存货周转天数	66.30 天
		流动资产周转率	4.34 次
	固定资产周转能力指标	固定资产周转率	1.22 倍
		固定资产周转天数	295.08 天
	总资产周转能力指标	总资产周转率	0.95
		总资产周转天数	378.95 天
四、酒店发展能力分析	盈利发展能力指标	营业收入增长率	-7.16%
		净利润增长率	-37.24%
		营业利润增长率	-36.43%
		营业收入 3 年平均增长率	133.44%
	资产增长能力指标	总资产增长率	26.16%
	资本增长能力指标	资本积累率	8.24%
		资本保值增值率	1.08
		资本 3 年平均增长率	111.14%

盈利能力分析：从相关指标来看，公司的营业毛利率上升明显，但是营业净利率有下降的趋势，酒店应加强对三项费用的开支方面的控制，以提高企业的盈利能力。在市场价值方面，投资者对酒店的未来发展有一定期待，市场价值保持平稳增长，但是增幅不大。

偿债能力分析：通常认为，流动比率的下限为1，等于2时较为适当。从短期偿债能力指标来看，该酒店2014年流动比率为0.90，小于2，流动比率远低于国际公认的标准，速动比率的数据略低于国际公认的标准1，而现金流动负债比率相对较高，为0.67。说明公司短期偿债能力较强，偿债压力不是很大，但是需要对应收账款和存货予以分析。

反映短期偿债能力的指标，除了流动比率、速动比率、现金流动负债比率等指标外，还应当考虑应收账款周转率和存货周转率的快慢，如果应收账款与存货的周转率相对较好，也能缓解一下短期偿债的压力，然而，该公司存货周转率太慢，公司的短期偿债能力较弱，短期偿债的压力也是不容忽视的。

在长期偿债能力方面，从相关指标中看出，酒店的资产负债率远远低于50%，说明该酒店运用财务杠杆的作用不是很好，有一定的融资空间。而已获利息倍数指标为5.51倍，说明酒店偿还长期债务能力较强。

营运能力分析：从相关指标中可以看出，酒店除应收账款周转率维持较高的水平外，其他周转率指标都不理想，说明酒店资产的总体运转情况不是很理想。因此酒店应加强流动资产的管理，提高资产的使用效率。可以初步认为，企业资产的整体周转质量并不高。

发展能力分析：从相关指标可以看出，酒店2014年盈利能力不足，营业收入增长率和净利润增长率下降明显，但是从营业收入3年增长率看，还是处于上升趋势，在未来经营中要注意优化产品结构、稳定老客户、发掘新客户，注意开源节流，以保持酒店长期发展。总资产保持一定的增长，资本积累和资本保值增值基本符合行业的要求。

综上所述，开立酒店目前的盈利能力尚可，但资产的营运能力较差，偿债能力较强，发展能力有些不足。从前面对企业资产负债表项目、利润表项目及现金流量表项目的分析，我们认为企业的资产总体质量较好，能够维持企业的正常周转。但各项资产的周转率低，说明资产管理方面存在问题，如存货积压严重，各种资产周转缓慢，应当引起特别的重视。从分析中也可以看出这两年企业营业费用、管理费用有所增长，虽然有物价和原材料上涨的原因，但是企业仍需采用节能降耗的办法，减少费用开支。同时，酒店应借助金融工具，盘活资金，适当举债，以获得一定的财务杠杆效应。

四、酒店财务综合分析

运用一些财务比率虽然可以了解酒店某方面的财务状况，但是无法反映引起企业财务状况发生变动的各因素之间的内在联系，无法对企业的财务状况做出全面、合理的评价，因此必须对企业进行综合的财务分析。常用的综合分析法有财务比率综合评分法和杜邦财务分析法。

（一）财务比率综合评分法

财务比率综合评分法又称沃尔评分法，是通过对选定的财务比率进行评分，按照行业的基准数设定标准值，计算出综合得分，以此评价企业的综合财务状况的方法。采用财务比率综合评分法进行评价，一般按照以下步骤进行：

1. 选定评价财务状况的财务比率

在选择财务比率时，需要注意以下三个方面：

（1）财务比率要有全面性，能反映企业的偿债能力、盈利能力和营运能力三类指标，没有选择发展能力比率是因为这类财务比率只有观察多个会计年度的数据才有效。

（2）财务比率应具有代表性。所选择的财务比率数量不一定很多，但要选择能说明问题的重要财务比率。

（3）各项财务比率要具有变化方向的一致性，当财务比率增大时，表示财务状况有所改善；反之，财务比率变小时，表示财务状况恶化。

2. 确定各项财务比率评分标准

各项财务比率的评分标准在 0 ~ 100 分，根据各项财务比率的重要程度，确定其标准评分值，最终标准评分值之和为 100 分。一般应根据企业的经营活动性质、企业的生产经营规模、市场形象和报表分析者的使用目的来确定。

3. 确定财务比率评分值的上下限

确定各项财务比率的上限和下限，是为了避免因个别财务比率的异常变动给总评分造成不合理的影响。

4. 确定财务比率的标准值

财务比率的标准值是各项财务比率在本企业现时条件下最理想的数值。这个数值通常可以参照同行业的平均水平，并经过调整后确定。

5. 计算关系比率

计算企业在一定时期各项财务比率的实际值，然后，计算出各项财务比率实际值与标准值的比值，即关系比率。关系比率反映了企业某一财务比率的实际值偏离标准值的程度。

6. 计算各项财务比率的实际分值

各项财务比率的实际分值是标准评分值和关系比率的乘积，每项财务比率的得分都不得超过上限或下限，所有各项财务比率实际得分的合计数就是企业财务状况的综合得分。如果企业综合得分大于 100 分，说明企业的财务状况良好；如果企业综合得分小于 100 分，说明企业的财务状况较差，应采取措施加以改进。

下面采用财务比率综合评分法，对开立酒店 2014 年的财务状况进行综合评价。如表 12 - 54 所示。

表 12 - 54　财务比率综合指标分析表

财务比率	评分值 ①	标准值 ②	实际值 ③	关系比率 ④	得分 ⑤ = ④×①	上限 ⑥ = ①×1.5	下限 ⑦ = ①×0.5	实际得分（根据上/下限）
总资产净利率	15	11%	11.32%	1.03	15.4	22.5	7.5	15.4
营业净利率	15	25%	11.98%	0.48	7.2	22.5	7.5	7.5
净资产收益率	10	15%	14.33%	0.96	9.6	15	5	9.6
每股收益	10	0.21	0.29	1.38	13.8	15	5	13.8
流动比率	5	200	0.90	0.45	2.3	7.5	2.5	2.5
现金流动负债比率	8	50%	67%	1.34	10.7	12	4	10.7
产权比率	10	42%	36%	0.86	8.6	15	5	8.6
应收账款周转率（次）	8	25	38.37	1.53	12.3	12	4	12.3
存货周转率（次）	8	10	5.43	0.54	4.3	12	4	4.3
营业收入 3 年平均增长率	6	136%	133.44%	0.98	5.9	9	3	5.9
净利润增长率	5	10.00%	-37.24%	-3.72	-18.6	75	2.5	2.5
合计	100				71.4			93.1

从表 12 - 54 中可见，开立酒店 2014 年综合评价为 93.1 分，低于 100 分，说明企业财务收支状况偏离了标准要求。

（二）杜邦财务分析法

利用前面介绍的财务比率综合评分法，虽然可以了解酒店各方面的财务状况，但是还不能完全揭示出企业财务收支状况不佳的原因所在，以及各因素的变化及其相互之间的关系所引起的财务状况变动。

1. 杜邦财务分析体系

杜邦财务分析体系是美国杜邦公司在 20 世纪 20 年代首创的，故称为杜邦财务分析体系。它以酒店的净资产收益率（或股东权益报酬率）为出发点，利用各主要财务比率指标间的内在关联性，对企业财务状况、经营成果、现金流量及经济效益进行综合系统分析评价。

　　该体系以净资产收益率为出发点，以资产净利率和权益乘数为核心，揭示了企业获利能力及权益乘数对净资产收益率的影响，以及各相关指标间的相互影响作用关系。该体系层层分解至企业最基本的生产要素、成本与费用的构成和企业风险，从而在经营目标发生异动时经营者能及时查明原因并加以修正，通过财务分析进行绩效评价，同时为投资者、债权人评价企业提供依据。

　　2. 杜邦财务分析体系的内容

　　（1）杜邦财务分析体系的有关指标。杜邦财务分析体系将有关指标按内在联系排列，进行层层分解，主要反映了以下几种财务比率关系：

　　1）净资产收益率与资产净利率及权益乘数之间的关系。

　　净资产收益率 = 资产净利率 × 权益乘数

　　即：

$$\frac{净利润}{平均所有者权益} = \frac{净利润}{平均资产总额} \times \frac{平均资产总额}{平均所有者权益}$$

　　2）资产净利率与营业净利率及总资产周转率之间的关系。

　　资产净利率 = 营业净利率 × 总资产周转率

　　即：

$$\frac{净利润}{平均资产总额} = \frac{净利润}{营业收入} \times \frac{营业收入}{平均资产总额}$$

　　3）营业净利率与净利润和营业收入之间的关系。

$$营业净利率 = \frac{净利润}{营业收入} \times 100\%$$

　　4）权益乘数与资产负债率的关系。

$$权益乘数 = \frac{1}{1 - 资产负债率} = \frac{1}{1 - \dfrac{负债总额}{资产总额}} = \frac{资产总额}{所有者权益总额}$$

　　由上述公式可知，决定净资产收益率的因素有如下三个：营业净利率、资产周转率、权益乘数。经过层层分解可以直观、明了地把净资产收益率这一项综合性指标发生升、降变化的原因具体化。

　　（2）杜邦分析图。一般采用杜邦分析图来表示杜邦财务分析体系的有关指标的比率关系，图 12 - 1 为某酒店 2014 年相关数据所列示杜邦分析图。

```
                              ┌──────────────┐
                              │  净资产收益率  │
                              │   14.33%     │
                              └──────────────┘
              ┌──────────────┐     ×     ┌──────────────┐
              │   资产净利率   │           │   权益乘数    │
              │   11.32%     │           │   1.36倍     │
              └──────────────┘           └──────────────┘
        ┌──────────────┐   ×   ┌──────────────┐
        │   营业净利率   │        │  总资产周转率  │
        │   11.98%     │        │    0.95      │
        └──────────────┘        └──────────────┘
    ┌────────┐  ÷  ┌────────┐   ┌────────┐  ÷  ┌──────────┐
    │  净利润  │     │ 营业收入 │   │ 营业收入 │     │  资产总额  │
    │  15216 │     │ 127000 │   │ 127000 │     │期初:118870│
    └────────┘     └────────┘   └────────┘     │期末:149970│
                                               └──────────┘
  ┌────────┐ ─ ┌────────┐      ┌──────────┐  +  ┌──────────┐
  │  总收入  │    │  总成本  │      │ 非流动资产 │     │  流动资产  │
  │ 127000 │    │ 111784 │      │期初:95630 │     │期初:23240 │
  └────────┘    └────────┘      │期末:114710│     │期末:35260 │
                                └──────────┘     └──────────┘
```

营业成本	销售费用
17500	45700

管理费用	财务费用
33000	4500

税金	营业外收支
10872	220

固定资产等	货币资金	交易性金融资产
期初：94300	期初：8250	期初：6000
期末：114000	期末：20240	期末：6000

长期投资等	应收及预付款项	存货
期初：200	期初：3260	期初：3280
期末：400	期末：3360	期末：3160

无形资产等	其他流动资产
期初：330	期初：2450
期末：310	期末：2500

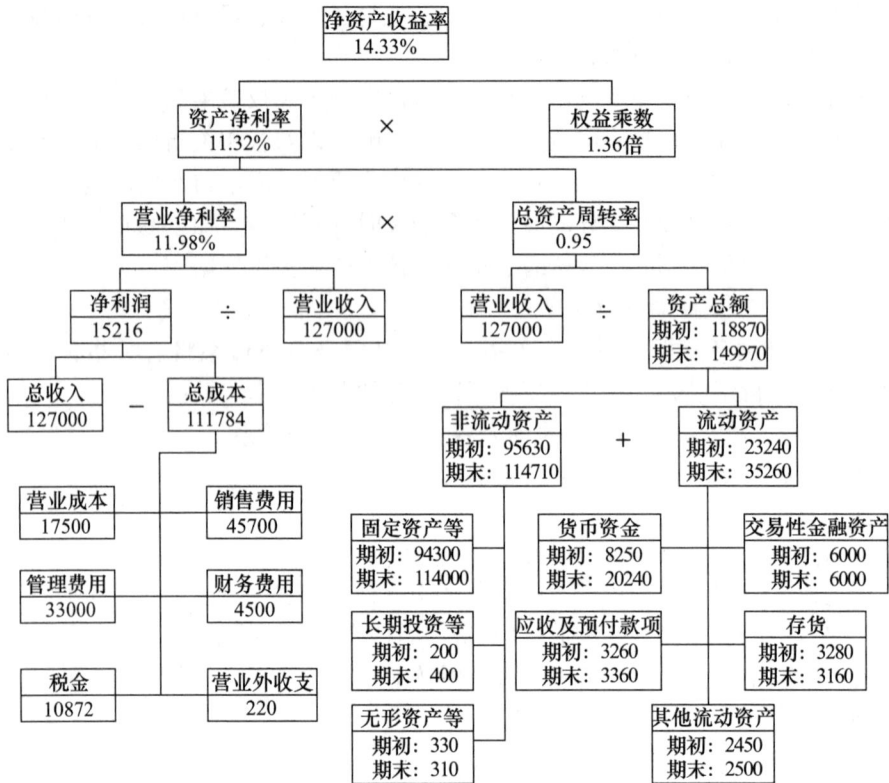

图 12－1　某酒店 2014 年杜邦财务分析图（单位：千元）

通过上图的分解和计算，可以了解到如下信息：

1）净资产收益率是杜邦财务分析体系的核心，也是投资者最为关注的指标，反映了企业生产运营、筹资、投资等方面的管理效率。该指标的高低取决于资产净利率和权益乘数的大小。

2）权益乘数是影响企业偿债能力的指标，企业在资产总额不变的情况下，适当地开展负债经营，可以减少所有者的资金占用，从而提高净资产收益率。开立酒店采取的是稳健的财务政策，资产负债率仅为 26%，保持在较低的水平，企业偿债能力强。

3）资产净利率虽然是反映企业获利能力的指标，其综合性较强，受到营业净利率和总资产周转率两个指标的影响，前者说明企业的盈利能力，后者说明企业的资产管理效率能力水平的高低。

4）从酒店的经营业绩分析，营业净利率反映了净利润与营业收入之间的关系，扩大营业收入，降低成本费用开支，是提高营业净利率的根本途径。

【例 12 - 10】某度假村 2014 年有关数据如表 12 - 55 所示。

表 12 - 55　某度假村 2014 年有关数据

指标	第一年	第二年	差异
净资产收益率	15.04%	12.7%	- 2.34
权益乘数	2 倍	2 倍	—
资产净利率	7.52%	6.35%	- 1.17
总资产周转率	1.72 次	1.84 次	0.12
营业净利率	4.37%	3.45%	- 0.92

分析：

净资产收益率 = 资产净利率 × 权益乘数

第一年净资产收益率 = 7.52% × 2 = 15.04%

第二年净资产收益率 = 6.35% × 2 = 12.7%

计算可知，第二年的净资产收益率低于第一年 2.34%，经过分析可知，酒店在资本结构保持不变的情况下，净资产收益率下降的原因在于第二年资产净利率比第一年下降了 1.17%，那么导致第二年资产净利率下降的原因有哪些呢？

资产净利率 = 营业净利率 × 总资产周转率

第一年资产净利率 = 4.37% × 1.72 = 7.52%

第二年资产净利率 = 3.45% × 1.84 = 6.35%

比较可见，第二年的资产周转速度提高了，但是由于营业净利率的下降，使得提高资产利用率的收益不足以弥补营业净利率下降所带来的损失，从而导致资产净利率下降。进一步分析营业净利率下降的原因，由杜邦分析图可知，影响因素有收入、成本、费用、税金、营业收支等。因此在实际工作中，应根据企业具体情况进行分析，是否产品供大于求、成本失控、资产流失或其他原因，可对症下药，防微杜渐。

杜邦分析法是把各种财务指标结合在一起，利用各个主要财务比率之间的内在联系，建立起财务比率分析的综合模型，通过比较、分析各项财务比率，进而系统、全面地分析和评价企业财务状况和经营业绩。杜邦分析法能较好地帮助管理者发现企业财务管理中存在的问题，能够为改善企业经营管理提供有价值的信息，因而得到普遍的认同并在实际工作中得到广泛的应用。

（三）酒店营业比率分析

酒店营业比率分析是依据企业财务报表中的数据以及非财务报表的数据对酒

店的经营活动各项目之间进行的分析，通过营业比率的计算，有助于酒店管理者对相关经营目标实施控制。同时，对出现较大偏差的项目要进行调查研究，以确定造成实际结果与计划目标之间差异的原因。这也是酒店管理者在日常经营工作例会中常用的分析指标。

下面以开立酒店假设的 2014 年 1 月有关数据为例（见表 12 - 56），介绍几个常用的酒店营业比率，销售组合比率、客房出租率、每日客房平均房价、每间客房日均收益、餐饮人均消费额、全员劳动生产率、每平方米收入产值。

表 12 - 56　开立酒店 2014 年 1 月相关数据

单位：元

内容	全年数	内容	全年数
营业总收入	139915000	市场营销总费用	6770000
客房总收入	90460000	能源总费用	7991000
食品总收入	22050000	行政管理总费用	22440000
饮料总收入	5660000	维修保养总费用	12260000
餐饮其他收入	8385000	经营毛利率	40.00%
租赁总收入	3420000	可供出租房数（间·夜）	164891
其他部门总收入	9940000	已售房间总数（间·夜）	122019
客房利润率	80.00%	餐饮消费客人总数（人）	318520
食品成本率	46.73%	酒店客房数（间）	450
饮料成本率	14.57%	工资福利总额	33970000
餐饮利润率	50.00%	员工总人数（全职/临时）	680
其他部门利润率	49.53%	酒店建筑面积（平方米）	45000

1. 销售组合比率

销售组合比率反映了酒店各项收入占总收入的比重。在酒店业中，各营业部门对酒店利润的贡献是不同的，客房销售的利润贡献最大，如表 12 - 56 所示，客房利润率为 80%、餐饮利润率为 50%、其他部门利润率为 49.53%。在销售总额相同的情况下，不同的销售组合对间接费用和利润的贡献也是不同的，酒店应提升盈利能力强的产品，加强辅助产品的调整，优化资源，实现经济效益最大化。

根据表 12 - 56，开立酒店 2014 年 1 月销售收入组合如表 12 - 57 所示。

表 12-57　开立酒店 2014 年 1 月销售收入结构表

收入项目	全年数（元）	占营业收入总额比重（%）
客房总收入	90460000	65
食品总收入	22050000	16
饮料总收入	5660000	4
餐饮其他收入	8385000	6
租赁总收入	3420000	2
其他部门总收入	9940000	7
合计	139915000	100

2. 客房出租率

客房出租率是指衡量酒店客房利用效率的指标，是已出售房间夜数与可供出租房间夜数之间的比率。客房出租率受很多因素的影响，例如酒店的住宿设施、价格结构、地理位置、季节性因素等。根据表 12-56 可知：

$$客房出租率 = \frac{已出售房间夜数}{可供出售房间夜数} \times 100\% = \frac{122019}{164891} \times 100\% \approx 74\%$$

3. 每日客房平均房价

每日客房平均房价是酒店当期所售房的平均价格，即客房收入与已出售房间夜数的比值。平均房价受酒店规模、星级水平、市场环境的影响。即使是同一酒店在不同期间的房价也不相同。根据表 12-56 可知：

$$平均房价 = \frac{客房收入总额}{已出售房间夜数} = \frac{90460000}{122019} \approx 741.40（元／间·夜）$$

4. 每间客房日均收益

每间客房日均收益是客房出租率与每日客房平均房价的乘积。该指标越高，说明酒店客房收益管理水平越高。根据前述计算结果可知：

$$每间客房日均收益 = 客房出租率 \times 每日客房平均房价 = 74\% \times 741.40\% \approx$$
548.64（元）

5. 餐饮人均消费额

餐饮人均消费额是衡量餐饮销售能力的指标，是当期的餐饮收入除以当期餐饮消费人数，可分为食品人均消费额和饮料人均消费额等，即：

餐饮人均消费额 = 餐饮销售收入 ÷ 消费人数

根据表 12-56 可知：

$$餐饮人均消费额 = \frac{餐饮收入总额}{消费人次} = \frac{36095000}{318520} \approx 113.32（元）$$

6. 全员劳动生产率

全员劳动生产率是反映酒店经营管理水平和人员综合素质的综合评价指标，是酒店当期营业收入总额与员工总人数的比值。在同一条件下，若酒店人员配比偏高，全员劳动生产率指标偏低，说明酒店人均创收不高。另外，可以通过调整收入结构或者是调整人员配比，实行一岗多能、多渠道用工方式提高人均创收能力。根据表12-56可知：

$$全员劳动生产率 = \frac{营业收入总额}{员工总人数} = \frac{139915000}{680} \approx 205757（元）$$

7. 每平方米收入产值

酒店是高比例固定成本、高能耗的企业，也是需要高投入的行业。每家酒店的筹建初期，由于投资者的管理思想不同，在设计风格和产品结构上有很大的差异，从而造成同样建筑面积所带来的经济效益不同，每平方米收入产值是酒店当期的营业收入总额与建筑总面积的比值。该指标越大，说明酒店管理水平越高，越能充分利用每个空间创收。根据表12-56可知：

$$每平方米收入产值 = \frac{营业收入总额}{建筑总面积} = \frac{139915000}{45000} \approx 3109（元）$$

参考文献

［1］陈安萍．酒店财务管理［M］．北京：中国旅游出版社，2012．

［2］伍福生．餐馆财务百问百答［M］．南京：江苏美术出版社，2012．

［3］陈斯雯，雷雯雯．新编现代酒店财务管理与成本控制实务大全［M］．北京：中国时代经济出版社，2013．

［4］李文玲．酒店会计实操从入门到精通［M］．北京：中国铁道出版社，2013．

［5］孙小雪．餐饮酒店企业会计与纳税技巧［M］．北京：人民邮电出版社，2014．

［6］琼慧．跟老会计学餐饮服务业会计［M］．上海：立信会计出版社，2013．

［7］代义国．真账超简单，酒店会计［M］．北京：中国宇航出版社，2014．

［8］国家旅游局人事劳动教育司．饭店财务基础［M］．北京：旅游教育出版社，2004．

［9］蔡万坤．现代酒店财务管理［M］．广州：广东旅游出版社，2013．

［10］章勇刚．酒店财务管理［M］．北京：中国人民大学出版社，2014．

［11］陈梅桂．酒店财务管理操作大全［M］．北京：人民邮电出版社，2015．

［12］贺政林．酒店财务部经理案头必备手册［M］．北京：中国纺织出版社，2014．

［13］马桂顺．酒店财务管理［M］．北京：清华大学出版社，2011．

［14］宋涛．酒店财务管理［M］．武汉：华中科技大学出版社，2014．

［15］覃江华．酒店财务管理［M］．北京：中国林业出版社，2011．

［16］方燕平．现代酒店财务管理［M］．北京：首都经济贸易大学出版社，2010．

［17］翁玉良．酒店财务管理［M］．杭州：浙江大学出版社，2013．

［18］周倩等．酒店财务管理实务［M］．广州：广东经济出版社有限公司，2014．